U0507674

本书是国家自然科学基金青年项目"国企高管晋升激励、集团内部资本错配与企业绩效：理论与实证"（71502130）研究成果

中国企业集团内部资本市场配置效率及经济后果研究

蒋德权◎著

中国社会科学出版社

图书在版编目（CIP）数据

中国企业集团内部资本市场配置效率及经济后果研究/蒋德权
著.—北京：中国社会科学出版社，2016.8
ISBN 978 - 7 - 5161 - 8945 - 0

Ⅰ.①中… Ⅱ.①蒋… Ⅲ.①企业集团—资本市场—市场配
置—研究—中国 Ⅳ.①F279.244 ②F832.5

中国版本图书馆 CIP 数据核字（2016）第 221734 号

出 版 人	赵剑英
责任编辑	卢小生
责任校对	周晓东
责任印制	王 超

出 版	中国社会科学出版社
社 址	北京鼓楼西大街甲 158 号
邮 编	100720
网 址	http://www.csspw.cn
发 行 部	010 - 84083685
门 市 部	010 - 84029450
经 销	新华书店及其他书店

印 刷	北京明恒达印务有限公司
装 订	廊坊市广阳区广增装订厂
版 次	2016 年 8 月第 1 版
印 次	2016 年 8 月第 1 次印刷

开 本	710×1000 1/16
印 张	15
插 页	2
字 数	230 千字
定 价	55.00 元

凡购买中国社会科学出版社图书，如有质量问题请与本社营销中心联系调换
电话：010 - 84083683
版权所有 侵权必究

目　录

第一章 导论

　　企业集团广泛地存在于新兴市场经济中，并发挥着重要的作用（Granovetter，1994；Claessens，Fan and Lang，2006），相比发达国家，集团化经营模式在新兴市场中尤为普遍。由于规模经济和范围经济的存在，通过模仿市场机制，企业集团能创造更大的价值（Khanna and Palepu，1997）。在新兴市场经济国家，企业集团及其内部市场是一种在经济活动中占主导地位的组织形式（Khanna and Palepu，2000b）。Khanna 和 Yafeh（2007）关于新兴市场国家的统计数据表明，隶属集团的企业占地区企业总数最低比例为 22%（智利），而在比例高的国家甚至会达到 65%（印度尼西亚）。改革开放以来，我国市场环境得到了明显的改善，市场化进程取得巨大成功（樊纲、王小鲁，2004），但我国的经济发展仍具有典型的转轨经济和新兴市场经济特征。在经济高速发展的过程中，企业集团及其内部市场起着非常重要的推动作用。国务院国有资产监督管理委员会（以下简称国资委）在 2003 年 4 月正式成立，国有企业和国有企业集团的管理进入一个新的阶段（陈清泰，2008；Ma 和 Lu，2005）。国资委积极推动国有企业和中央企业集团的并购重组，在集团内优化资源的配置以提升集团竞争力。与此同时，国内也涌现出一大批民营企业集团（也称系族企业，如"复星系"和"万向系"），通过各种方式在集团内部进行资本配置。国有企业集团和民营企业集团共同构成了我国市场经济的主体。

　　随着企业集团在新兴市场的日益普及（Khanna and Yafeh，2005；Almeida and Wolfenzon，2006；Belenzon and Berkovitz，2010），企业集团内部资本配置也逐渐地成为学术界关注的问题之一，但是，大多学者主要以发达国家的企业集团为研究样本（Scharfstein and Stein，2000；Brusco and Panunzi，2005；Wulf，2009）。企业集团内部资本市场的配置效率是涉及我国企业集团未来能否健康发展的关键和重要问题，这一问题既无先例可供参考，也无经验可资借鉴。到目前为止，有关中国企业集团内部资本配置的研究还处于起步阶段，相关研究尚不多，也不够深入，亟待加强。基于企业集团配置效率研究问题的重要性及相关研究还很匮乏的考虑，本书将以中国企业集团为研究对象，对企业集团内部资本市场资源配置及经济后果进行系统分析和研究。

作为导论，本章将首先分析本书的选题背景，并提出本书所要研究的主要问题；其次阐述本书的研究思路、主要研究内容和研究框架；最后指出本书的改进及主要创新之处。

第一节　选题背景和问题的提出

新兴市场国家往往通过行政手段或者国家计划（如中国的经济刺激计划和产业政策）积极干预甚至直接参与经济活动的方式推动经济的发展，这在客观上造成了市场（尤其是要素资源配置市场）、契约执行制度以及其他支持市场交易制度的失效或者不完善。在此制度环境下，企业集团作为一种组织安排，能够有效地克服外部不发达的市场和制度环境，降低交易成本，实现综合资源优势以及成员企业的资源共享。新兴市场国家的实践也表明，企业集团这种组织结构往往与一国经济的早期发展阶段相联系，企业集团是用来代替不发达的市场和制度的重要组织结构之一（Khanna and Palepu，1997，2000a）。中国的转轨经济和新兴市场双重特征同样是我国企业集团形成的一个重要原因。

自 20 世纪 80 年代中期企业集团成立以来，经过 20 多年的发展，企业集团已经成为中国经济运行的重要主体之一，成为中国参与国际竞争的主要代表之一。据《2008 年中国大企业集团》（国家

统计局，2009）的统计，截至 2008 年年底，企业集团共计 2971
家，控制成员企业 33135 家。从集团母公司控股情况看，国有及国
有控股企业集团共计 1293 家，占全部集团的 43.5%；集体控股企
业集团 317 家，占 10.7%；其他控股情况的企业集团 1361 家，占
45.8%。2008 年，企业集团年末资产突破 40 万亿元，达到 411313
亿元。企业集团共实现营业收入 271871 亿元，占国内生产总值
（GDP）的比值高达 90%。另据统计，截至 2011 年年底，中国最大
的 500 家企业集团的总资产和总收入已经分别占当年全国国内生产
总值的 276% 和 95%。

　　企业集团由各个成员公司通过正式（如股权）或者非正式（如
家族）的关系联结在一起，且每家成员公司都是独立的法律实体。
格拉诺维特（Granovetter，1994）把企业集团定义为："同一管理权
威下以正式或非正式方式结合的一组公司的集合。"作为一种介于
市场和单一经营企业间重要的经济经营组织，企业集团的研究引起
了学者们广泛的兴趣。现有文献从企业集团的形成（Ghemawat and
Khanna，1998；Kim，2004；Khanna and Rivkin，2006；Masulis，
Pham and Zein，2011；Almeida，Park，Subrahmanyam and Wolfenzon，
2011）、企业集团的绩效（Morck and Nakamura，1999；Khanna and
Palepu，2000a；Bae，Kang and Kim，2002；Goplan，Nanda and Se-
ru，2007）及企业集团对经济增长的影响（Morck and Yeung，
2004）等方面进行了深入探究。企业集团通过内部资本市场在上市
成员企业和非上市成员企业之间、上市成员企业之间进行内部资本
的再配置和流转活动。已有研究表明，集团的内部资本市场若运用
得当，就可以有效地为企业集团创造价值（Khanna and Tice，2001；
Stein，1997；Peyer，2002）。

　　企业集团可以通过内部市场的运作及降低交易成本从而提高成
员企业价值（Khanna and Palepu，1997，2000a），企业集团也替代
了外部不完全市场，其组织结构使集团能够实现范围经济和规模经
济，从而使得其绩效超过非集团控制企业（Chang and Choi，
1988）。集团治理的根本作用在于使企业集团在复杂多变的环境中

取得优势,以谋求长期的生存和发展,它的目标是集团利益的最大化,而非集团旗下单一成员公司利益的最大化。从这个角度来看,集团成员企业的公司治理问题应从属于集团治理的问题,这要求成员企业必须服从"企业集团利益最大化"的策略选择。在这一基本前提假定下,本书选取企业集团内部资本市场作为研究视角。内部资本市场以集团总部为核心,将内部资金在各个成员公司之间进行分配和流转,而企业集团内部资金的优化配置可以促进集团利益最大化。

有关企业集团内部资本市场的资源配置效率问题,研究的结论并不一致,主要有两种观点:一是内部资本市场"有效论";二是内部资本市场"无效论"。一方面,"有效论"认为,内部资本市场可以有效地缓解公司信息不对称,从而与外部资本市场相比能更有效地在不同的项目间进行资源配置(Gertner,Scharfstein and Stein,1999)。Khanna 和 Tice(2001)也发现,内部资本市场可以有效地运转,他们认为,构建内部资本市场对于转型和新兴市场国家可能起到重要作用。相关的研究也表明,内部资本市场相比外部资本市场而言具有资源配置优势(Stein,1997;Denis and Thothadri,1999)。有关中国的研究发现,企业集团通过构建内部资本市场可以放松股权融资约束(周业安和韩梅,2003)。邵军和刘志远(2009)发现,系族企业在市场化环境较差、投资者保护不力的地区,更多地通过内部资本市场进行内部资本的配置,因此,系族企业的内部资本市场是有效率的。另一方面,"无效论"认为,内部资本市场的资本配置功能会被异化为掏空、企业内部权力"寻租"以及交叉补贴的工具。企业集团及其内部资本市场为大股东转移财富提供了渠道(Johnson et al.,2000)。此外,企业集团内部存在的"交叉补贴"现象也会造成公司价值的下降(Berger and Ofek,1995)。拉简、瑟瓦斯和津盖尔斯(Rajan,Servaes and Zingales,2000)发现,当对缺乏投资机会的"弱"部门配置的资金超过了有好的投资机会的"强"部门配置的资金时,内部资源的配置会损害公司的价值。有关中国的研究也发现,内部资本市场会异化成利益输送的渠道（杨棉之，2006）。邵军和刘志远（2007）研究了"鸿仪系"之后，发现该系族企业的内部资本市场资本配置是无效率的。此外，有关系族企业的研究也表明，其内部资本市场会发生功能异化，会导致上市公司业绩下滑，进而中小投资者利益也会受损（许艳芳、张伟华和文旷宇，2009）。上述两种冲突的观点表明，学术界对于内部资本市场资本配置效率问题的研究结论并不一致，有关内部资本市场到底是有效还是无效仍存在争议。

作为转轨加新兴市场国家，我国的企业集团及其内部资本市场对于社会总体资源配置和经济发展均有着重要影响。考虑到我国特殊的政治和经济的制度背景，在企业集团形成和发展过程中，影响内部资本市场配置的各种因素可能和发达国家不尽相同，因此，有必要结合我国具体实际来研究企业集团内部资本市场的有效性。但目前国内学术界有关企业集团内部资本配置的研究大多还只停留在较零散的、缺乏系统分析和研究的层面，甚少有深入探讨和分析集团内部资本配置方式及经济后果。企业集团如何通过内部资本市场将资源在成员公司间进行分配，这种分配是服务于集团什么样的目标？它的决定因素和经济后果是什么？中国的转轨经济和新兴市场双重特征又为研究集团内部资本市场运作提供了怎样异于欧美和日韩等发达经济体的视角？诸如此类的问题学术界既缺乏理论上的系统梳理，也缺乏来自经验研究的证据，亟须运用科学的方法，展开系统严谨的理论分析和实证检验。

有鉴于此，本书提出了一系列有趣并且重要的实证命题：

（1）企业集团总部在成员公司之间进行内部资本的分配和流转，内部资本市场成为一个重要渠道。内部资本市场如何进行内部资本配置，是基于"优胜者选拔"机制（Stein，1997）还是基于"交叉补贴"模式（Rajan，Servaes and Zingales，2000；Wulf，2009）？企业所有权性质差异是否会影响内部资本配置效率？

（2）与此同时，我们也关注到集团内部存在信息不对称和道德风险问题，非效率因素（如代理问题）会影响内部资本配置吗？不同所有权性质企业集团的影响因素相同吗？

（3）传统理论认为，企业集团是因应外部市场要素缺失而产生和发展起来的，那么遵循这个逻辑，外部市场和企业集团应是此消彼长的关系，也即随着市场的发展，市场交易成本的降低，企业集团会逐渐消失。但事实上，我们也观察到随着市场机制的发展，企业集团变得更大，相比独立企业也更有优势（Siegel and Choudhury，2012）。那么，企业集团所处地区制度环境有差异时，集团配置资本的行为模式会发生怎样的不同？

（4）随着企业集团在新兴市场经济的日益普及，学术界逐渐开始关注企业集团内部资本配置的经济后果，比如内部资本市场是否损害成员企业价值，是否缓解融资约束等。鲜有文献关注宏观政策的影响，在不同的政策环境下，企业集团的影响是否相同？此外，内部资本配置释放的信息，能否被证券分析师以及股票价格准确、充分、及时地捕捉？此类问题的研究有助于在微观层面上对集团公司内部配置的经济后果做更加深入的剖析。

针对以上问题，本书在借鉴国外现有文献的基础上，通过结合中国上市公司的实际，从企业集团内部资本流向和成员公司业绩的关系这个独特研究视角入手，详细分析和检验集团资本流向是否被公司业绩引导，在此基础上，探讨不同产权性质的集团资源配置模式差异，并运用经济学和财务学的相关理论，系统地对资源配置方式与驱动因素、内部资本市场资源配置的经济后果等展开实证研究。本书的研究不仅可以为中国企业集团内部资本市场资源配置提供新的科学证据和理论支持，同时对于理解配置模式的形成机理、影响配置方式的外部制度环境，以及内部资本配置的经济后果，都具有相当重要的理论和实践价值。

第二节　研究思路、主要内容与研究框架

一　研究思路

本书将从分析我国企业集团的有关制度背景入手，具体包括对

企业集团成立和发展的背景的系统梳理、集团治理机制建设的介绍，由此引申出我国企业集团治理的问题。集团治理的根本作用在于使企业集团在复杂多变的环境中取得优势，以谋求长期的生存和发展，它的目标是集团利益的最大化，而非集团旗下单一成员公司利益的最大化。从这个角度来看，集团成员企业的公司治理问题应从属于集团治理的问题，这要求成员企业必须服从"企业集团利益最大化"的策略选择。从而引申出我国企业集团内部资本市场的资源配置方式问题，企业集团内部资本市场以集团总部为核心，将内部资本在成员公司之间进行分配和流转，而企业集团内部资金的优化配置可以促进集团利益最大化。那么，研究集团治理的一个关键问题在于企业集团如何通过内部资本市场将资源在成员公司间进行分配。在此基础上，结合中国上市公司的实际，运用相关理论对资源配置过程中涉及的有关问题展开研究，包括集团隶属公司的代理问题（如管理层"寻租"行为）以及企业集团总部所在地外部制度环境的影响等。最后，本书检验了内部资本配置的经济后果，实证检验了内部资本配置对成员企业融资约束、成员公司价值以及成员公司投资效率的影响。并且考察了企业集团内部资本市场资源配置对信息透明的影响，选择了证券分析师预测和公司股票价格波动两个视角切入，由此进一步评估集团内部资本配置的经济后果。

这三部分内容具有紧密的内在逻辑关系，第一部分是有关控股股东基于集团利益最大化目的是如何进行资本配置的，是否会将资源更多地转移至有较好投资机会的成员企业，以及不同产权性质的企业集团资源配置效率是否有差异来考察"企业集团内部资本配置方式"；第二部分有关企业集团代理问题以及所处地区制度环境等的研究属于"影响资本配置方式的内部公司治理因素和外部制度环境"；第三部分关于成员公司融资约束、企业价值、投资效率、分析师预测以及股价同步性等的研究则属于"企业集团内部资本配置的经济后果"的内容。这三部分内容之间层层递进，一同构成了研究中国企业集团内部资本配置效率及经济后果的完整分析思路。

本书的研究思路如图 1－1 所示。

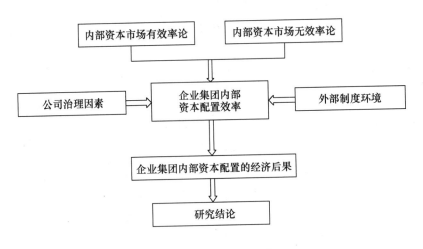

图1-1　本书研究思路

本书重点讨论企业集团内部资本市场如何配置资本以及配置的经济后果，研究的主要理论基础涵盖了管理学、会计学和制度经济学等学科。为了使本书研究更具时间价值和理论深度，本书将理论分析与实证研究相结合，并且在理论推导部分融合了演绎推理和归纳总结等研究范式，而在经验研究中，则同时结合手工收集数据和公开市场数据，嵌入我国转型制度背景，采用事件研究和大样本实证研究等方法，并根据研究的需要，尽可能地提供翔实的稳健性测试，以保证本书研究结论的可靠性。

二　研究的主要内容与框架

本书试图对企业集团内部资本市场的资本配置进行系统研究，在对企业集团的概念、内部资本市场的特征和功能等进行系统探讨的基础上，结合中国特有的制度背景，分析了我国企业集团内部资本配置模式、影响配置效率的因素，以及内部资本配置的经济后果，采用档案数据进行了相关研究。本书共分为八章，各章的主要内容如下。

第一章导论。主要对本书的选题背景、研究思路、研究内容、研究框架及创新等进行概述。

第二章文献评述和理论基础。首先结合文献回顾，确立了本书研究的理论基础，包括企业集团的基础理论、企业集团内部资本市场的特征及功能、内部资本市场的运行机制以及内部资本市场和外部资本市场关系等理论。其次回顾了证券分析师预测精度以及股价波动同步性的影响因素。最后对现有经验研究和理论研究进行评述，总结并讨论了当前研究仍然存在的一些问题。

第三章中国制度背景下的企业集团及其内部资本市场。本章首先回顾了企业集团内部治理的变革过程，为本书研究企业集团内部资本配置的动机提供必要的制度基础。随后系统回顾了近30年来中国企业集团成立发展的历史进程，完整展现了企业集团治理结构背后的制度变迁过程，为本章后续的实证研究提供了必要的制度背景铺垫。

第四章企业集团内部资本配置效率检验。本章首先对内部资本市场资本配置效率的两种学术观点进行了梳理，并理论推导了供检验的实证命题。其次，采用中国上市公司的数据，实证分析了企业集团是如何进行资本配置的，揭示了内部资本配置方式。再次又进一步检验了资本流入后的表现，讨论了企业集团资本流入是否会转化为公司的长期投资。最后基于上述的研究发现，进一步对企业集团的资本配置方式进行了讨论。

第五章企业集团内部资本市场配置效率影响因素。本章从代理问题等角度出发，分析了我国特殊制度背景下资本配置诱因以及制度环境对资本配置效率的影响。本章首先从国企集团成员公司的"寻租"行为以及民企集团家族治理两个角度分别研究了对各自集团配置效率的影响。然后，从集团总部所处地区的制度环境出发，探索制度约束如何影响集团内部资本配置。

第六章企业集团内部资本配置的经济后果：对集团成员公司的影响。本章首先从融资约束角度出发，检验了企业集团内部资本配置是否有助于缓解成员公司的融资约束问题。其次，进一步研究了企业集团内部资本配置对公司价值和投资效率的影响。最后，考虑到宏观经济政策可能作用于微观企业行为，本章深入分析了宏观货币政策是如何影响内部资本市场发挥作用的。

　　第七章企业集团内部资本配置的经济后果：对信息透明度的影响。本章是第六章的延续。本章研究了企业集团内部资本配置如何影响到信息透明度，并进而影响市场中介和股票价格波动。本章选择了证券分析师预测以及股价波动两个研究视角，以此探讨集团资本配置行为释放的信息是否被分析师以及股价所捕捉。

　　第八章结论、局限性与研究方向。本章基于对全书主要的经验证据，概括各章主要研究结论。同时，也总结了本书的局限性，并进一步展望了研究方向。

　　本书研究结构如图 1 - 2 所示。

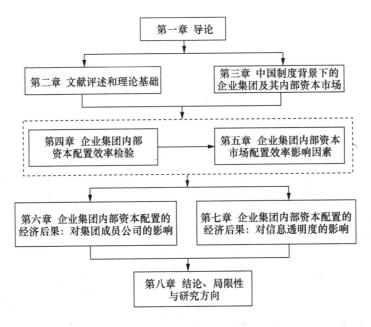

图 1 - 2　本书研究结构

第三节　研究的改进与主要创新

　　企业集团内部资本市场配置对于学术界而言是一个极为重要且

又极具复杂性的研究课题。企业集团构建了内部资本市场并使其发挥着重要作用（Hoshi, Kashyap and Scharfstein, 1991; Lincoln, Gerlach and Ahmadjian, 1996），内部资本市场以集团总部为核心，将内部资金在各个分部（或分公司）之间分配和流转。企业集团及其内部市场提升成员企业价值（Chang and Hong, 2000）的同时，也可能成为大股东侵占中小股东利益的工具（Khanna and Palepu, 2000b）。国内有关内部资本市场的研究也关注其"黑暗面"，也即内部资本市场是大股东掏空上市公司的手段之一（杨棉之, 2006; 万良勇和魏明海, 2006; 邵军和刘志远, 2007）。但与此同时，大股东也会动用私有资源来反哺或支持（propping）集团子公司（Friedman, Johnson and Mitton, 2003）。集团会动用资源帮助处于财务困境中的成员公司（Gonenc and Hermes, 2008）。然而，上述有关控股股东"掏空"和"支持"的研究并没有回答证券市场能够在长期达到均衡的原因，也就是说，若投资者感觉到自身利益最终会被控股股东所攫取，为何还会选择继续投资（Khanna and Yafeh, 2007）？虽然这可以部分归结于投资者缺少经验、不专业或者在新兴市场上缺少投资机会，但是仍然缺少相关研究来合理解释中小股东的行为。为此，本书在借鉴国内外相关文献的基础上，结合中国集团公司的实际，研究了资本配置效率及其经济后果，具体而言，本书的研究对现有关于企业集团及内部资本市场文献的可能创新和贡献在于：

第一，通过分析转轨经济下我国企业集团资源配置的动因，并提供经验证据，加深了读者对企业集团这一组织经营模式的了解。同时，本书揭示的企业集团内部资本配置方式也为理论界解释资本市场中小投资者的投资行为提供了新的视角。

第二，本书从内部资本市场的角度研究了集团控股股东的行为。近年来，新兴市场国家的企业集团引起了学术界的广泛关注，引发了一场企业集团到底是"模范"还是"寄生虫"的持久争论。Khanna 和 Yafeh（2007）对这个问题作了很详细的文献综述。本书发现效率和非效率同时存在于中国企业集团内部，并提供了可供参考的解释来分别支持"模范"和"寄生虫"假说,丰富了企业集团和内部资本市场等领域的研究成果。

第三,本书进一步挖掘了影响企业集团内部资本配置效率的因素,研究了代理问题是如何影响内部资本流向。并根据我国具体国情,从集团总部所在地的制度环境出发,探讨了外部治理环境和金融竞争环境对内部资本配置效率的影响,使得本书对我国企业集团内部资本市场的研究更加有针对性和全面性。

第四,企业集团的一个重要特征是建立内部资本市场,然而,关于内部资本市场如何运作,经验上的证据较为匮乏(Claessens,Fan and Lang,2006)。本书提供了相关证据,并且进一步检验了内部资本配置对信息透明度的影响,从证券分析师预测以及股价同步性两个角度进行了分析。

第五,已有关于企业集团内部资本配置效率的研究大多采用多元线性回归模型或者 Logistic 回归模型进行检验,用企业收益率或者企业价值等指标衡量企业集团内部资本市场的有效性。与以往研究不同的是,本书采用的是差分回归(difference regression)的方法,进行集团内部成员公司的分析(within - group analysis),这有助于更好地衡量集团总部在配置资本时,如何受成员公司收益率差异的影响。同时,本书采用关联交易来刻画企业集团内部资本市场的资本流转,可以更加明确地识别集团总部在成员公司间是如何配置资本的。本书的研究为今后的研究提供了一个新的思路。

第六,近年许多学者关注了中国企业集团的表现(Carney,Shapiro and Tang,2009;Guest and Sutherland,2010;Keister,1998,2001;Yiu,Bruton and Lu,2005;Ma,Yao and Xi,2006)。集团企业在我国国民经济发展中占据极其重要的地位,集团企业资源配置效率直接影响宏观经济运行的效率。本书的研究也为解释"中国经济增长之谜"提供了企业层面的证据,其结论对于有关转轨经济和新兴市场经济国家的相关研究具有一定的参考价值。

第二章　文献评述和理论基础

结合本书的研究主题，本章主要从企业集团的基础理论、企业集团内部资本市场、公司股价波动同步性以及证券分析师预测等几个方面对国内外研究文献进行系统梳理和综述。

第一节　企业集团的基础理论

一　企业集团的成因

（一）集团的定义及特征

虽然企业集团的称谓各不相同，但无论是发达国家还是新兴市场经济国家，企业集团在国民经济中都占据了重要地位。企业集团在南非被称为"Mining Houses"，在拉丁美洲被称为"Grupo Economicos"或"Grupos"，在土耳其被称为"Family Holdings"，在俄罗斯被称为"Oligarchs"（Perotti and Gelfer，2001）。而在亚洲的许多国家，如在日本，通过各种特殊的纽带形成的、内部相互联系的企业集团被称为"Keiretsus"或者"Zaibatsu"（Gerlach，1992）；在韩国，受同一家族控制的、统一进行管理和融资安排的独立企业的联合体被称为"Chaebol"（Chang and Hong，2000；Chang，2003）；而在中国台湾，企业集团被称为"关系企业"（Guanxiqiye）（Numazaki，1996）；在中国香港，企业集团被称为"Hongs"（Wong，1996）；在印度，企业集团被称为"Trading Houses"或"Business Houses"，主要是指由家族控制的不同上市公司的集群（Encarnation，1989；Khanna and Palepu，2000）。

　　Strachan（1976）对集团进行了具体定义，将其称为"多类型的企业长期的联合体，并且由同一法人所有和经营"。Leff（1978）认为，集团是处于同一个财政控制下的或由同一个行政管理层控制，在各种不同市场运作的公司群。尽管目前学术界存在着多个集团定义，对企业集团的定义仍然存在争议。具体来讲，广义的集团定义认为集团是由包括正式的股权结构和非正式的社会联结与纽带所组成，集团强调成员企业间的纽带作用，例如地区、语言、等级制度、种族和家族等，成员企业会协调彼此之间的关系而采取一致行动（Granovetter，1994；Khanna and Rivkin，2001）。企业集团是处于一个核心或占优势企业控制之下的企业联合体，通过各种法律和社会关系的关系连接，同时进入几个市场进行运作（Granovetter，1994）。Guillén（2000）则进一步拓展了格拉诺维持（Granovetter，1994）的定义，增加了多元化经营、统一领导及非完全整合的组织结构三个条件。也有学者将企业族群作为企业集团的定义，企业族群中的成员企业通过正式或非正式的纽带形成一体，成员企业具有独立法人地位，也会通过协调彼此之间的关系采取共同行动（Khanna and Rivkin，2001）。而狭义的集团定义一般以正式的股权关系作为判断是否为集团成员企业的标准（Chang and Choi，1988）。如韩国交易与贸易委员会规定企业集团必须满足"由公司组成的企业集团，其中超过30%的股份是由某些个人或者这些个人控制的公司所有"。根据中国国家统计局编著的《2008 年中国大企业集团》的定义，中国的企业集团是指"以母子公司为主体，通过投资及生产经营协作等多种方式，与众多的企事业单位共同组成的经济联合体"。诺兰（Nolan，2001）以中国企业集团为研究样本时，也将集团定义为"以母公司或者核心公司以及由这些公司控股的子公司组成的经济组织"。但是，无论是狭义还是广义的定义，集团都具备以下三个基本特征（吕源等，2005）：（1）集团成员企业都具有独立法人资格，同时具有相对独立的经营地位和决策权；（2）企业集团可以通过占主导的自然人、公司或家族以绝对控股或相对控股等多种方式进行掌控；（3）集团成员企业间会通过交叉控股、参股、共同目标或者形成相同的企业文化等来实现社会纽带、经济和法律的结合。

（二）集团成因的理论基础

有关企业集团组织结构和理论框架的文献不断涌现，就笔者掌握的文献所知，用来解释企业集团形成动因主要有三种理论：第一种是基于经济学理论的解释，主要从降低交易费用和替代外部市场等多角度进行的理论阐述；第二种是基于社会学理论的解释，主要从社会结构观等角度提出；第三种则是从政治经济学理论出发，研究了集团和政府之间是如何互相影响和制约的。

1. 企业集团成因的经济学分析

科斯（Coase，1937）首次提出了"企业为什么存在"的问题。他认为，市场和企业是两种可以互相替代的资源配置机制，如果市场机制可以有效地决定价格以及协调产品和服务的交换，那么，就不需要企业这种组织形式。但是，由于有限理性、机会主义和众多不确定性的存在，使得市场交易费用高昂，企业作为市场的替代物而出现，更多的业务被归并到企业内部的根源在于市场交易的高成本（1937）。威廉姆森（Williamson，1975，1985）提出，企业和市场都可以实现交易，但交易到底由谁来实现取决于哪种机制更有效，而这些机制的有效性又取决于交易开展中嵌入的制度因素。

从制度经济学角度分析，交易成本由一系列制度成本组成，如事前的谈判成本、事中的实施契约的成本、界定和控制产权的成本、事后的监督管理成本以及制度结构变化等成本。交易成本与契约签订、产权制度以及法律制度，甚至市场中介组织的发达程度均密切相关（吕源等，2005）。而许多转型经济和新兴市场国家因为工业化起步较晚，市场发育时间短，在经济发展过程中面临的一个突出问题就是与交易相关的制度，特别是法律制度，仍然处于发展阶段。而转型经济国家的政府会通过行政手段或者国家计划（如中国政府的"五年计划"）来积极干预，甚至政府直接参与经济活动的方式来推动国家的经济发展。支持市场运作的制度体制的发展在客观上也被类似的政府干预行为所掣肘。在缺乏有效的外部市场的制度背景下，企业需要某种机制协调个体之间的交换活动，企业存在寻找其他降低交易成本的治理机制的需求，而这些治理机制会降低交换产品和生产要素的成本。

Leff（1978）和 Goto（1982）提出"市场失灵"说。他们认为，发展中国家市场机制不成熟导致了企业集团的产生。Leff（1978）提出：（1）企业集团作为一种组织构架，适应了为获得稀缺资源而产生准租金现象；（2）由于不确定性的市场以及缺乏规避风险机制，企业建团的组建可以横跨多个行业，实现资产的组合管理；（3）企业集团采用垂直一体化方式，有助于成员企业克服在欠发达市场中的供求不稳定问题。Khanna 和 Palepu（1997）则提出了"制度缺失"说，他们认为，由于国家缺少了支撑企业发展的相关制度，而制度的空白被企业集团所填补。Khanna 和 Palepu（1997）将这些制度因素概括为以下五个方面：（1）高度发达的资本市场、健全的披露和监管机制以及活跃的公司控制权市场；（2）劳动力市场中，有大量的受过良好教育、有技能且能自由流动的管理型人才，有高质量的咨询公司和高质量的商学院；（3）交易合同的执行可以得到法律保障；（4）政府出台的规章制度需在法律框架内，且政府有着较少的腐败现象；（5）产品市场能够成为完成债券、债务的法律关系的可靠载体，信息能够有效流动，且产品市场有大量的消费者。

制度缺陷造成了市场"空缺"，企业间进行交易成本巨大，企业集团使用其内部机制来协调企业间的交易活动，企业间经济交易的交易成本得以降低。企业集团模仿市场，成为企业间资源配置的"微观体制"，具体而言，集团替代外部市场的作用主要体现在以下五个方面（Khanna and Rivkin，2001；Chang and Hong，2000；Chemawa and Khanna，1998）：（1）产品和投入市场；（2）管理人才；（3）资金；（4）跨境交易；（5）为创业者提供风险金融市场等。企业集团联结了若干交易往来和市场利益关系经济组织。这种联合体降低了市场风险，把不确定的市场交易内化为组织内部的协调管理并降低交易成本，如搜寻成本、谈判成本、签约成本和监督成本等，从而提高企业资源配置的效率。另外，随着企业集团成员公司的增加，可以进一步减少市场信息收集的遗漏、延缓、处理不当和失真等造成的机会成本。

集团内部资本市场积累和配置资源的目的之一在于多元化经营模式，或者对自身多个产业进行垂直整合（Ghemawat and Khanna，1998；Chang and Choi，1998；Guillén，2000）。当市场功能尚不完善，多元化和垂直一体化的集团战略有利于企业有效地得到所需的资本、中间产品和服务（Aoki，1990；Weinstein and Yafeh，1998）。推行多元化的程度取决于内部资源的通用性，而集团扩大了物质资产、人力资产和品牌商标等资产的专用性范围，进而使得专用性的利用率得以提高，降低了交易费用。同时，为了避免供应或投入不稳定，企业集团也会通过垂直一体化整合产业链。Chang（2003）发现，韩国的企业集团通过复杂的内部网络反向整合小型供应商，并通过设立销售公司的方式完成向前整合，但是产品的成本却上升了，包括原材料成本、设备折旧以及行政管理费等。基斯特（Keister，2000）对中国的研究表明，企业集团成立的原因是"金融市场、经理市场和产品市场的失效"，尤其是企业融资困难的问题，而集团财务公司或内部银行、研发公司或者销售公司等可以有效克服这一困难。

总而言之，上述观点认为，集团作为一种介于市场与独立企业之间的中间组织，企业集团克服了市场失效或者制度缺陷，降低了交易成本。但也有不少学者对于这种解释提出了批评的意见。如斯坦（Stein，1997）认为，企业集团对内部资源进行配置可以带来严重的代理问题，如成员公司会为获得资源而相互竞争。当集团对某成员公司的投资较为依赖其他成员公司资源时，代理成本的增加或者跨部门补贴会降低内部资本的配置效率，内部资本市场将因此失效（Shin and Stulz，1998）。另外，集团替代外部市场的解释可能忽视了集团内部协调的成本，而有些学者甚至认为，为了获得彼此的资源和实现控制，即便是在市场运作良好的制度下，企业也会建立类似企业集团的组织形式（Cook，1977）。

2. 企业集团成因的社会学分析

社会制度理论认为，组织结构是组织所在社会中社会关系的表现，市场交易关系只是社会交换关系中的一种特殊形式。组织是根植于社会制度之中，在社会制度的大框架下运行发展，社会传统、社会规范和社会关系等决定了组织形式的安排、成员间关系和股东间关系等的基础条件和结构（Stinchcombe，1965）。企业集团能否存在，取决于它是否与特定的社会制度相吻合的程度。社会学家提出了另一种解释：企业集团集中地反映了文化、社会传统与社会关系。企业集团是该国历史和社会环境下的产物，集团的出现是某些国家中某种特殊的组织形式（Calori et al.，1997；Kimberly and Bouchikhi，1995）。

按照经济学的解释，企业集团是应"市场失效"或者"制度缺陷"而生。如果市场失效可以解释企业集团的存在，那么，为什么在市场机制已经较成熟的发达国家，如韩国、日本和欧洲，企业集团仍然是相当普遍和重要的组织形式呢？格拉诺维特（1985）提出，"市场"作为某种特殊的社会交换体制，体现了特定的传统、社会价值观念、文化和道德的综合。他进一步给出了集团的定义，"企业集团是通过正式和/或非正式的方式连接在一起的结合"（Granovetter，1994）。很多学者接受了格拉诺维特的观点，并沿着其研究思路进一步细化了定义，具体探究了企业集团成员公司间的关系类型，如 Yiu、Bruton 和 Lu（2005）认为，"企业集团是通过正式和/或非正式的经济和/或社会关系联系在一起的法律上相互独立的企业联合体"，而其中经济关系主要有所有权、财务和商业联系，社会关系则包括家族控制、亲属关系和高管友谊等。马蒂亚斯（Mattias，2006）则认为，格拉诺维特等的研究更多地回答了"成员企业如何组成企业集团"而忽略了"什么是企业集团"这一更为基本的问题。若通过回答"如何（或怎么样）"的问题作为定义企业集团的一种标准研究范式（Collin，1998），则企业集团就成为一个无须说明的潜在基本概念。马蒂亚斯（2006）认为，集团的本质在于三个方面：相互联系的企业间网络、互惠的制度逻辑以及集团内外部要素的主观评价。他认为，"企业集团是由行政与财务中心通过分销、资源配置等互惠逻辑关系进行治理的企业联合体，而集团成员公司不拥有自身行为和资源管理控制权的最终自主权"。

集团内部交换关系根植于特定社会或地区的社会规范、历史传统、习俗以及文化价值观念（Biggart，Hamilton and Gary，1992），而这些制度构成了企业集团内部成员企业间建立彼此合作和信任的基础（Whitley，1991）。社会学家往往注重从企业内部各种建立在社会关系基础上的结构，如连锁董事、家族关系等，来分析集团的成因（Guthrie，1997；Keister，1998）。社会学家认为，相比经济学中的契约和法律，亚洲地区对社会关系更为看重，是信用和合作的基础。长期以来，亚洲地区形成了基于社会关系交易要素而建立的经济交换结构。因此，社会学理论视社会关系为特定合同机制，并由此解释集团存在的原因。Orru 等（1991）从企业间协作关系的角度进行了分析，日本企业集团是由集团企业之间互相参股而由银行控股；韩国企业集团是由被政府扶持的家族企业所控制；相比之下，中国台湾地区企业集团则是建立在伙伴关系或者家族关系的横向联系结构。上述差异的出现，是因为日本的银行和产业主要是由金融寡头所控制，韩国则是出于振兴经济的目的而支持少数家族企业发展民族工业，而中国台湾地区则更加注重家族成员和合作伙伴的形式。这些特有的因素会对集团治理结构产生深远的影响。

总之，相比经济学理论，社会学理论从不同的理论视角提出了解答，从社会关系、社会传统和文化等角度阐述了企业集团产生的动因。从实践层面看，这回答了"集团这种组织形式为什么会存在于不同国家和不同地区"这一重要命题。但是，也有学者认为，社会学采用了太多的情景假设，缺乏一套明确的和一致的理论规范（Hirsch，Michael and Friedman，1990）。

3. 企业集团成因的政治学分析

政治学理论强调政府的宏观政策对经济发展和经济组织行为的影响。格申克龙（Gerschenkron，1962）认为，工业化生产方式通常是资本集中型，需要国家在分配资源时发挥主导作用，因此国家工业化越是迟缓，政府对经济和经济组织的干预就越多。企业集团是政治力量引导下的产物。罗伊（Roy，1997）和普雷克尔（Prechel，2000）均发现，美国政府的支持和相应的法律制度在美国大型企业发展的初期起到了重要的推动作用。相对于工业化较早的国家和地区（如美国、欧洲），采取后发工业化政策的国家的政府对市场干预较多，不仅积极地制定干预经济的政策，而且也会参与到经济活动中来。这些国家和地区的普遍特征是国家控制的经济活动显著削弱或清除了经济契约的重要性，进一步导致了市场失效。由于意识形态和政治等方面的原因，政策制定者一般会采取建立大型企业集团作为稳定市场、实现经济高速增长的方针。Khanna 和 Palepu（1999）、Hoskisson 等（2000）认为，政府的参与以及各种国家计划和控制导致了制度经济学中所描述的"市场失效"现象。

一般来说，政府通常会采取三种措施来促进和推动企业集团的发展（Nolan，2001；Ghemawat and Khanna，1998；Khanna and Palepu，1999）：（1）政府采用优惠政策，如政府补贴和税收优惠等，鼓励企业投资支柱产业；（2）政府会为了保护本地企业而限制外资企业投资；（3）政府会对关键资源进行控制和调配，通过发放行业许可证，提供技术、土地和信息等关键资源等方式。除此之外，政府可能会通过控制集团来控制整体经济的发展方向，集团一定程度上代理了政府的部分职能。反之，集团也可以通过政府获得发展所需的关键资源。在转型经济和新兴市场经济中，大型企业集团往往有较大的政治影响力，可以通过和政府机构的紧密联系来获得各种关键资源，如从国家金融系统中优先获得资金支持。有关中国的研究表明，国有企业在获得政府支持以及资源配置上比非国有企业有着得天独厚的优势（Yin，1998），甚至可以说，国有企业集团继承了某些政府职能下国有企业的行为传统（Yiu et al.，2004）。

政治经济学清晰地描述了政府与企业集团之间紧密的互动合作关系。集团与政府这种紧密关系会造成企业集团在特定行业的垄断地位，与此同时，企业集团通过这种关系进行"寻租"，进而引发裙带资本主义，最终导致政治和经济上的腐败（吕源等，2005）。

与政府联系密切的企业集团通过"寻租"行为提高了市场进入壁垒，有效地降低了市场竞争程度。一旦这种关系纽带断裂，集团所拥有的竞争优势将很快消失。

（三）转型经济背景下的中国企业集团存在的原因

交易费用理论认为，企业所处的制度环境决定了企业最优的组织形式（Coase，1937；Williamson，1975）。因此，企业集团的具体组织形式会随着制度环境的变化而变化，探讨企业集团的存在动因，必须考虑其所处的制度背景。Hoskisson 等（2000）认为，转型经济体理论上是属于新兴市场经济的子集，是正处于全方位和重大制度转变过程中的经济实体。Khanna 和 Palepu（1999）提出，新兴市场的资本市场远未成熟，存在大量的代理问题和信息不对称问题。中国属于典型的转型经济体与新兴市场，正由中央集权的计划经济向社会主义特色的市场经济体制过渡和转变。

对于中国企业集团的形成动因，可能有以下三种解释：

1. 弥补制度缺陷

Leff（1978）提出，新兴市场国家中普遍存在的企业集团实际上起到了填补制度缺失的功能。Hahn（1997）系统研究了中国企业集团的发展历史——从横向经济联合体、基于契约的企业集团以及基于股权的企业集团，认为每个组织构架安排都是对当时市场环境的反应。处于转型时期的中国，产权的不明晰、弱保护以及市场要素的欠发达客观上促成了企业集团的产生和发展。企业集团利用内部资本市场降低了市场交易成本，进而缓解了企业集团的融资约束（Hoshi et al.，1991；Khanna and Palepu，1997）。Chang 和 Hong（2002）指出，发展中国家的企业集团在弥补市场机制缺陷和无效方面起到了重要作用。另一个与欠发达的金融市场有关的理论是将集团的产生与风险倾向联系起来，Kim（2004）认为，在欠发达的金融市场，集团作为互助保险组织吸引了那些有风险规避倾向的成员企业。黄俊和陈信元（2011）认为，企业集团的构建绕开了制度的障碍，尽管弱产权保护不利于企业创新，但企业集团在一定程度上缓解了制度落后的负面影响，促进了新兴市场中企业的创新。

2."政府之手"推动

中国企业集团的另一个重要成因是"政府之手"的推动作用。罗伊（1997）和普雷克尔（2000）分别研究了美国大型企业的发展历史，发现政府的支持和当时的法律制度在企业集团发展的初期起到了不可或缺的作用。而在新兴市场国家，企业集团的组建在市场要素缺失的情况下有助于明晰产权，通过企业集团，国家掌控了大部分的生产性资产（Khanna and Ghemawat，1998；Khanna and Yafeh，2007）的同时，也主导了大部分的社会和经济活动（Weinstein and Yafeh，1995）。基斯特（Keister，1998）详细描述了中国政府是如何积极地推动企业集团的形成并保护它们免受国外竞争。黄俊和张天舒（2010）对中国企业集团的形成进行考察后发现，企业集团的构建既是对外部制度缺失的一种反应，也显著受到了政府干预的影响。俄罗斯的"寡头崛起"也是政府主导下企业集团产生的又一例证（Guriev and Rachinsky，2005）。

3. 经济赶超战略

Gerlach（1998）认为，新兴市场国家大多都面临资本匮乏的问题，大企业集团将资本集中到一起可能是合理的制度安排。Steers等（1989）更激进地认为，日本企业集团与韩国企业集团为各自国家逐渐增强的经济实力提供了产业组织基础，企业集团这种组织形式增大了外国企业真正进入其国内市场的难度。政府希望通过扶持大企业集团来促成其经济的发展，现实经济生活中，我们也观察到大企业集团的发展在客观上推动了经济的高速增长。中国政府出于"战略性"目的对大企业集团进行投资，并控制企业集团以服从整体国家经济战略（Keister，1998；Nolan，2001）。中国将加快国有企业改革和调整步伐，努力争取在中央企业培育出一批具有国际竞争力的大企业集团（李荣融，2005）。

二　企业集团的作用

在企业集团的作用方面，以往国内外有关企业集团的文献多将集团附属企业作为一个区别于独立企业的特征，从而观察集团控制及其内部资本市场可能给附属企业带来的正面或者负面效应。Khanna 和 Yafeh（2007）对此做了全面的文献综述。由于企业集团对所控制企业的影响是由多因素构成的（Khanna and Palepu，1997；Keister，1998；Chang and Hong，2000；Luo and Chung，2005；Yiu et al.，2005）。本部分首先简要地描述了企业集团隶属关系的正面效应，如更便利的外部融资渠道以及为成员公司提供信用互保等。

（一）外部融资渠道

企业集团可以缓解成员公司的融资约束，为成员公司提供更便利的外部资本市场融资机会。

首先，一个重要的渠道是集团的担保能力。企业集团会为成员公司在获取银行贷款时提供集团内部担保（intragroup guarantees）。在这种情况下，当某个成员公司需要外部融资时，其他成员公司的资产可以作为该成员公司借款的抵押品（Shin and Park，1999；Chang and Hong，2000；Verschueren and Deloof，2006；Manos，Murinde and Green，2007）。Ghatak 和 Kali（2001）通过理论模型推导发现提供债务担保可以缓解信贷配给。他们认为，外部的信用提供者可以使那些具有类似风险的公司，通过提供债务契约以及相互持股或者债务担保等方式来组建成集团。企业集团愿意为成员公司提供广泛的担保，因为集团公司发生违约风险的可能性较低，这无疑给外部债权人释放积极的信号，集团公司的信贷问题可以得到一定程度缓解。Verschueren 和 Deloof（2006）发现，比利时集团公司通过内部互保机制提高了外部融资的额度。而在日本，因为很多企业集团被日本财阀控股，银行同时肩负着债权人和股东的双重角色，Morck 与 Nakamura（1999）发现，日本的银行对于集团外部公司，更多的是从债权人短期利益的角度考虑放贷，而对于集团内部公司，银行可以直接注资给经营困难的公司。

其次，从声誉机制角度来看，集团的声誉也可能会给成员公司外部融资带来便利（Chang and Hong，2000；Schiantarelli and Sembenelli，2000）。此外，Kim（2004）通过理论模型推导发现，在新兴市场国家，因为识别单个集团成员企业的生产效率很困难，银行无法准确地区分好的借款公司（高产）和坏的借款公司（低产）。为了不错过好的公司，相比非集团公司而言，银行会给集团公司更多的紧急信贷救助。

（二）互助保险

当集团成员公司受到外部冲击时，集团隶属关系也会给成员公司产生正面影响，企业集团可以通过风险分担和互保机制为成员企业提供保护，使得成员企业免受外部环境冲击，而这在外部不稳定的市场中是无法实现的（Strachan，1976；Aoki，1988）。

实现风险分担的一种方式是在集团会平滑成员公司的收入（Khanna and Yafeh，2005）。早期有关日本企业集团的研究也表明，集团成员公司的营业利润和利润增长率的变动幅度相比独立公司而言都更小（Nakatani，1984）。Dewenter（2003）的研究也支持了日本企业集团的风险分担作用的论述。尽管如此，Beason（1998）却发现，日本集团企业的股票价格波动率和独立公司相比并没有显著性差异。风险分担的另一种形式是集团内部资源的再分配，比如集团总部将资源从盈利能力较强的成员公司，转移至盈利能力较弱或者经营困难的成员公司（Lincoln，Gerlach and Ahmadjian，1996；Friedman，Johnson and Mitton，2003；Khanna and Yafeh，2005）。这种风险共担机制可以显著降低成员公司破产的风险，这对于成员公司尤为珍贵。但是，这种机制也是有成本的，Lincoln 等（1996）指出，集团成员企业的风险共担会使得业绩较好的公司承担额外的隐性税收负担。有关日本企业集团的经验研究表明，银行在其他成员公司的帮忙下，会为处于财务困境的成员公司提供资金支持（Sheard，1989；Hoshi，Kashyap and Scharfstein，1990；Hoshi and Kashyap，2001；Peek and Rosengreen，2003）。Khanna 和 Yafeh（2005）也检验了这种机制是否存在于其他国家，包括新兴市场国家。他们发现，大量的互保机制只存在于少数的几个国家和地区，在东亚的日本和韩国最多，同时在中国台湾地区和泰国也有发现，但是并没有日本、韩国那么多。在其他国家，则几乎没有发现。但是，Dewaelheyns 和 Van Hulle（2006）研究了比利时的企业集团后也发现，当成员公司处于财务危机时，集团公司也会施以援助。然而，一旦集团公司的财务状况恶化，对于非核心业务的成员公司的援助即会终止。

已有的经验证据表明，集团控制也会给所控制的成员公司带来负面效应。如代理问题和政治"寻租"问题。

（三）代理问题

新兴市场经济的企业集团大多采用金字塔结构，大股东的"控制权"（往往非常高）和"现金流权"（通常要小得多）之间存在非常大的分离，控股股东和中小股东的利益冲突也随之而生（Mock, Wolfenzon and Yeung, 2005）。在金字塔结构中，控股股东拥有母公司的绝大部分控制权，然后，母公司又会通过股权来控制下一层级的公司。这种股权构架可以使得母公司的控股股东间接控制大量的低层级公司，但是，控股股东只能拥有这些公司少部分的现金流权。

在新兴市场经济国家中，保护中小投资者的法律制度并不健全（La Porta et al., 1999；Young et al., 2008），公司内部治理也不完善（Gao and Kling, 2008），这使得控制权和现金流权的分离引发了三种类型的代理问题（Claessens, Djankov, Fan and Lang, 2002）：首先，控股股东会通过对拥有较少现金流权的成员公司进行投资，从而获得控制权私有收益。很重要的一点是，现有文献均以低层级公司的中小股东持股较少，且又很分散作为假设前提。那么，中小股东对控股股东进行协调监督的成本将是巨大的。因此，通常都认为控股股东拥有巨大的决策权。Mitton（2002）、Lemmon 和 Lins（2003）的研究发现，东亚国家的金字塔结构集团内部存在这种控制权私有收益。其次，因为控股股东掌握了大部分的控制权，堑壕问题也会因此产生。沿着这个分析角度，Volpin（2002）研究了意大利金字塔结构的集团后发现，金字塔顶端公司的高管变更的频率显著小于金字塔底端公司的变更频率。家族控制的企业集团会通过任命家庭成员到底端成员公司的董事局来实现控制权的锁定（Claessens, Djankov and Lang, 2000）。最后，就像约翰逊等（Johnson et al., 2000）描述的那样，在两权分离的情况下，控股股东掏空所属公司的行为会发生，控股股东会把资源从底端的公司（控股股东拥有较高的控制权，但是仅有较少的现金流权）转移到顶端的公司（控股股东同时拥有较高的控制权和现金流权）。Bertrand、Mehta 和 Mullainathan（2002）通过检验顶端公司（底端公司）的现金流冲击如何影响底端成员公司（顶端成员公司）的现金流，从而验证了印度企业集团中掏空现象的存在。当底端公司遭受正的冲击时（positive shock，意指有较多的现金流），会给顶端公司的业绩带来正的影响，但是，反向的影响却没有发现：当顶端公司遭受正的冲击时，并没有给底端公司的业绩带来正的影响。Bae、Kang 和 Kim（2002）观察了韩国企业集团成员企业的并购行为，也发现了掏空的证据。总体而言，实施兼并的成员公司的股价下降了，同时，这些并购使得集团旗下其他成员公司的财富增加了。他们的证据显示，控股股东会通过其他成员公司在并购过程中获利，但是被并购成员公司的中小股东却因此遭受损失。不良企业被其他成员企业收购，并购不能提升收购者自身的价值，反而会提高其他成员企业的价值。从另一个角度看，集团内部收购行为和证券发行也能形成有效的相互担保和风险分担，这正如 Khanna 和 Yafeh（2005）在韩国企业集团中发现的那样。

Baek、Kang 和 Lee（2006）研究了韩国企业集团内部的私有债券发售后，同样证实了掏空的存在。控股股东会通过发售方或者购买方来决定发售价格到底是溢价还是折价以使得自己获益。研究发现，相当一部分提供给其他成员企业的债券是以大大超过其真实价值的价格，这进一步导致集团股价的下降。但是，上述研究关注的都是东亚的国家。有关西方国家企业集团的研究发现掏空的并不多见。Buysschaert、Deloof 和 Jegers（2004）揭示了比利时集团内部的权益发售给股价带来积极的影响，同时为控股股东和中小股东创造了价值，这说明这些交易行为并不能总被理解为对小股东是有害的。即使是那些金字塔构架的集团中，声誉以及其他保护机制也可能保护中小股东的利益。Holmén 和 Högfeldt（2009）对此提出了质疑，认为投资者享有充分保护的今天，金字塔和隧道行为并不一定具备必然性。他们利用 Bertrand、Mehta 和 Mullainathan（2002）的研究方法，在瑞士企业集团中并没有发现掏空的证据。他们认为，可能是发达国家的税收体系有效地阻止了金字塔构架企业集团的掏空行为。

除中小股东和控股股东之间的利益冲突外，公司成员之间的"寻租"行为同样会导致代理问题。沙夫斯坦和斯坦（Scharfstein and Stein，2000）分部经理的"寻租"行为导致了其不断增强的谈判能力，会去集团总部争取有利于自己的资源配置。资源配置因此可能不是出于效率的考量，而可能是"社会主义模式"，即更强的部门会交叉补贴较弱的部门——如果这个较弱部门拥有较强的谈判能力的话。Shin 和 Stulz（1998）考察了美国企业集团分部的投资和现金流的敏感性后发现，某个分部的投资更多的是与其他分部的现金流相关，而非与自己部门的现金流有关。相比其他分部，这种敏感性独立于自己分部的成长机会可以被理解为，在企业集团中存在着社会主义补助行为。拉简、瑟瓦斯和津盖尔斯（2000），格特纳、鲍尔斯和沙夫斯坦（Gertner，Powers and Scharfstein，2002）以及奥兹巴斯和沙夫斯坦（Ozbas and Scharfstein，2010）等学者的研究也表明，美国企业集团中存在这种非效率行为。

（四）政治"寻租"

企业集团会动用自己的资源去影响政府的决策，以获得优惠的待遇，比如更有利于自己的契约、商业许可证、量身定制的税收制度、国内融资和其他资源的有限使用权等（Morck and Yeung，2004；Khanna and Yafeh，2007）。Morck、Wolfenzon 与 Yeung（2005）认为，当企业集团的控股股东要获得这些租金时，游说成本是相当低的，原因在于：

（1）现有企业集团的所有者有着大量资源，这些资源可以用来组织游说或者与政府官员达成预先支付的协议，相比而言，那些市场新进入者只能依靠未来的资源。

（2）为了达到相同的目的，比如"寻租"，企业集团相比其他独立企业而言，协调的成本更低。独立企业需要把资源综合在一起，而企业集团可以依靠现有的构架基础来协调成员企业的财务资源、管理资源与其他资源，企业集团也更不易遭受成员企业"搭便车"的行为。此外，因为企业集团往往在相当长的时间内受同一控制人控制，相比而言，独立企业的 CEO 可能过一段时间就会发生更替。政府官员提供优惠或特权意在未来的长期回报，他们会认为企业集团是更加值得信赖的合作伙伴。

（3）金字塔结构的企业集团有更利于降低游说的成本，因为集团的控股股东可以利用股权构架来利用底层公司的资源（控股股东有着较高的控制权但是极少的现金流权）来进行游说。

（4）现有的研究表明，全世界的许多国家，政治家通常是和控制企业集团的家族所联系的，政治家也会担任集团成员公司的董事。这无疑更加便利了企业集团对政府的决策施加影响。例如，意大利的前任总理贝卢斯科尼就是某个大企业集团的控制人，同时，一些大型工业企业集团的董事也在意大利国会任职（Faccio and Lang，2002）。印度尼西亚也是一个很好的例证，前总统苏哈托的亲属通过企业集团控制了大量的企业（Claessens，Dankjov and Lang，2000）。菲斯曼（Fisman，2004）实证检验了政治联系的价值。他发现，当有关苏哈托总统健康状况恶化的流言四起的时候，与之有关联的公司的股价相比没有关联公司的股价大幅度下跌。Leuz 和 Oberholzer – Gee（2006）发现，与苏哈托总统有关联的企业相比没有关联的企业更少地利用外国市场公开交易的债务或者股权，这是因为有关联的企业拥有国内资本市场的更便利、优先的融资通道。

此外，全球范围内的许多企业集团直接被政府所控制。比如中国和俄罗斯政府，在各自国内的大企业集团的母公司都持有绝对的控股权（Carney，Shapiro and Tang，2009；Guriev and Rachinsky，2005；Keister，1998，2004；Perotti and Gelfer，2001）。政府鼓励建立这种国家控股的企业集团主要是为了国家在关系国计民生的战略性行业，比如公共事业，确保政府的利益（Kim，Hoskisson，Tihanyi and Hong，2004）。

（五）弥补市场缺陷

隶属企业集团的好处之一在于集团交易成本的内部化可以极大地降低交易费用从而弥补外部市场缺陷（Leff，1978；Caves，1989；Khanna and Rivkin，2001）。持有这种观点的学者主要是基于科斯（1937）和威廉姆森（1985）的论述：企业集团构建了内部资本市场和内部劳动力市场，这些市场极大地降低了交易费用以至于集团成员企业更多地进行集团内部交易而不是外部市场交易。具体而言，内部资本市场从两个方面起作用。

首先，内部资本市场通过降低成员企业之间的信息不对称性从而提高了成员企业的企业价值。格特纳、沙夫斯坦和斯坦（1994）的理论分析表明，集团内部的借贷关系使得借款人有着更强的监督动机，从而会减少资金提供者和使用者之间的信息不对称。更进一步，Mizruchi（1996）指出集团成员公司之间的连锁董事制度增加了集团内部信息的流动的同时减少了不确定性。Guillén（2000）认为，集团内部的交易降低信息不对称的同时也增强了其外部融资的能力。同时，因为信息不对称程度较低，内部借贷的双方或多方相互之间也更易进行沟通，这会减少财务危机发生的可能（Hoshi，Kashyap and Scharfstein，1990）。此外，成员企业之间的社会关系（如家族纽带）会增加集团内部的信息流动，并且降低合同发生纠纷的可能性和降低解决纠纷的成本（Khanna and Palepu，2000）。以上论述均认为，由于企业集团成员企业之间更强的信息流动性，成员企业更倾向于通过内部资本市场进行融资而非通过外部信贷市场（如银行借款）。也就是说，企业集团的成员企业有着融资优序的选择。利用比利时企业集团样本，Dewaelheyns 和 Van Hulle（2010）的发现支持了融资优序的观点。因此，有效的内部资本市场也会提高资源配置的效率从而增加股东财富，即企业集团内部存在"优胜者选拔"。内部资本市场可以缓解信息不对称和提高资源配置效率从而缓解成员企业的融资约束问题。那么，如何验证内部资本市场是否缓解融资约束呢？一种方法是看成员企业的投资与现金流或流动资产的敏感性。Schiantarelli 和 Sembenelli（2000）研究发现，意大利的企业集团的投资与现金流的敏感性要低于非企业集团公司。类似的研究发现也存在于韩国企业集团的样本中。

其次，处于新兴转轨市场的企业集团也构建了有效的内部劳动力市场，从而弥补了外部劳动力市场的缺陷。相比欧美国家而言，新兴市场国家因为基础教育和制度的薄弱造成了高端劳动力短缺，使得企业集团在提供高级人才方面有着优势（Khanna and Palepu，1997）。企业集团有着天然的规模优势，可以更好地提供高端人才成长和训练的环境。同时，集团成员企业之间因为产权关系发生的极强的信息流动、连锁董事以及频繁的内部交易，使得总部可以把稀缺的人才配给至最需要的成员公司（Chang and Hong，2000；Lincoln and Gerlach，2004）。以印度企业集团公司为观察对象，Fisman和 Khanna（2004）研究发现企业集团相比独立公司更倾向于在欠发达地区建立分部。这种选择试图克服欠发达地区的劳动力市场缺陷以及欠缺的基础设施。

（六）市场权利

一些国家的企业集团垄断了该国的某些行业和经济，从而相互之间形成合谋，通过设立行业进入壁垒和驱赶竞争者来达到减少竞争和控制市场的目的。Lawrene（1993）认为，日本财团（企业集团）会为外国竞争者设置贸易进入壁垒而减少竞争，它们会从其成员公司购买原材料。Mizruchi（1996）发现，集团企业内部的连锁董事制度也会使得成员公司之间更容易形成合谋。但是，已有的经验证据并不支持以上的论述。Encaoua 和 Jacquemin（1982）利用芬兰集团企业的数据并没有发现企业集团之间会形成合谋的问题。有关日本财团的发现也不支持市场权利之说；相反，研究者发现，企业集团之间相互的竞争会更加激烈，当然，这种激励竞争也会导致贸易壁垒的设置。

上述讨论了企业集团隶属关系的正面影响和负面影响，最终的目的还是要落实到隶属关系给成员公司的业绩带来什么影响。这是一个经验问题，需要从影响表现的驱动或引擎出发，或者将企业集团和独立企业的业绩表现相匹配方可。

1. 企业集团对盈利能力的影响

大多数实证研究集团隶属关系和成员企业盈利都是在某个特定国家展开的。[①] 有关日本的研究表明，Lincoln、Gerlach 和 Ahmadjian（1996）发现，平均而言，日本最大的六家企业集团的成员企业，相比独立企业而言，盈利能力较弱。但他们也同时指出，这个发现主要是由过去因为日本企业集团风险共担机制带来强劲增长的那些公司所引起的。更进一步的，对于六个集团而言，每个集团都有着自己独特的利润重新配置的模式。Kim、Hoskisson 和 Wan（2004）发现，有着较少权利的成员（less powerful members）公司更加注重提高盈利能力，而有着较大权利的成员公司更加注重实现增长。有关印度的研究表明，Singh、Nejadmalayeri 和 Mathur（2007）比较了印度国内企业集团和跨国集团的隶属公司后发现，企业的多元化程度对两种类型公司的盈利能力均产生了负的影响，但却是不同的作用机理：成本的无效率是导致国内企业集团的主要动因，而影响跨国企业集团的因素则主要是代理冲突。George 和 Kabir（2008）发现，印度企业集团的成员企业业绩显著低于独立企业，他们把这个发现归因于集团内部无效的利润再分配过程。Chang 和 Choi（1988）没有发现韩国的企业集团成员公司和独立企业的业绩有显著差异。与此相反的是，Chang 和 Hong（2000）发现，韩国企业集团内部的资源共享机制导致了成员企业更好的业绩。Chang 和 Choi（1988）的研究发现，在 20 世纪 80 年代，韩国企业集团成员企业的盈利水平要好于非集团企业，但是，到了 90 年代，又发现了企业集团成员公司相对较差的业绩。一个解释是随着 90 年代韩国经济的日趋成熟和金融市场的逐步开放，企业集团在获取资本方面的优势在逐渐减弱。也有解释认为，金融危机之后，韩国政府对待大企业集团的政策发生变化，直接对集团成员企业的盈利能力造成影响。有关中国台湾地区企业集团的研究，Luo 和 Chung（2005）提出，在市场转

[①]　这类研究问题具有潜在的内生性问题，详细的描述请参见 Khanna（2000）的研究发现。

型过程中，家族和之前的社会关系增强（enhance）了成员企业的业绩。Silva、Majluf 和 Paredes（2006）研究了智利企业集团的社会关系和隶属企业的业绩，在控制权集中度及控制权和现金流权分离度均较低的情况下，发现了两者有着正向的关联。Khanna 和 Rivkin（2001）展开了一项在新兴市场有关集团隶属企业业绩的跨国研究，他们的证据表明，不同国家的影响因素不同，国家层面的制度差异可能是影响集团隶属关系和成员企业业绩两者关系的一个重要因素。

　　基斯特（1998）研究了中国企业集团的结构对成员企业的盈利能力（profitability）和生产效率（productivity）的影响。她发现，集团内部的财务公司和连锁董事制度提高了成员企业的盈利和生产效率。Yiu、Bruton 与 Lu（2005）却发现，中国政府给予集团的资源对企业集团的盈利能力有着显著负的影响，但是，如果企业集团通过并购来获得和发展自身能力，那么，集团自身会有显著好的业绩。然而，Carney、Shapiro 与 Tang（2009）认为，政府持股提高了企业集团的盈利能力。同时，集团成员相比独立企业的盈利能力也会因此得到增强，但是，这两种效应都会随着时间而消散。最后，值得注意的是，上述的研究都是关注新兴市场国家的企业集团。而对于发达国家集团成员的企业盈利能力研究则较为匮乏，且研究结论并不统一。Buysschaert、Deloof、Jegers 和 Rommens（2008）考察了比利时企业集团的盈利能力后发现，平均而言，集团成员企业的盈利能力相比独立企业更低。与此相反的是，Hamelin（2011）却发现，法国小规模的企业集团增加了长期的企业盈利，同时降低了业绩和外部冲击的敏感性。笔者认为，这个发现并不支持法国企业集团的中小股东被掏空的假设。在发达国家可能需要展开进一步研究。

　　2. 企业集团对创新能力的影响

　　有关集团隶属关系和创新关系的研究较为少见。Morck、Strangeland 和 Yeung（2000）研究了加拿大金字塔企业集团后发现，挖掘壕沟的控股股东延缓了企业的创新。集团所有者倾向于保留原有资本的价值，而不是再投资新的技术，因为新的技术可能淘汰原有的资本。这些采用金字塔结构的集团因此想避免熊彼特（1912）所描述的毁灭性创造（creative destruction）过程（Morck，Wolfenzon and Yeung，2005）。Mahmood 和 Mitchell（2004）认为，企业集团，尤其是处于新兴市场中的企业集团，有能力为他们的成员公司提供开展创新活动所需的基础设施。这些基础设施条件主要包含四个因素：

（1）集团可以通过内部资本市场，或者是国内和国外的更便利的外部融资为成员公司提供财务资源。

（2）通过内部劳动力市场培训科学人才，并随之在集团内部共享。甚至集团可以为激励这些高度受训的科学管理人才提供必要的基础设施和工作环境。

（3）集团的声誉效应可以使得集团通过关系紧密的地处发达市场的外资企业来获得创新所必需的技术。

（4）垂直中介，如可以使用技术、设备和客户的渠道，在集团内部更加畅通，因为某个成员公司的供应商和分包商往往是集团旗下的其他成员公司。

作者强调，当集团在某个行业只有较小的市场份额时，这些积极因素的作用将更加显现。然而，一旦集团在某个产业的市场份额超过某个临界点，企业集团反而会抑制创新，因为当集团在某个行业拥有垄断地位时，会动用市场力量来阻止新的竞争者的进入。

作者进一步强调，当市场有个好的制度环境能够提供创新所需的某些基础设施，或者企业集团的结构阻止了这些基础设施的有效发展和建立，这个点（市场份额）会随之下降。

Chang、Chung 和 Mahmood（2006）比较了韩国和中国台湾地区的集团企业与各自的独立公司后发现，韩国企业集团的成员公司在20世纪90年代早期的业绩表现好过相应的独立公司，然而，在90年代末期，两者之间业绩却没有显著的差异，这主要是因为韩国政府发展了制度性的基础设施，这些设施对于创新活动来说至关重要。他们同时发现，中国台湾地区的企业集团成员公司和独立企业之间的业绩在上述两个时间点（90年代早期和晚期）都没有显著差异，这是因为中国台湾地区集团企业的构架不适合在集团成员公司之间进行资源共享，同时集团内部高度的多元化也会显著地抑制成员公司的创新活动。

通过回顾上述研究，可以发现企业集团既可能给所控制成员公司带来正面效应，也可能带来负面效应。同时，企业集团对成员公司的盈利能力和技术创新活动也有影响。由于企业集团对所控制企业的影响是由多因素构成的，所以，在缺乏直接证据的情况下，需要谨慎地对现象进行解释。

第二节　企业集团内部资本市场

一　内部资本市场概述

企业集团是一种介于市场和企业之间的组织结构。为了替代外部市场和节约交易成本，企业集团在内部构建了一种"有组织的市场"，在集团的成员企业间起着资源配置的作用。企业集团通过内部市场，对生产成本、人力资本、技术信息和产品原料等在成员企业间进行交换或配置。因此，可以把内部市场分为"内部技术市场、内部产品及服务市场、内部资本市场以及内部人力资源市场"，可以说，内部资本市场是内部市场的一个重要子集，包含所有涉及资本部分的配置行为。威廉姆森（1970）最早提出了内部资本市场的概念。他发现美国的多元化公司具有许多"微型资本市场"的特点。内部资本市场可以集中各个渠道的资金，并投向收益率较高的领域，因此，相比外部资本市场，内部资本市场有着更高的效率。威廉姆森（1975）提出，企业各分部围绕内部资金展开竞争的市场可以称为内部资本市场。斯坦（2000）则认为，公司总部有着资本配置的权利，而总部会利用内部资本市场在各项目间进行资本的配置。一些其他学者也认为，内部资本市场是企业总部在企业内部各部门间进行资金分配的一种机制（Peyer and Shivdasani，2001）。

　　理论界对于内部资本市场并没有统一的定义，学者根据自己的研究需要来界定内部资本市场的范围，并且更多的是从描述内部资本市场的特征入手，这可能是与内部资本市场没有直接的制度表现形式有关（与外部资本市场相比）（郭丹，2010）。从现有文献来看，内部资本市场资源配置功能主要源于以下几点：

　　（1）剩余控制权。内部资本市场是集团内部的一种制度安排。格特纳、沙夫斯坦和斯坦（1994）认为，内部资本市场的配置者通常享有对企业资产的剩余权，这是内部市场与外部市场最大的区别。他们提出，剩余控制权具有以下两方面的效应。首先，因为享受剩余控制权，与其他资金提供者相比，集团总部有着更加主动监督的愿望，监督和激励的效果也更加明显。其次，规避信息不对称。企业集团内部资本市场提供了一个信息共享平台，集团总部与成员企业可以更好地沟通，这极大地减少了信息不对称问题。集团总部能获得成员公司各项目相对完整的信息，这有助于集团总部来决定如何优化选择投资项目。同时，这些剩余控制权有助于高层经理更容易地重新配置经营不善项目的资源。

　　（2）资本供给。由于信息不对称的问题，内部资本市场与外部资本市场相比有着更小的不确定性。内部资本市场能更好地保证资本及时地配置给高质量的投资项目。如通过不同业务的组合对现金流与投资进行重新分配，用某项目资产做抵押后投资于另一项目。因此，内部资本市场可以提高资本供给的可靠性（Liebeskind，2000）。

　　（3）治理及控制功能。相比集团成员公司而言，当信息不对称较严重时，投资者很难对独立企业的管理人员进行控制。但是，当它处于一个内部资本市场时，高层经理出于私利，加之其掌握信息优势，会对其管理人员进行监控，比如通过绩效考核和内部审计等多种途径（万良勇和魏明海，2006）。现有研究也显示，内部资本市场具有治理和控制的功能。

二　内部资本市场的作用

内部资本市场作为企业集团内部的一种资源方式，一方面规避了外部资本市场中的激励弱化、融资约束和信息不对称的缺陷；另一方面又因缺少监督和相应的市场机制，面临无效资源配置和代理问题的困扰。基于学术研究的严谨性，不应该将其分开研究，更应该认识到它们是事物的两个对立面，应该结合具体制度背景，通过实践和理论的探索来深入挖掘内部资本市场配置所需条件。

（一）内部资本市场有效论

企业之间的信息不对称促进了内部资本市场的形成（Richardson，1960；Alchian，1969），综合内部资本市场有效论的观点，主要从资本配置、监督激励、资金筹集和企业价值创造几个方面进行文献回顾。

1. 资本配置

内部资本市场能够帮助集团总部从事内部跨部门资源配置，从事"优胜者选拔"活动（Alchian，1969；Williamson，1975）。斯坦（1997）从信息优势和控制权两个角度对内部资本市场与外部资本市场进行比较，认为集团总部拥有控制权，当内部信息充分有效的时候，分部之间的相互竞争可以使得总部在分配内部资本时按照投资机会对各分部进行排序，然后将资本从投资机会较差的部门转移到投资机会较好的部门。更进一步地，总部CEO能够从多个项目中获利，所以，相比分部经理也更有动机优化资源配置。Matsusaka和Nanda（2002）持同样观点，内部资本市场有基于总部控制权的"优胜者选拔"功能。另外，拉简、瑟瓦斯和津盖尔斯（2000）以及拉蒙特和波尔克（Lamont and Polk，2002）研究发现，若多元化企业的分部价值较少被其他部门分享时，在投资机会和部门资源相差不大的情形下，企业的内部资源更有可能被优化配置。

2. 监督激励

信息不对称问题和经理自身能力缺陷会导致企业的过度投资，内部资本市场的配置可以有效地减少这种过度投资（Holmstrom，1986）。格特纳、沙夫斯坦和斯坦（1994）认为，如果出资者享有剩余控制权，那么他会加强监督项目以期获得更多回报。并且这种剩余控制权赋予的监督激励相比外部资本市场更为有效。梅耶、米尔格罗姆和罗伯特（Meyer，Milgrom and Robert，2001）认为，如果公司 CEO 能够识别分部经理的"寻租"行为，那么在满足自身激励的前提下，依然能够有效地分配资源。

3. 资金筹集功能

企业集团内部资本市场降低了信息不对称，提高了资源配置，进而会缓解融资约束。一种检验的方法是看公司投资和现金流或者流动资产的相关性。Schiantarelli 和 Sembenelli（2000）的研究显示，意大利企业集团的隶属公司的投资决策与现金流的敏感性比非集团企业的敏感性要低。Hoshi、Kashyap 和 Scharfstein（1991）发现，有较强银行纽带的日本企业集团的投资与流动资产敏感性要低于有着较弱纽带公司的敏感性。Shin 和 Park（1990）也发现，韩国企业集团成员企业的现金流敏感性要低于非集团企业。他们的研究显示，当集团某成员公司的投资依赖其他成员公司的现金流时，集团的资源可以被有效率地重新配置。这种依赖性受公司自身成长性的影响，如果公司的成长性高于集团成员公司的中位数，那么，这种依赖性将会显著降低。Perotti 和 Gelfer（2001）也发现，俄罗斯集团公司的资源内部配置比其他公司更有效。Guillén（2000）指明，关联企业之间不断循环的交易降低了信息不对称，进而会增强集团内部的融资。同时，因为信息不对称程度的降低，内部债务契约的重新签订也会变得更容易，这无疑会降低财务危机的成本（Hoshi，Kashyap and Scharfstein，1990）。Khanna 和 Palepu（2000）强调，一些社会关系如家族纽带增强了集团内部的信息流动，降低了发生契约争端的可能和争端解决的成本。Hege 和 Lakatos（2002）认为，内部资本市场对外部融资的贡献应视外部资本市场环境、企业的稳定性以及部门业务相关性不同而不同。

4. 企业价值创造

诸多学者还认为，企业集团内部资本市场能够创造企业价值。阿尔钦（Alchian，1969）、威廉姆森（1970）、Li（1996）以及斯坦（1997）等分别从放松信用限制、缓解融资约束、信息优势以及债务承受能力等角度论证了企业集团内部资本市场，认为企业内部资本市场可以为企业创造价值。希珀和汤普（Shipper and Thompson，1983）发现，多元化企业的收购会给企业带来超额业绩。Matsusaka（1983）提出，多元化集团公司在收购时实现了正的超额收益。同时，Hubbard 与 Palia（1999）也指出，融资约束较松的企业相比融资约束较紧的企业能够获得更高的回报。

（二）内部资本市场无效论

与此同时，因为代理问题和部门激励缺失等问题，也会导致内部资本市场的无效。

1. 交叉补贴

Shin 和 Stulz（1998）发现，多元化公司之间有代理问题和信息不对称，因此，集团总部在配置资源时会出现较强分部投资不足而较弱分部却投资过度的跨部门"社会主义"现象。沙夫斯坦和斯坦（2000）进一步提出，当公司总部存在较弱的排序激励时，"社会主义"现象将更为显著。拉简等（2000）也发现，当公司各部门面临不同投资机会时，公司在配置资源时容易出现"交叉补贴"，而这也会损害公司价值。拉蒙特和波尔特（2002）认为，多元化集团公司折价会因为公司投资机会的多元化的增加而增加，也即部门之间的投资机会差异将导致内部资本无效。

2. 配置低效和过度投资

Matsusaka 和 Nanda（1996）认为，当外部监督较弱的情形下，管理者可凭借其控制权，通过内部资本市场的途径转移资金，而这会导致他们为谋取私利而过度投资的行为。斯坦（2001）提出，由于公司内部可自由支配的现金流较多，因此会诱发 CEO，甚至部门经理进行过度投资。沙夫斯坦和斯坦（2000）将公司总部与分部经理的代理问题同时进行了研究。通过模型设定，总部和分部经理都会理性地追求自身利益最大化，一方面，分部经理通过"寻租"行为来迫使总部给分部配置更多补偿、资源或权利；另一方面，总部经理为了节约资金以配置至更能获得其私人利益的项目上，会更多地将资源配置至较弱的分部或者不具备投资优势的分部，而这会导致资源的无效配置。此外，对部门经理层面上的激励缺失以及代理问题的存在也使得公司治理问题更为复杂化。

三　内部资本市场的效率

(一) 效率导向与非效率导向

相对于独立企业，集团附属企业的一个重要特征是拥有集团内部资本市场。在内部资本市场运作机理方面有两种竞争性观点：效率导向观和非效率导向观。

理查森 (Richardson, 1960) 与阿尔钦 (1969) 均指出，内部资本市场提高外部出资者的监督激励，解决信息披露问题，使其更有效率地配置公司资源。威廉姆森 (1970, 1975) 认为，内部资本市场具备三个方面优势：(1) 内部资本市场的等级制度和权威使得总部对投资项目实施监督，从而有效地发挥资源配置机制。(2) 内部资本市场能够协调集团内部的资本，降低投融资的交易成本和信息成本。(3) 内部资本市场一定程度上增强了公司避税及规避监管的能力，最终提升了企业价值。效率导向观认为，集团内部的稀缺资源是通过项目竞争机制来创造超额价值的 (Alchian, 1969; Williamson, 1975; Stein, 1997)，各集团成员公司为获得有限的内部资源而展开竞争，而总部则通过"优胜者选拔"机制将资金转移到高收益分部，这既有助于缓解有着好投资机会的高收益分部融资约束问题，同时也有助于提高集团资源配置的效率，从而最大化集团的价值 (Stein, 1997)。Khanna 和 Tice (2001) 也发现，如果集团的内部资本市场运转良好，经营较差分部的资源会被转移出来。

然而，非效率导向观认为，由于大股东代理问题的存在，企业集团内部资金的转移并非都具有优化配置资源的实质，企业集团和内部资本市场也可能异化为大股东侵占中小股东利益的财富转移工具 (Khanna and Palepu, 2000; Johnson, La Porta, Lopez and Shleifer, 2000)。通过内部资本市场，成员企业的现金和利润被转移到控股母公司或其他经营困难的成员企业 (Claessens and Fan, 2003)。刘兴强 (2002)，金成晓和纪明辉 (2007)，马建春和陈伟 (2007)，邵军和刘志远 (2008)，柳建华、魏明海和郑国坚 (2008) 等中国学者也认为，集团控制损害了企业业绩。李增泉、孙铮和王志伟（2004）发现，控股股东可以便利地通过资金占用和关联交易等手段转移利益。此外，内部资本市场的资源配置还会导致另一层面的代理问题，即集团内部的经理人代理成本。内部资本市场的资金配置不一定服从企业价值最大化原则而沦为经理人的"寻租"工具。已有研究进一步发现，为了避免内部资源分配不均引起的冲突，内部资本市场存在严重的"交叉补贴"现象，投资机会较多、项目净现值为正的部门补贴了投资机会较少、净现值为负的部门，这最终折损了企业价值（Wulf，1999；Scharfstein and Stein，2000；Rajan，Servaes and Zingales，2000）。另外，由于信息不对称，部门经理利用其信息优势索取过高的内部资本投入和报酬（Bernardo，Luo and Wang，2006），这也降低了资源配置的效率，影响了公司价值的提高。

（二）内部资本市场资本配置效率的测度

内部资本市场配置效率无法像外部市场那样用股票价格对信息的反应做出反应，Shin 和 Stulz（1998）将配置效率定义为"总部在配置内部资源时，给予拥有最好投资机会的部门一定的优先权"，拉蒙特（1997）则认为，当某分部的投资会依赖各项目的预期收益以及企业总体资本数量，而非单独依赖于本分部的现金流时，也即投资机会好的部门享有高的投资水平，则内部资本市场有效。综合现有文献，主要有以下几种方法：

1. 价值增加法

拉简、瑟瓦斯和津盖尔斯（2000）提出了价值增加法（Value added），计算绝对价值增加（AVA）和相对价值增加（RVA）两个指标来测度内部资本市场效率。具体计算公式如下：

$$AVA = \sum_{j=1}^{n} \frac{BA_j(q_j - 1)}{BA} \left\{ \frac{I_j}{BA_j} - \frac{I_j^{ss}}{BA_j^{ss}} \right\} \qquad (2-1)$$

$$RVA = \sum_{j=1}^{n} \frac{BA_j(q_j - \bar{q})}{BA} \left\{ \frac{I_j}{BA_j} - \frac{I_j^{ss}}{BA_j^{ss}} - \sum_{j=1}^{n} \varpi_j \left(\frac{I_j}{BA_j} - \frac{I_j^{ss}}{BA_j^{ss}} \right) \right\}$$

$$(2-2)$$

在式（2-1）中，BA 为公司资产账面价值；BA_j 为企业第 j 分部的资产账面价值；I_j 为公司第 j 分部的资本支出；I_j^{ss}/BA_j^{ss} 为公司第 j 分部位于同行业中相比分部的资产加权平均资本支出与资产的比率；q_j 为企业第 j 分部处于同行业中单分部资产加权托宾 Q 值。在式（2－2）中，$\overline{q}$ 表示公司分部 q 的资产平均加权值。而 $\overline{\varpi}_j$ 为企业第 j 分部的资产占企业总资产的比率。其余变量的定义与式（2－1）中相同。

对于式（2－1），若 $q_j < 1$，亦即公司第 j 个分部所获资金应小于加权平均支出，即 $\dfrac{I_j}{BA_j} < \dfrac{I_j^{ss}}{BA_j^{ss}}$，那么，AVA 将为正，内部资本市场有效。同理，若 $q_j > 1$，则当且仅当 $\dfrac{I_j}{BA_j} > \dfrac{I_j^{ss}}{BA_j^{ss}}$ 时，内部资本是有效的（AVA > 0）；否则，内部资本市场无效。

对于式（2－2），若 $q_j < \overline{q}$，亦即公司第 j 个分部的投资机会比公司平均投资机会要好，那么，根据资源配置效率导向，该部分获得的资金应当大于公司各部门的平均资金，因而 $\left\{ \dfrac{I_j}{BA_j} - \dfrac{I_j^{ss}}{BA_j^{ss}} - \displaystyle\sum_{j=1}^{n} \overline{\varpi}_j \left(\dfrac{I_j}{BA_j} - \dfrac{I_j^{ss}}{BA_j^{ss}} \right) \right\}$ 应为正，此时 RVA 为正，内部资本市场是有效的，否则无效。

2. 部门投资—现金流敏感性

部门投资—现金流敏感性（investment－cash flow sensitivity）分析的基本思想是：企业分部投资主要受整个企业现金流影响，而不仅受该分部自身现金流影响。Shin 和 Stulz（1998）采用部门投资与其现金流敏感性分析方法，实证研究了企业内部资本市场效率。企业会优先考虑好的投资机会分部并优先提供资金资产，具体模型如下：

$$\frac{I_{i,j}(t)}{TA_j(t-1)} = \beta_0 + \beta_1 \frac{S_{i,j}(t-1) - S_{i,j}(t-2)}{S_{i,j}(t-2)} + \beta_2 \frac{C_{i,j}(t)}{TA_j(t-1)} +$$

$$\beta_3 \frac{C_{noti,j}(t)}{TA_j(t-1)} + \beta_4 q_{i,j}(t-1) + \eta_{i,j} + \varepsilon_{i,j} \qquad (2-3)$$

在式（2-3）中，$I_{i,j}(t)$ 为企业 j 的第 i 分部在期间 t 的总投资；$TA_j(t-1)$ 为企业 j 在期间 $t-1$ 总资产的账面价值；$S_{i,j}(t-1)$ 为企业 j 的分部 i 在时期 $t-1$ 的销售收入；$C_{i,j}(t)$ 为第 j 个企业的第 i 个分部在时期 t 的现金流；$C_{noti,j}(t)$ 为除第 i 分部之外 j 企业其他分部在时期 t 的现金流；$q_{i,j}(t-1)$ 为第 j 个企业的第 i 个分部在 $t-1$ 期的托宾 Q 值。式（2-3）的模型假设误差项由 $\eta_{i,j} + \varepsilon_{i,j}$ 两项组成，即反映企业特有情况和反映商业周期与外部政策变化的两项误差。

3. Q 敏感性法

与价值增加法的思想较为一致，Peyer 和 Shivdasani（2001）采用 Q 投资敏感性法（Q – sensitivity of investment）来测度内部资本市场的效率，相应的公式如下：

$$QS = \frac{\sum_{j=1}^{n} sale_j(q_j - \overline{q})\left[(Capex/sale)_j - (Firmcapex/Firmsale)\right]}{Firmsale}$$

$$(2-4)$$

在式（2-4）中，$sale_j$ 为第 j 个分部的销售收入；q_j 为企业第 j 个分部的托宾 Q 值；$\overline{q}$ 为公司各分部托宾 Q 值的平均数；$Firmsale$ 为公司销售收入；$sale_j/Firmsale$ 为公司第 j 分部收入占公司总收入的比率；$Capex$ 为公司分部资本支出；$Firmcapex$ 为企业的总资本支出。若 $q_j - \overline{q}$ 大于 0，则表示分部 j 的投资机会高于企业分部的平均水平，$\left[(Capex/sale) - (Firmcapex/Firmsale)\right]$ 也应该大于 0，即 QS 为正，说明内部资本市场是有效的；反之，则说明内部资本市场是无效的。

4. 现金流敏感性法

在 Q 投资敏感性法的基础上，Masksimovic 与 Phillips（2002）把 Q 投资敏感性法中的托宾 Q 值替换成现金流与销售收入的比率。其计算公式如下：

$$QS = \frac{\sum_{j=1}^{n} sale_j\left(\frac{cf_j}{sale} - \frac{\overline{cf}}{sale}\right)\left[(Capex/sale)_j - (Firmcapex/Firmsale)\right]}{Firmsale}$$

$$(2-5)$$

在式（2-5）中，用 $\dfrac{cf_j}{sale} - \overline{\dfrac{cf}{sale}}$ 替换 $q_j - \overline{q}$，其他变量定义均与 Q 投资敏感性法相同，参见式（2-4）的定义；$\dfrac{cf_j}{sale}$ 为公司第 j 个分部的现金流与销售收入的比率；$\overline{\dfrac{cf}{sale}}$ 为企业各分部现金流与销售收入的比率均值。若 QS 为正，说明内部资本市场是有效的；反之，则说明内部资本市场无效。

上述四种衡量方法，第一种方法采用了托宾 Q 来衡量投资机会，但是，新兴市场股票价格波动的因素较为复杂，托宾 Q 的衡量可能有较大的噪声。而且，该方法并没有对企业各分部之间的相对效率进行比较分析。第二种方法没有考虑到收入的回报率，而仅以收入增长率来衡量投资机会，这可能会导致资源的误配。同时，式（2-3）的模型也没有对影响资本支出的因素进行控制，因此，在一定程度上可能会影响到结论的可靠性。第四种方法虽然用销售收入现金流回报率作为投资机会的判断标准，克服了托宾 Q 值的缺陷，但是，销售收入现金流回报率到底是不是资源配置的合理标准并没有相应的经验证据支持，因此，也可能会导致资源配置标准的误设。

四 内部资本市场与外部资本市场的关系

企业集团在世界各国普遍存在，并且在新兴市场经济中发挥着重要作用（Granovetter，1994；Claessens et al.，2006）。现有的研究也认为，内部资本市场和外部资本市场之间存在密切的关系，两者能相互作用，也有替代关系。

（一）替代关系

内部资本市场是为弥补外部市场的不足而产生的。内部资本市场能够降低外部资本市场的融资成本，可以视为对外部资本市场的替代。Verschueren 和 Deloof（1999）、Reimund（2003）和 Desai 等（2004）的研究也表明，内部资本市场对外部融资存在替代效应。许奇挺（2005）提出，内部资本市场会降低企业对外部资本市场的依赖程度。万良勇和魏明海（2009）研究发现，内部资本市场替代了银行借款的作用，这种替代效应一定程度上能够缓解集团成员公司的融资约束。

（二）相互影响和作用

内部资本市场与外部资本市场，不仅仅是单向的替代关系，两者之间也存在着相互作用和影响。Peyer（2002）提出，内部资本市场与外部资本市场并不相互抵触，通过优序方式在企业内部配置资本能够改变企业与外部资本市场的交易能力，内部资本市场帮助放松企业外部融资约束，若得到了外部资本市场的认可，就能促进外部资本市场的发展。Guillén（2000）提出，在外部资本市场严重不足的情况下，内部资本市场可以发挥较高的效率，但是，外部资本市场的发展会逐渐降低两者效率的对比。邹薇和钱雪松（2005）深入分析了外部资本市场对企业内部资本市场的影响，发现外部资本市场运作不规范扭曲了企业层面的资本配置，同时还加剧了企业内部管理者的"寻租"行为，这对内部资本市场的运作产生了消极影响。关于内部资本市场对外部资本市场的影响方面的研究，主要关注点在企业对外部资本的使用规模问题上。Verschueren 和 Deloof（1999）认为，企业内部资本市场的建立使得能获得集团内部借款的企业减少了银行借款。

第三节　股价波动同步性

股价会随着市场和行业情况而变化，单个公司股价会受一系列共同的基本经济因素的影响（King，1966）。布朗和鲍尔（Brown and Ball，1967）提出，市场和行业层面的盈利信息解释单个公司的部分盈余。西尔特和威廉斯（Cyert and Williams，1967）认为，没有被市场和行业盈利信息解释的那部分股票收益可以被公司内部因素和公司特有事件所解释。罗尔（Roll，1988）计算了反映系统性因素的 R^2 值，据以衡量特质信息波动对股票价格变化的解释力。

这验证了单个股票收益与市场和行业价格变动的弱相关性，并据此认为，公司特质信息被较多地反映到股价中造成了股价同步性较低。

基于罗尔的研究，Morck、Yeung 和 Yu（2000）提出了股价同步性（synchronicity）的概念①，它是指"单个公司股票价格的变动与市场平均变动之间的关联性"，亦即中国资本市场所说的"同涨共跌"现象。他们实证分析了不同国家之间资本市场价格波动性差异，发现，差异可以归因为各国对投资者保护的不同导致的套利行为差异。Jin 和 Myers（2006）发现，不同国家间的股价波动性的差异本质上是各国公司透明度不同导致的。德内夫等（Durnev et al.，2003）发现，在国家层面上，系统性股价波动与投资者保护完善、公司透明度高、知情交易者多以及噪声波动较为相关。Chen、Goldstein 与 Jiang（2007）发现，西方发达国家的资本市场较发达，股价波动同步性相对较低。相对而言，新兴市场国家的股票市场中，公司股票价格中包含的公司信息较少，股票价格波动可能更多被市场因素和行业因素所影响，从而导致了新兴市场的股价同步性较高。

资本市场价格波动同步性形成机理引起了广泛的关注，相关的研究主要从以下三方面来展开。

一 股价同步性与股价信息含量

韦斯特（West，1988）发现，信息的快速融入股价会提高股价波动性。在该理论的基础上，凯利（Kelly，2005）研究了上市公司信息环境与股价波动同步性之间的关系，以证券分析师跟踪、股票流动性、机构投资者和信息交易者数量等作为信息环境的替代变量（证券分析师跟踪数量越多，股票流动性更高、机构投资者持股比例越高以及信息交易者数量越多，公司的信息环境越好），发现股价波动同步性和公司的信息环境呈正相关关系。Lee 和 Liu（2007）研究了股票价格信息含量与特质信息波动率之间的关系，并将股票信息分为两部分：（1）与公司基本价值相关的信息引起的；（2）由

---

① 也有部分学者将之表述为"Comovement"，如 Barberis、Shleifer 和 Wurgler（2005）。

噪声引起的。他们发现，如果公司信息环境较好，股价特质信息增加，则 R^2 减小，这个发现也与罗尔（1988）的研究相吻合；如果公司信息环境较差，股价特质信息增加，则 R^2 增大，这也与凯利（2005）的结论相一致。Lee 和 Liu（2007）的研究较好地统一了有关股价信息含量与 R^2 之间关系的不同结论。Chen 等（2006）认为，只有通过股价特质波动所传达的私人信息是与投资决策相关的，股票价格中所含的公开信息是与投资决策无关的信息。实证研究结果表明，公司投资决策对股价的敏感性与股价特质波动所传达的私人信息呈正向关联，这与上述研究的观点相吻合。

许多学者关注公司的基本面，例如，Ferreira 等（2007）从公司控制权角度出发，分析了股价波动与公司治理结构的关系。Siew 等（2008）发现，导致较低 R^2 的主要原因是上市公司基本面信息的不确定性。公司较差的基本面或者投资者所获信息较为劣质，会使得投资者很难利用这些信息进行投资决策。

德内夫等（2003）检验了股价信息与股价同步性的关系。他们用股票未来回报和当期回报的关系作为股价信息含量的衡量，发现了股价信息含量与股价同步性正相关的结论。Dasgupta 等（2010）研究发现在好的信息环境中，公司的股价同步性更高。Teoh 等（2009）发现，公司较低的盈余质量导致了较低的股票价格波动同步性。因此，他们排除了股价同步性的降低是公司特质信息的增加所致，认为同步性的降低是因为交易噪声的增加。Chen 等（2013）发现投资者更易掌握股价波动同步性高公司的信息，从而有助于其正确评价公司的市场定价，因此股价同步性较高公司的流动性也更高。公司股价同步性与公司股票流动性是正向的关系。孔东民（2006）认为，中国股票交易市场存在显著的噪声交易。有关的实证检验构建了噪声的变量，研究结果也表明，公司股价波动的同步性也可能主要由噪声交易所导致（林忠国等，2012）。Lee 与 Liu（2001）的实证结果表明，公司股价波动同步性与噪声存在线性关系，而与信息存在非线性的关系。

二　股价同步性与制度环境

Morck 等（2000）对于跨国数据进行研究后发现，新兴市场国家的公司股价同步性要高于成熟发达市场国家。这可能是和新兴市场的投资者保护体系不完善有关，市场的交易者面临的交易成本和政治风险更高。这降低了投资者套利交易的意愿，从而公司股价中更多地反映了市场风险，体现为证券交易市场的"同涨同跌"现象。Jin 和 Myers（2006）也进行了跨国研究，发现各国信息不透明度的差异才是导致企业股价同步性的重要原因。企业的不透明导致企业特有信息较少融入股价中，从而导致较高的股价同步性。Piotroski 和 Roulstone（2004）认为，证券交易者有非知情交易者和知情交易者。知情交易者如公司内部人员、机构投资者和证券分析师在信息来源、信息甄别和信息处理方面有专业优势。若公司内部人和机构投资者较多，公司特质的信息会被更多地反映到股票价格当中。但是，Piotroski 和 Roulstone（2004）却发现，证券分析师的预测却是基于行业层面的信息，从而会提高股价同步性。也就是说，知情交易者关于信息的来源、甄别和处理也出现了分化。朱红军等（2007）发现，证券分析师的信息搜集和处理会提高股票价格中公司特质信息的吸收，从而降低股票价格的同步性。也有研究者关注了公司债务人对于股价波动同步性的影响，如王艳艳和于李胜（2013）。他们研究发现，公司国有银行债权人的债务软约束和监管不力降低了公司公开披露信息的动力，进而提高了公司股价波动的同步性。

Li 等（2003）研究了新兴市场国家的开放程度与股价波动同步性的关系，发现资本开放程度越高，股价同步性越低。解释是套利行为的发生率随着资本开放程度提高而增加，进而导致更多的公司特质信息被吸收到股票价格中。（1）资本开放程度与公司透明度息息相关，开放程度较高发生"掏空行为"的概率较小；（2）提高资本开放程度能够降低交易者的信息收集成本。贝尼（Beny，2004）指出，欧美国家的资本市场较发达，更多公司特质信息被包含在股票价格中，继而股价同步性较低。格尔等（Gul et al.，2007）研究了中国的公司治理结构对股价波动同步性的影响，发现股东持股量越大，股价同步性越大，相比之下，外资持股比例越大，股价同步性反而越小。在新兴市场国家，公司层面的治理结构可以有效地弥补投资者保护不足，进而提高资本市场信息和功能的不足。

福克斯等（Fox et al.，2003）研究了美国 SEC 实施的强化信息披露法案对股价波动同步性的影响。实证发现，公司信息披露的自觉性因该法案的颁布而提高，公司特质信息有了显著增加，其股价波动同步性明显下降。Kalok 等（2005）研究了新兴市场的股价同步性和公司分析师数量之间的相关关系，发现证券分析师关注越多的股票，其股价波动同步性越高，股价会反映更多的市场信息。在新兴市场，较低的公司信息透明度使得公司搜集特质信息的成本较高，而证券分析师进行盈余预测主要是基于宏观信息。Chan 和Hameed（2006）研究了新兴市场股价波动同步性现象，并提出了三方面的原因：（1）新兴市场中的投资者要收集集团联合或家族控股企业信息较难；（2）新兴市场的法律法规有待完善；（3）新兴市场公司信息透明度较低，内部人控制现象严重，公司通常会选择性披露来规避监管部门。另外，Piotroski 和 Roulstone（2004）发现，分析师预测活动推动了行业信息传递，进一步的，行业层次信息被股票价格吸收程度增加，股价波动同步性在行业层面上更强；同时，该研究还发现，股价波动同步性与内部人和机构投资的交易活动呈现负相关关系。

国内相关的研究如下：

李增泉（2005）研究发现，公司的所有权结构会影响股票价格波动同步性，随着第一大股东的持股比例上升，同步性是先增强后逐渐减弱；而当其他大股东的持股比例增加时，股票价格的同步性是减弱的。

刘娟（2007）和陈梦根等（2007）通过实证发现，我国资本市场证券交易的活跃程度显著影响公司的股价波动。

游家兴（2007）发现，机构投资者参与资本市场增强了股价对公司特质信息的反应程度，控制了股价同步性。但也有研究发现，机构投资者持股比例高低不会对股价波动同步性产生显著的影响（邓乐平和张永任，2008）。

侯宇和叶冬艳（2008）发现，股价中包含的特有信息含量随着机构投资者交易行为而显著增强。

武安华和张博（2010）研究了公司透明度对股价波动同步性的影响，发现股价波动同步性与信息透明度呈现正相关的关系。在资本市场，公司披露的信息并不是唯一渠道，投资者获取公司信息的渠道是多样的，加之投资者是具有不同特质的个体，其在信念、要素禀赋或者对信息利用方式上的不同，必然会导致其在相同的交易环境中，做出截然不同的选择，进而对股票价格同步性产生影响。

三　股价同步性与国家制度

莫克等（Morck et al.，2000）发现，新兴市场的 R^2 较高，而发达国家的 R^2 较低。他们指出，新兴市场与发达国家的投资者产权保护程度不同导致了这种差异。布什曼等（Bushman et al.，2004）认为，上市公司的信息透明度是内生于国家的司法体系。信息透明度是影响股价波动同步性的重要因素，因此国家司法体系可能才是影响该国公司股价波动同步性的内因。Ferreira 与 Laux（2007）指出，较少的公司反并购条款能够带来高的特质波动风险，从而使得未来公司的会计盈余信息更多包含在股票价格当中。陈梦根和毛小元（2007）认为，公司股票交易的活跃度与公司较低的股价波动同步性相关，并将之归因于较高的信息含量。肖浩等（2001）发现，股价波动同步性与市场信息性交易概率正相关，因此公司的个股信息性交易概率对公司股价波动同步性有负向的显著影响。Hsina 和 Tseng（2012）认为，投机交易和相对封闭的市场环境是股价波动同步性的一个重要原因。

夏芳（2012）认为，股价同步性的高低不能作为股价的信息效率，需要同时结合影响公司股价波动同步性的心理因素和信息不对称进行新的解释。Chandra 和 Thenmozhi（2013）认为，公司股价波动同步性主要是由投资者情绪和相关的交易活动引起的。这支持了投资者情绪影响股价波动同步性的结论。

第四节　证券分析师预测

证券分析师作为资本市场重要的信息中介，架起了一座信息沟通的桥梁，降低了信息不对称程度以及提高了市场资源配置效率。鉴于证券分析师在资本市场中的重要作用以及本书研究的需要，本书主要回顾了影响证券分析师预测精度的相关文献。

分析师预测的精确度对资本市场的资源配置和投资者决策行为起着重要影响，那么，研究影响分析师预测准确性就显得尤为重要。具体整理为以下四个方面：（1）公司层面因素；（2）行业因素；（3）宏观制度环境；（4）证券分析师技能、情感和动机因素。

一　分析师预测的公司层面影响因素

伦德霍尔姆（Lundholm，1991）、Kim Verrecchia（1994，1997）发现，高质量的财务信息披露有助于分析师提高盈余预测的精确度。Lang 和伦德霍尔姆（1996）也有类似的发现。鲍文、戴维斯（Bowen，Davis）和 Matsumoto（2002）研究了使用与盈利有关的电话会议对分析师的影响，发现这种盈余信息披露方式确实提高了分析师预测的准确性。公共信息和私人信息是证券分析师进行盈余预测的两种重要的信息来源。克罗斯等（Kross et al.，1990）用华尔街指数替代上市公司公开信息披露，检验发现公开信息披露与预测精度显著正相关。财务信息披露质量的提高显著改善了分析师获得私人信息的精度，所以，高质量的信息披露有助于提高分析师预测精度（Byard and Shaw，2003）。有关无形资产对预测精度的研究表明，当公司有大量未确认的无形资产时，证券分析师对公司的盈余预测有着较大误差（Barron et al.，2002；Demers，2002），而当无形资产被确认的数量和比例较大时，分析师盈余预测的准确性较高（Matolcsy and Wyatt，2006）。

Haw 等（1994）认为，合并财务信息的复杂性使得分析师预测准确程度在合并之后下降。理查森和施瓦格（Richardson and Schwager，1987）的研究表明，分析师预测准确程度会受财务报告及信息复杂性影响。随着信息复杂性的上升，证券分析师盈余预测的准确度会下降（Duru and Reeb，2002）。鲍文（1989）发现，公司规模越大，往往分析师可获得更多的信息。布朗（1997）和克罗斯等（1990）也实证分析了公司规模与证券分析师盈余预测准确性的正相关关系。埃姆斯和格洛弗（Eames and Glover，2003）认为，公司盈余可预测性越高，证券分析师预测准确度越高。若未来盈余具有较大的不确定性，则会影响分析师的预测精确度。克罗斯等（1990）研究发现，盈余的变动性越大，分析师预测的准确度会越高。但是，Matolcsy and Wyatt（2006）却认为公司经营不确定性越高，分析师预测的准确度越低。与盈利公司相比，分析师对亏损公司的预测难度和风险更大，分析师预测精度较低（Bowen，1986；Hwang et al.，1996；Ang et al.，2001）。

企业内部控制作为会计信息质量控制的重要工具之一，理论上也会影响证券分析师的预测精度。金等（Kim et al.，2009）研究发现，当企业的内部控制存在重大缺陷时，证券分析师的预测错误和预测偏差也较大。相比于内部控制较差的公司，证券分析师对于内控质量较高上市公司的盈余预测更加精确，预测偏差更小。Xu与Tang（2011）也关注了企业内部控制质量对分析师预测的准确度和偏差的影响。他们的研究发现与金等（2009）类似，也即企业内部控制的质量与证券分析师预测的准确度呈现正相关的关系。也有不少国内学者关注内部控制的经济后果，比如内部控制质量如何影响证券分析师行为。闫志刚（2012）用上市公司是否违规作为内部控制质量的替代变量，研究发现，若公司不存在违规行为，则证券分析师对其的预测则更加准确。此外，吴琦珍（2013）则利用内部控制指数法作为内部控制的替代衡量，得出的结论与闫志刚（2012）较为一致，企业的内部控制越有效，则分析师预测的精确度越高。

学术界关于企业的盈余管理行为是否会影响证券分析师的预测并没有达成一致的结论。布雷岗等（Bradshaw et al.，2001）研究了卖方分析师的行为，得出的结论是：卖方分析师的盈余预告估计了企业较高的应计利润，但并没有包含企业未来的盈余下降。Toel 和 Wong（2002）发现，证券分析师的预测并没有受到企业上期盈余管理行为的影响，证券分析师并没有适时地将企业短期应计项考虑进去。但是，石桂峰等（2007）认为，信息披露和盈余波动性是影响证券分析师预测精确度的主要因素。他们研究的结论表明，公司信息披露的质量越高，分析师的盈余预测精确度越高；公司盈余波动性越大，证券分析师的预测精确越低。进一步地，李丹和贾宁（2009）也认为，企业的盈余信息质量会显著影响证券分析师的预测精度。具体而言，公司盈余管理程度越小，证券分析师的预测越准确，并且分析师预测的分歧也较小。

与此同时，证券分析师的盈余预测行为也会反向作用于公司的盈余管理行为，两者是动态的互动关系。林紫叶（2012）研究了证券分析师跟进人数对企业盈余管理的影响，发现公司盈余管理程度会随着分析师跟进人数的提高而提高。仓勇涛和储一昀（2012）的发现却恰恰相反。他们认为，证券分析师预测行为在一定程度上能够抑制公司的盈余管理程度，证券分析师出具的盈余预测报告越准确，上市公司的盈余管理程度越低。他们发现，证券分析师的盈余预测能够提高财务报告的信息质量，极大地降低可操纵性应计利润进入财务报告的程度，从而使上市公司的财务报告能够真实地呈现出企业的财务状况和经营成果。

Albarbanell 和 Lehavy（2000）发现，当公司的股价对于消息非常敏感时，管理层更有可能通过调节盈余来迎合证券分析师的预测。也就是说，当公司盈余低于分析师的预测盈余时，企业更可能调高会计盈余；当公司盈余高于分析师的预测盈余时，企业管理层则选择调低会计盈余。尤其是当公司的机构投资者较多时，企业管理层调整盈余达到分析师预测的动机将会更强（Matsmnoto，2002）。Bailk 和 Jiang（2006）认为，若证券分析师发布了公司较为乐观的盈利预测时，企业管理层担心当期的盈余达不到证券分析师的盈余预测，则会发布较低的管理层盈余预测来误导证券分析师，引导其修正及预测。管理层的这种选择性行为可以避免企业的实际业绩低于证券分析师的预测值，在客观上也避免了企业在证券市场上可能遭受的不利影响。

二 分析师预测的行业层面影响因素

相关研究发现，行业的稳定性会影响分析师盈余预测的准确性。卡普斯塔夫等（Capstaff et al.，2001）研究发现，证券分析师对公用事业及医疗卫生的预测相比交通及消费耐用品行业的预测更为准确。帕茨（Patz，1989）认为，大型重工业的盈余预测相比消费品行业的盈余预测更难。O'Brien和Bhushan（1999）认为，分析师跟踪与行业成长性显著相关，一个行业越具成长性，行业信息更易获得，分析师更倾向于进行预测。

三 分析师预测的宏观制度环境层面影响因素

Berger与Han（2003）研究发现，SFAS 131规定提高了分析师对多种经营公司而非单一公司的盈余预测。霍普（Hope，2003a）也发现，会计信息的强制披露降低了盈余的不确定性，提高了分析师盈利预测的精确度。霍普（2003b）表明，会计政策与分析师盈余预测的偏差负相关，披露会计政策会降低盈余的不确定性。此外，Barniv、Myring与Thomas（2005）提出，国家的法制和信息环境是影响分析师行为的重要因素，英美国家的分析师预测能力相比大陆法系国家的分析师更弱。

四 分析师预测的个人层面影响因素

Garcia - Meca等（2006）认为，证券分析师预测精确度与预测经验显著正相关。而Hong等（2000）发现，证券分析师自身迁升会影响预测的精确度，而且这种影响对于新入行的证券分析师更为明显。Ding等（2004）发现，分析师的情感因素和心理因素会影响其预测，通常对证券市场的好消息反应过度，但对坏消息却反应不足。另外，雅各布等（Jacob et al.，1999）研究发现，分析师所在的证券公司规模越大，可利用的私人资源越多，有着丰富经验的分析师也更容易被吸引。克莱门特（Clement，1999）发现，分析师跟随的公司数量会影响其预测精确度，跟随公司越多，精确度越低。

第五节　企业融资约束

一　融资约束的定义：狭义与广义之争

结合现有文献，学术界对于融资约束的定义主要有狭义和广义之分。一方面，Silva 和 Carreira（2011）从狭义角度出发，认为企业外源融资的短缺引发的企业无法获得足以支持其投资和发展的资金就是融资约束；另一方面，卡普兰和津盖尔斯（Kaplan and Zingales，1997）从广义视角认为，当企业内部融资成本与外部融资成本存在差距或者说当内部融资成本小于外部融资成本时企业就会存在融资约束的问题。结合我国的实际，整个经济正处于转型的阶段，金融市场尚属于欠发达阶段，企业的融资渠道并不通畅，企业的资金来源相对单一。我国的企业不但面临严重的外部资金短缺，而且因为国家的政策性偏向导致信贷资源更多地流向国有企业和大型企业。这种信贷配给造成私营经济和中小企业的融资不足，进而导致较严重的融资约束问题。

二　现金持有与融资约束

Myers 和 Majluf（1984）认为，现实生活中的信息不对称问题使得企业外部融资成本高于内部融资，从而企业有动机在现金持有成本最小化目标下持有部分现金。也就是说，企业持有现金的根本原因在于内部融资成本与外源融资成本低（Mikkelson and Partch，2003）。Faulkender（2006）研究发现，若企业存在融资约束问题，则会通过持有现金来增强对 NPV 为正的项目的把控能力。这种动机在企业发展相对滞后的阶段更为明显。王彦超（2006）发现，我国融资约束程度较高的公司的投资资金主要来源是内源融资而非外源融资。这种现象并不存在于融资约束程度较低的企业。按企业性质来划分，国有企业无论是在股权融资还是在债权融资上都面临较少的融资约束。相关研究也发现，民营企业的融资约束更高，投资与现金流敏感性相对较低，而现金持有量却很高（连玉君和程建，

2007)。融资约束理论相比委托—代理理论能够更好地解释中国上市公司高额现金持有行为（宋常等，2012）。

三 商业信用与融资约束

拉简和津盖尔斯（1995）指出，商业信用能够缓解融资约束，并进一步发现商业信用在不同规模公司中缓解企业融资约束的作用存在显著差异。丹尼尔森（Danielson，2000）认为，商业信用比银行授信更为便捷和灵活，当企业面临的银行借款压力较大时会倾向于选择商业信用来缓解自身的融资约束。同时，也需要注意商业信用份额的使用成本，因为过高的份额将使得信用的提供方出于风险控制的目的从而提高商业信用的持有成本。在不同的国家，商业信用的使用也具有其自身的特点。以俄罗斯中小企业为例，其普遍受到比较严重的外部融资约束，尤其是在苏联解体后的经济转轨阶段更为明显（Cook，1999）。商业信用对于缓解俄罗斯中小企业的融资约束显得尤为重要。凡·霍伦（Van Horen，2005）研究发现，在资本市场欠发达国家，商业信用能够更有效地缓解企业的融资约束。相比银行借款而言，企业也更倾向于使用商业信用来缓解融资约束问题。菲斯曼（2001）则关注了金融市场发展较为落后的非洲国家企业，发现商业信用可以更好地缓解企业的融资约束。他的发现支持了商业信用缓解融资约束的进一步假说，即在不同类型经济体中，商业信用缓解企业融资约束的效率不尽相同，在欠发达市场中，商业信用起到的作用更大。

四 信息不对称与融资约束

一些学者认为，信息不对称才是导致企业融资约束的真正原因。信息不对称来源于企业的经营者比潜在投资者了解更多企业经营状况和投资前景的信息，信息不对称使得企业内源融资比外源融资的成本更小，从而引发企业的融资约束问题（Myers and Majluf，1984）。很多学者从正式制度（如国家的金融发展）和非正式制度（如企业的金融关系、政治关系）角度来解释。拉夫（Love，2003）采用跨国数据研究表明，发现国家的金融体系通过影响企业获得外部资金的能力进而影响企业的投资行为。企业的融资约束问题会随着金融发展而呈现下降趋势，并且，这种下降趋势在金融发展水平较低的国家显得更为明显。古纳等（Guner et al.，2008）探讨了具有金融背景的股东加入企业董事会对企业融资决策的影响。他们发现，商业银行家背景的股东会给企业带来更多的银行贷款从而减少企业的投资与现金流敏感性，这缓解了企业的融资约束问题。沈红波等（2010）研究了金融发展水平对制造业企业融资约束的影响。他们以我国金融机构贷款与 GDP 的比例来衡量金融发展水平，实证结果显示，金融发展能够有效缓解企业的融资约束，并且这种效应在非国有企业样本中更为明显。邓建平和曾勇（2011）研究了金融关联、政治关联和金融市场化程度对民营企业融资约束的影响，研究结论表明，这三者均能够缓解民营企业的融资约束。更进一步地，他们发现，金融关联缓解企业融资约束的作用在政治关联低和金融市场化程度低的样本中更为明显。

第六节　宏观货币政策

一　货币政策传导路径及特征

伯南克和布林德（Bernanke and Blinder，1988）认为，货币政策是通过信贷进行传导的。货币政策的信贷传导渠道包括资产负债表渠道和银行信贷渠道，货币政策的波动会对企业的财务状况和银行的信贷供给产生影响，进而影响到企业的外源融资并进一步影响企业的投融资行为。伯南克和格特勒（Gertler，1995）则认为，货币政策的调整变化会影响到企业外部融资能力和财务状况，紧缩的货币政策主要降低了企业可抵押资产的价值和减少了企业的现金流量。Almeida 和 Campello（2007）的研究则表明，货币政策变动会影响企业可抵押资产的价值并进而影响公司的投融资行为。但这一影响会因公司不同程度的信贷约束而不同，宏观货币政策对有着较紧信贷约束企业的投融资影响程度更大。

我国货币政策传导具体体现在以下四个方面：

（1）我国的金融市场尚不健全，资本市场和货币市场仍不发达，这决定了我国货币政策传导的主要渠道仍然是银行的信贷渠道。

（2）随着利率市场化改革的不断推进，尤其是2013年7月起金融机构贷款利率管制的适度开放，我国已经形成了央行调整贷款基准利率与引导市场利率两者并行的具有中国特色的利率调控体系。我国货币政策传导体系中已经逐渐凸显出利率传导的重要作用。

（3）央行往往比较依赖国有商业银行进行宏观货币调控，但国有商业银行却经常发生"惜贷"（如所有制歧视）等违背央行货币政策初衷的现象，这都导致了货币调控政策未能发挥预期的作用。国有商业银行虽然进行了股份制改革，但总体而言，仍比较落后，因此，我国货币政策的传导路径并不通畅。

（4）货币政策发挥作用存在一定的滞后性。这种滞后性不仅体现在从高层制定货币政策到政策颁布这段时间，也包括货币政策颁布到货币政策在企业微观层面产生一定效果这段时间。

二　货币政策与债务融资成本

宏观货币政策的波动会影响到企业经营所处的环境，进而会影响到企业的融资活动。因此，货币政策会对企业融资的成本和规模产生重大影响。伯南克和布林德（1992）研究了基于货币政策传导的银行信贷渠道，研究发现当宏观货币政策面临紧缩时，银行会提高银行准备金。这体现在银行信贷规模的缩减以及银行贷款供给的减少。格特勒和吉尔克里斯特（Gertler and Gilchrist，1993）进一步发现宏观货币政策会影响到企业的融资约束。这种影响会因企业不同的信用状况而不同，当宏观货币政策处于紧缩时，信用状况好的公司能够在资本市场获得所需融资；而信用状况较差的公司则难以在资本市场进行融资，它们会转向信用中介且需要支付更高的融资成本。伯南克和格特勒（1995）发现，银行贷款利息在货币政策紧缩时期会更高，从而增加企业的利息费用，这进一步降低了企业的资产流动性，最终使得资产贬值。Bougheas等（2006）的研究显示，企业的资本成本和银行利率呈现负相关的关系。也有一些学者从微观层面研究货币政策对企业融资的影响。在货币政策紧缩时期，银行信贷资金会向稳定国有企业和缓解就业压力等目标方向倾斜，企业将面临更加困难的融资问题（叶康涛和祝继高，2009）。庞新江（2012）提出，在我国转型加转轨经济背景下，宏观货币政策可能主要是通过银行信贷渠道进行传导并在微观企业层面发挥重要作用。

三　货币政策与现金持有水平

现有研究发现宏观货币政策会影响企业的现金持有水平。当宏观货币政策较为宽松时，企业面临的外部融资约束较弱，企业会减少现金的持有量；而当宏观货币政策较紧时，企业面临的外部融资约束较强，企业会增加现金的持有量（祝继高和陆正飞，2009）。考虑到企业的所有权性质，这种现象主要出现在地方政府控制的企业，而中央企业并不会因为货币政策趋紧而减少现金持有量。因为地方政府控制的企业的信贷资金和资本性支出会因为宏观货币政策较紧而趋于下降，但中央企业的信贷资金和资本性支出并不会出现明显的变化（代光伦，2012）。另外，不同所有制形式企业在现金持有水平的路径选择上也会有显著差异。具体而言，国有控股企业和低成长性房地产企业的现金持有水平受宏观货币政策的影响较小，这也削弱了货币政策在国有企业和房地产企业的调控有效性（王先柱和刘洪玉，2011）。

四　货币政策与资本结构

Atanasova 和 Wilson（2004）研究了货币政策对企业银行借贷能力的影响，发现在货币紧缩时期，企业会增加对银行借款的需求，但企业资产能够在一定程度上缓解企业在信贷方面的约束。宏观货币政策会改变企业的外部融资约束，并进一步影响企业的投资行为，但这种影响在不同融资约束程度的企业间存在差异（张西征，2010）。也有学者采用建立差分模型来研究货币政策通过信贷渠道如何影响上市公司的资本结构，发现货币政策的影响视不同融资约束程度而定（马文超和胡思玥，2012）。当货币政策作用至银行信

贷供给时，面临较紧融资约束的企业相比较松融资约束的企业而言
受到的影响程度更大。曾海舰和苏冬蔚（2010）研究发现，扩张的
货币政策会显著增加国有化程度低、规模较小以及担保能力较弱企
业的负债规模；紧缩的货币政策会显著降低以上三者的负债规模。
谢军等（2013）认为，宽松的货币政策显著缓和了企业面临的融资
约束，降低了企业的投资与现金流的敏感性。这在客观上优化了企
业经营所处的金融生态环境。

第七节　企业投资效率

一　代理冲突、信息不对称与投资效率

　　经理人与股东的利益冲突会导致企业的非效率投资行为。投资
风险较低项目使得利益转向企业的债权人，因此，企业在某些情况
下会放弃投资风险较低项目转而投资风险较高项目，从而产生过度
投资行为（童盼和支晓强，2005）。为了使得自身利益最大化，经
理人会进行过度投资行为，而且这种现象在 CEO 持股较低公司更为
明显（Anderson et al.，2003）。梅丹和毛淑珍（2009）研究了企业
控制人如何影响非效率投资，发现国有产权的虚置和政府干预会导
致一定的代理问题，进而成为企业过度投资的重要诱因。

　　资本市场的信息是传递不完全的，交易双方对信息的掌握程度
不同而产生道德风险问题和逆向选择问题。信息不对称不仅会对外
部投资者利益造成损害，也会由于缺乏监管引致企业的非效率投资
问题。Lensink 和 Serken（2001）的研究表明，当企业投资项目的回
报率高于其贷款成本时，过度投资行为极有可能发生。潘敏和金岩
（2003）分析了我国上市公司的非效率投资的形成机制，发现上市
公司流通股偏低和信息不对称等问题是公司进行过度投资的主要诱
因。也有学者通过分析公司的信息机制与企业非效率投资之间的关
联来验证信息不对称理论影响企业非效率投资的推论（张纯和吕
伟，2009）。他们认为，企业信息透明度的提高能够降低信息不对

称，从而减少企业的过度投资行为。

二　自由现金流、企业负债与投资效率

企业的自由现金流量构成了财务弹性的重要部分，因此其变化直接影响企业的非效率投资行为。大量研究均表明，企业的过度投资与自由现金流正相关。程仲鸣和夏银桂（2009）检验了在中国特有的新兴加转型背景下现金流对企业过度投资的作用。研究发现，企业的自由现金流越多，越易导致企业的过度投资问题，而且这种正向关联在地方控股的上市公司中最为明显。徐晓东和张天西（2009）认为，企业的代理问题越突出、自由现金流越多，越容易导致过度投资的发生。也有学者以非金融类上市公司为例，检验了企业的超额现金持有对非效率投资的影响（杨兴全等，2010）。企业的超额现金持有越多，公司发生过度投资的可能性越大。研究同时发现，企业经营和管理环境的改善能够抑制企业过度投资行为，但这种抑制作用会因公司的国有控股性质而弱化。

企业的负债经营得益于其杠杆效应，但债务的契约约束会在一定程度上制约企业的投资行为，进而会影响到企业的非效率投资行为。姚明安和孔莹（2008）关注了公司的财务杠杆与投资关系，发现财务杠杆能够抑制企业的投资行为，且这种抑制作用在中小企业样本中更为明显，但是，会随着企业控股股东的控股比例上升而下降。与该文结论不同的是，李枫和杨兴全（2008）的研究结论显示债务融资并未起到抑制企业过度投资行为的作用。在国有企业中，负债融资却使得企业的过度投资行为更为严重。朱磊和潘爱玲（2009）也检验了企业负债融资对过度投资的影响，其结论也未支持负债融资能够抑制过度投资结论。我国企业债务的"硬约束"能力并未得到有效发挥。

三　融资约束、产权性质与投资效率

当外部融资成本较高时，即便企业有 NPV 为正的项目也不得不放弃，从而引致企业投资不足的问题。连玉君和程建（2007）研究发现，当融资约束较紧时企业倾向于投资不足，而当融资约束较松时，企业更容易进行过度投资。也就是说，无融资约束的企业更容

易进行过度投资行为，而有融资约束的企业则不会出现（王彦超，2009）。也有学者利用理查森模型研究了我国上市公司的非效率投资行为，发现六成以上的公司存在投资不足问题，且这种不足是由企业面临的融资约束问题所引起的（张功富和宋献中，2009）。影响上市公司投资效率可能有多重约束机制，张跃龙等（2011）发现，企业的债务融资会加剧过度投资行为，决定投资效率的关键因素在于企业的盈利水平。

我国政府对国有企业有着绝对控制力，既可以间接地通过信贷通道影响企业投资，也可以通过所有权直接决定企业的投资行为。祝继高（2011）发现，监管部门在融资配额审批时会优先照顾国有控股企业，比如国有企业比民营企业发布的配股预案要高，国有企业较之民营企业享有更多的融资便利。国有企业的效率比民营企业、集团企业和"三资"企业等都要低（刘小玄，2000），并且国有企业的效率也要远远低于非国有企业（孙永祥，2001）。国有企业由于产权关系的优势仍享有更多的融资资源，其投资决策趋向于激进，因为国有企业同时也需要承担地方基础设施建设、地方 GDP 增长以及振兴相关产业等政策性任务。

四 公司治理与投资效率

霍尔曼和霍格费尔特（Holmen and Hogfeldt，2009）研究发现，企业的所有权和经营权分离越大，大股东越有动力进行过度投资行为。即便两权分离较小，在投资者保护机制不完善的情况下，控股股东为了谋取自身利益最大化也有动机进行过度投资（Albuquerue and Wang，2008）。Huang 与 Yan（2012）实证检验发现，民营企业相比国有企业更难获得银行的信贷资源，但是，国有企业获取的银行信贷资源越多越易导致过度投资行为的发生，最终降低企业的价值。此外，也有研究发现，第一大股东的持股比例越高，企业过度投资的水平越高（韦琳和石华，2013）。王化成和胡国柳（2005）研究发现，第一大股东持股比例与企业投资多元化呈现显著的负相关关系。饶育蕾和汪玉英（2006）研究发现，从过度投资角度解释投资与现金流敏感度以及大股东持股比例对投资的影响更具说服力。

比斯利（Beasley，1996）认为，独立董事比例会显著影响企业的投资效率，研究发现，公司的独立董事比例越高，企业非效率投资水平越低。戈亚尔和帕克（Goyal and Park，2002）发现，公司董事长与总经理两职分离更有利于公司治理发挥作用，能够有效地监督公司的总经理过度投资行为。国内的学者也发现，董事会治理能够有效地抑制企业的过度投资行为（李维安和姜涛，2007）。徐晓东和张天西（2009）研究发现，国有企业的董事会规模和独董比例的增加可能会使投资不足的问题更加严重，这与比斯利（1996）的结论并不一致。李怡（2013）提出，董事会议频率的增加有利于减少企业的过度投资和投资不足问题，但独董比例的提高不能有效减少过度投资或投资行为；更一步地，她研究发现董事会持股比例的提高会导致更严重的投资不足现象。

Vishny 等（1988）发现研究，企业投资水平与高管持股比例呈现倒 U 形关系，但 Grundy 和 Li（2010）却认为，管理层持股与企业的投资水平是正相关的关系。Kang 等（2006）认为，随着企业管理层持股比例的增加，企业投资水平也随之增加。Eisdorfer（2013）研究发现，公司杠杆比率与高管薪酬杠杆比率之间的相似性会影响投资决策，发现两个比例相似性越小投资效率越低。也有不少国内学者关注了高管薪酬和投资效率的关系。简建辉等（2011）研究发现，企业过度投资与经理人货币薪酬激励存在显著正相关关系。马伟（2013）利用制造业的样本，研究发现，公司高管的货币薪酬激励可以有效抑制企业的过度投资行为。

Cheng 等（2013）研究发现，2002 年萨奥法案的通过有效提高了企业的投资效率，他们据此认为，高质量的企业内部控制能够有效抑制非效率投资行为。李万福等（2011）认为，内部控制缺陷的降低可以有效缓解企业的非效率投资。企业管理层的冒险精神，企业投资趋于稳健更易放弃高风险的金融投资，投资效率也更高（Malmendier and Nagel，2001）。

五 企业投资效率的具体衡量

Fazzari 等（1998）提出了 PHP 模型推导出企业在何种情况下会出现投资不足或过度行为：当企业外部融资成本较高时，企业的资金需求无法得到满足，因此未实现企业最佳的投资规模，进而导致了企业投资不足的问题；而当企业委托—代理问题较严重时，出于最大化自身利益目的，经理人会利用企业闲散资金进行投资从而导致过度投资问题。也有学者用企业实际投资与预期投资的差额来衡量企业非效率投资的程度（Richardson，2006）。企业预期投资为企业最优的投资规模，在预测模型中嵌入企业成长机会、企业融资约束、企业所处行业等因素。实际投资与预期投资的差额为负则表示企业的投资不足，若差额为正则表示企业的投资过度。

第三章 中国制度背景下的企业
集团及其内部资本市场

集团是由有独立法人地位的公司通过正式纽带或非正式纽带（如家族、种族或地区等）相互联结所构成（Khanna and Yafeh，2007）。尽管学术界对集团形成原因仍存在不同意见，比如集团的形成是否是外生的、集团的形成是否由历史决定的等，集团企业普遍存在于新兴市场经济国家中却是无可争辩的。这些国家的政府积极地干预经济政策，通过培育和发展本国的大规模企业组织作为推动经济发展的引擎，在企业集团的形成和发展过程中，政府的职能和能力扮演了重要角色。政府的介入在客观上也使得企业集团的控股股东免受外国机构投资者的挤压和收购，同时，控股股东在某些情形下只需要少量的资本投入就能全面地控制企业。新兴市场经济的契约执行制度空缺，与市场交易相关的制度如法律制度和司法系统仍然处于发展阶段。外部市场经济制度的不完善加上不发达的资本市场以及腐败等问题直接导致市场的交易费用过高，这也使得企业集团的内部资本市场尤其重要（Khanna and Palepu，1997；Peng，Lee and Wang，2005）。

新兴市场经济中的企业集团已经得到深入而广泛的研究，如印度（Khanna and Palepu，2000a）、韩国（Chang and Choi，1988；Almeida，Park，Subrahmanyam and Wolfenzon，2011）、智利（Khanna and Palepu，2000b）、俄罗斯（Estrin，Poukliakova and Shapiro，2009）和土耳其（Gonenc and Hermes，2008）等国家。近年来，中国的企业集团也逐渐引起了学术界的关注（Carney，Shapiro and Tang，2009；Guest and Sutherland，2010；Keister，1998，2000，

2001）。

总体而言，我国企业集团的形成与治理和经济总量不断扩大密不可分，同时也与我国经济体制转型紧密相关。因此，研究我国企业集团的内部资源配置，首先需要了解我们的市场经济体制改革的背景。从传统的计划经济向市场经济的制度变迁的轨迹，影响了政府对国有资产管理思路的变化，国有企业集团作为改革产物，深深烙上了改革的印记。同时，在国家政策的鼓励下，私营企业纷纷成立，为了规避不确定性，实现规模效应，许多家族企业也成立了企业集团（蒋卫平，2006）。

本章以下部分将从企业集团产生的时代背景、企业集团的历史回顾和企业集团内部资本市场形成机制等几方面全面展现我国企业集团治理结构及其内部资本市场背后动态的制度变迁，为后续研究提供坚实的制度基础。

第一节　企业集团产生的时代背景

当我们探求中国企业集团内部资本配置效率时，应该首先对集团这种特殊组织形态存在的原因进行分析，而首要的是集团诞生的制度环境。集团所处的制度环境决定了其特征、发展路径以及其行为。企业集团的兴起，与改革开放后我国企业战略重组以及集团化的改革进程紧密相关。

企业集团是我国进入 20 世纪 80 年代后社会经济生活的重要新生事物，是我国经济发展过程中企业组织发展的必然选择，既适应了我国转轨经济的发展需求，也契合了我国增强企业国际竞争力的政策呼声。

一　企业组织发展的必然选择

计划经济体制下的要素市场并不完善，分销渠道也不通畅，企业倾向于实现垂直一体化，即"小而全"模式，地方政府强调自给自足，拥有完整的产业体系，但规模较小（蒋卫平，2006）。地方与地方、企业与企业间的分散主义、条块主义和缺乏协作协调等问题较为严重。改革开放之后，企业之间横向经济、技术协作及联合得以快速发展。国务院在 1980 年提出"扬长避短、发挥优势、坚持自愿和组织联合"的政策指导。国家把顺应商品经济发展起来的横向经济联合作为经济体制改革的重要内容，要求"对外要开放，国内各地区之间更要互相开放。经济比较发达地区和比较不发达的地区，沿海、内地和边疆，城市和农村，以及各行业各企业之间，都要打破封锁，打开门户，按照扬长避短、形式多样、互利互惠、共同发展的原则，大力促进横向经济联系"（《中共中央关于经济体制改革的决定》，1984）。在这种形势下，我国企业之间的经济与技术协作进入一个横向经济联合阶段，资金、人才、技术和物资四位一体的协作开始涌现。同时，国家又出台了一系列配套的政策来推动横向联合的健康有序发展，如《关于进一步推动横向经济联合若干问题的规定》（国务院，1986）等。同年，国家的"七五"计划也确定了发展横向联合经济、加强地区协作和经济区网络这一重大政策，规定要"正确处理我国东部、中部和西部三个经济地带的关系，充分发挥它们各自的优势和发展它们相互间的横向经济联系，逐步建立以大城市为中心的、不同层次、规模不等、各有特色的经济区网络"。政府鼓励更多的企业参与联营方式，在政策的号召下，出现了大量的紧密型和半紧密型的各种经济联合体，其中，一部分紧密型联合组织实现了大规模的生产要素配置和再配置，这为我国企业集团的兴起奠定了坚实基础（陈永忠，1989）。

随着改革的深入，各种可替代资源的出现，横向联合企业开始凸显其局限性。联营企业松散的组织结构使得成员企业的权利与义务界定不清，组织内部合作协调成本开始增大等问题。因此，政府倡导将横向联合体改造为企业集团，在横向联合体内部设立组织结构（蒋卫平，2006）。当时，毗邻的日本和韩国的成功发展经验也表明，如果由大企业集团来领导国民经济发展的话，那么政府的产业政策将会得到有效的贯彻（Lee，1992）。随着市场经济的进一步发展以及国有企业股份制改革，集团逐渐发展为以股权为基础，确

定集团成员企业相互关系的依据发生根本变化，国家明确提出，要
"重点抓好一批大型企业和企业集团，以资本为纽带，联结和带动
一批企业的改组和发展，形成规模经济，充分发挥他们在国民经济
中的骨干作用"（《"九五"计划和 2010 年远景目标纲要》，1996）。

二 提升国际竞争力，实现跨越式发展的需要

企业集团的组建实现资源的优化配置、规模经济和协作经济，
增强我国企业参与国际竞争的能力。为此，我国政府提出"发展一
批以公有制为主体、以产权联结为主要纽带的跨地区、跨行业的大
型企业集团，发挥其在促进结构调整，提高规模效益，加快新技
术、新产品开发，增强国际竞争力等方面的重要作用"（《关于建立
社会主义市场经济体制若干问题的决定》，1994）。组建和发展大型
企业集团，也有利于探索大型企业的带动作用和中小企业的能动作
用，实现优势互补，共同发展（盛毅等，2010）。1993 年 11 月，十
四届三中全会提出了建立现代企业制度的改革目标，国有企业改革
进入了制度创新的新阶段，国务院决定选择 55 家集团企业作为先期
现代企业制度试点。1995 年，国家提出大集团战略，选择一批大企
业进行试点，组建一批具有国际竞争力的大企业集团，以增强我国
产业的国际竞争力。

1997 年 4 月，又有 63 家集团企业加入试点名单（Sutherland,
2003）。试点的集团企业在投资决策、融资、对外贸易、债转股和
资本注入等方面均享受了优惠条件。以往的文献均强调中国政府在
"国家冠军政策"（National Champion Policy）指引下，支持和鼓励了
集团企业的建立和发展。为了更好地推进制度改革以及融入世界经
济中，政府也需要建立一批有国际竞争力的大企业集团（Nolan,
2001；Sutherland，2003；Guest and Sutherland，2010）。为达到该目
标，中央政府出台了一系列的配套政策来支持这类集团，比如，为
方便集团企业内部筹资组建了集团财务公司、优先的证券市场融
资、更多的进出口配额以及进行国有资产重组的特权等。同时，地
方政府也出台了一些类似政策来扶植地方企业集团的发展（Carney,
Shapiro and Tang，2009）。

韩国和日本的经验表明，企业集团的发展往往和经济高速增长联系在一起，实践证明，大型企业集团的发展为增强国家经济实力提供了必不可少的组织基础，而且这种组织形式使得外国企业进入本国市场变得更为困难（Steers et al.，1989）。中国正处在经济结构战略性调整的关键阶段，面临着经济增长方式转变，发展大企业集团战略就变得尤为重要。中国将加快国有企业改革和调整的步伐，努力在中央企业中培育出一批具有国际竞争力的大公司大企业集团（李荣融，2005）。

第二节　改革开放后的企业集团发展历史回顾

改革开放后，我国企业集团的发展过程大致可划分为以下三个阶段：

一　第一阶段：发展初期（1979—1986 年）

十一届三中全会后，在"对内改革、对外开放"的改革浪潮的不断推进下，中国的经济体制从高度集中的计划经济体制转向社会主义市场经济体制。突然开放的竞争市场环境让中国的企业面临从未遇到的竞争，传统的计划经济体制下的企业发展模式已经发展到矛盾边缘，经济效益指标的整体下降和大量资源浪费的现实使企业转型尤为紧迫和关键。因此，党中央和政府采取了一系列措施。根据 1978 年的国务院务虚会议的思路，采取了两项放权让利的改革措施。第一，四川省率先进行国企放权让利试点，对重庆钢铁等 6 家公司进行"扩大企业自主权"的改革。第二，国务院同意财政部的报告，决定从当年起，国有企业实行企业基金制度。① 1979 年 5 月，国家经委、财政部等 6 部门在京、津、沪选择了 8 个大企业进行扩

---

① http：//news. ifeng. com/history/gongye/jiyi/guojia/200908/0808 _ 6835 _ 1291239. shtml，2009 年 8 月 8 日。

权试点，推广四川省的经验。同年 7 月，国务院下达《关于扩大国营企业经营管理自主权的若干规定》《关于国营企业实行利润留成的规定》等一系列文件，将试点在全国推广。到 1980 年 6 月，试点扩大到 6600 多户国有大中型企业，占全国预算内国有企业的16%，占工业总产值的 60%，占实现利润的 70%。[①]

为了推动经济联合，国务院常务会议于 1980 年 7 月通过了《关于推动经济联合的暂行规定》。国务院在 1986 年 3 月又提出《关于进一步推动横向经济联合若干问题的规定》，强调维护经济联合的自主权。由于这种经济联合是在"三不变"的前提下完成的，即所有制不变、隶属关系不变、财务关系不变，所以，这种联合与真正意义上的企业集团不可同日而语，它们只是企业集团的初级状态。这些横向经济联合体有的是行政上的上下级关系（蓝海林，2004）。很多横向经济联合体在联结纽带不紧密和经济、政治利益冲突的双重作用下，并没有存在太久，很快就解散了。

二　第二阶段：创建调整期（1987—1993 年）

随着改革的不断深入，面对日益激烈的市场竞争环境，松散的横向经济联合体势必重整。1987 年，国务院发布了《关于大型工业联营企业在国家计划中实行单列的暂行规定》和《关于组建和发展企业集团的几点意见》，明确提出了关于企业集团的概念、集团组建原则以及集团内部管理等问题，进一步规范和促进了企业集团的发展。但是，在《关于组建和发展企业集团的几点意见》中，并没有对企业集团的本质做出明确的界定。国家体改委在 1989 年发布的《企业集团组织与管理座谈会纪要》中指出，企业集团之间的联结纽带主要是产权关系（蓝海林，2004）。

国务院在 1991 年转发了国家计委、体改委和国务院生产办公室《关于选择一批大型企业集团进行试点的请示》，圈定了 55 家大型企业集团作为试点，按《公司法》将原来的工厂制改制成企业集团，对企业的组织结构进行了调整，强化了内部连接关系。这项规

[①]　http://www.eeo.com.cn/2010/0520/170549.shtml，2010 年 5 月 20 日。

定的主要意图有两个：第一，形成"领头羊"的作用，带领该领域的企业涉足国际市场，参与国际市场的竞争；第二，以做大做好为目标，兼并业绩差、规模小的其他国有企业，形成良性循环。以此为基础，国家接连颁布了《关于国家试点企业集团登记管理实施办法》（试行）《乡镇企业组建和发展企业集团暂行办法》和《试点企业集团审批办法》等一系列规定。在国家试点工作的带领下，全国范围涌现出了一批以地方企业、乡镇企业和集体企业为依托的企业集团，有效地促进了经济的发展。

这一阶段的主要特征是以政府导向为主。由于企业集团在第一阶段横向经济联合体的发展过程中，是由企业先"摸着石头过河"，出现了诸多问题，所以，在这一阶段由政府引导发展路径，企业依靠政策扶植不断发展。

三　第三阶段：快速发展期（1993年至今）

1993年是我国市场经济转型的转折点。1993年11月十四届三中全会通过《中共中央关于建立社会主义市场经济体制若干问题的决定》，提出"发展一批以公有制为主体，以产权联结为主要纽带的跨地区、跨行业的大型企业集团，发挥其在促进结构调整，提高规模效益，加快新技术、新产品开发，增强国际竞争力等方面的重要作用"。十四大召开后，中共中央提出的建立社会主义市场经济体制目标模式使企业集团在发展过程中遇到的若干障碍得以消除，最关键的就是1980年《关于推动经济联合的暂行规定》中"三不变"原则（所有制不变、财务关系不变和隶属关系不变）的突破，使企业集团真正实现了"集团"的功能，这主要体现在：第一，企业集团内部的联系日趋紧密；第二，企业集团的规模不断扩大，实力得到了提高；第三，企业集团的经营管理水平提升。但此时，企业集团主要还是一个行政管理机构，在降低交易成本、规模经济、范围经济方面的作用还没有明显表现出来（蓝海林，2004）。

1994年，税收、财政、金融、外贸、投资等多个领域的整体性改革，使我国基本建立起了市场配置基础上的国家宏观调控新体制。由八届全国人大常委会第五次会议（1993年12月29日）通过，自 1994 年 7 月 1 日起施行的《经济法》明确阐述公司活动范围和规定了公司与政府的职能范围。1995 年，在"九五"规划的方针指导下，国家开始实施"抓大放小"战略措施，以"大公司、大集团"为主要着眼点：一是把企业集团试点工作列为国有企业改革的中心；二是强调企业集团内部的治理和集团内部的相互关系。这些改革和法律法规的颁布都为企业集团的发展提供了良好的外部环境，为其规范发展奠定了基础。

1997 年 4 月，国务院批转了国家计委、国家经贸委、国家体改委《关于深化大型企业集团试点工作的意见》。中国共产党在 2000 年的第十五届四中全会通过了《中共中央关于国有企业改革和发展若干重大问题的决定》，并再次强调："要着力培育和发展实力雄厚、竞争实力强大的大型企业和企业集团，有的可以成为跨地区、跨行业、跨所有制和跨国经营的大企业集团。"2001 年，吴邦国副总理在宝钢集团座谈会上的讲话中强调："……积极发展一批具有国际竞争力的大公司和企业集团……是贯彻落实党的十五届四中全会、五中全会精神，深化国有企业改革、加快国有企业发展的一项重大举措。"这样，中国企业集团在 20 多年的探索发展的过程中，终于扫清了规范发展道路上的所有制度性障碍和束缚，从而建立了真正意义上的企业集团的经营管理模式。

表 3 - 1 列示了一些对我国企业集团成立和发展起着重要推动作用的政策措施。

与国有集团企业是按照国家自上而下的政策建立相比，民营企业集团（大多为家族企业）通过整合在业务上长期有相互影响的不同行业公司，在集团内部形成复杂的借贷、交易和产权网络。另外，还有社会关系。基斯特（2001）这样描绘中国民营企业集团的贸易关系形成："最初，来自集团网络之外的信息主导了交换关系的形成和方向。企业转向原先已有的联系，利用其市场地位以及官僚权力结盟。随着时间的推移，集团内部的影响（信息）开始变得重要，经理逐渐地利用集团内部的非贸易关系和其他指标来识别借贷和贸易伙伴。"重要的是，这些正式和非正式的网络对于民营集团的生存和发展至关重要，集团可以通过这些网络克服经济衰退的影响，避免遭受在国家改革中发生的社会和政府对私有产权的歧视（Hay and Shleifer，1998）。

表 3 – 1 　　　　　我国政府推进国有企业改革及
建立企业集团的重大政策措施汇总

颁布年份	相关政策名称	颁布单位
1979	在京、津、沪选择了 8 个大企业进行扩权试点	国家经委等 6 部门
1979	《关于扩大国营工业企业经营管理自主权的若干规定》、《关于国营企业实行利润留成的规定》	国务院
1980	《关于推动经济联合的暂行规定》	国务院
1981	《关于实行工业生产经济责任制的意见》	国务院
1986	《关于进一步推动横向经济联合若干问题的规定》	国务院
1987	《关于大型工业联营企业在国家计划中实行单列的暂行规定》、《关于组建和发展企业集团的几点意见》	国务院
1989	《企业集团组织与管理座谈会纪要》	国家体改委
1991	《关于选择一批大型企业集团进行试点的请示》	国务院
1992	《全民所有制工业企业转换经营机制条例》	国务院
1993	《中共中央关于建立社会主义市场经济体制若干问题的决定》	党的十四届三中全会
1994	100 家国有大中型企业试点	国务院
1996	《"九五"计划和 2010 年远景目标纲要》	国务院
1997	《关于深化大型企业集团试点工作的意见》	国务院
1998	《国务院稽查特派员条例》	国务院
1998	《关于切实做好国有企业下岗职工基本生活保障和再就业工作的通知》	中共中央、国务院
2000	《企业集团财务公司管理办法》	中国人民银行
2000	《国有大中型企业建立现代企业制度和加强管理的基本规范》	国务院

续表

颁布年份	相关政策名称	颁布单位
2000	《中共中央关于国有企业改革和发展若干重大问题的决定》	党的十五届四中全会
2000	选择建立现代企业制度试点企业共 2700 家，实行公司制改革	国务院及各地方政府
2002	《关于进一步推进国有企业分离办社会职能工作的意见》、《关于国有大中型企业主辅分离辅业改制分流安置富余人员的实施办法》	国家经贸委
2002	《关于向外商转让上市公司国有股和法人股有关问题的通知》、《利用外资改组国有企业暂行规定》、《允许向外商转让上市公司国有股和法人股》、《合格投资者境内证券投资管理暂行办法》	国家经贸委、财政部、国家工商总局、国家外汇管理局
2003	《企业国有资产监督管理暂行条例》、《关于规范国有企业改制工作的意见》和《企业国有产权转让管理暂行办法》	国资委

资料来源：蓝海林：《转型经济中我国国有企业集团行为的研究》，博士学位论文，暨南大学，2004 年。

与国有企业集团相比，民营企业集团的发展要滞后许多。从时间序列上看，大致可以分为以下三个阶段：

（1）萌芽阶段（1978—1992 年）：随着民营经济的发展，民营企业在组织形式上也不断进行探索。这一时期对民营经济的政策不够明朗，《公司法》尚未颁布，也不具备建立企业集团的组织基础。

（2）初步发展阶段（1992—2001 年）：随着政治层面约束的减少以及政策明朗化后，民营经济的发展走上了正轨，对国民经济的贡献也越来越大，2001 年民营经济中的就业人数占全社会就业的40.2%，民间投资占全社会投资的38.4%，按生产法计算的民营经济占全国工业增加值的55.1%（黄孟复，2003）。1993 年《公司法》的颁布为民营企业建立规范的组织形式提供了法律基础，一些有实力的民营企业开始组建集团，利用规模经济优势和范围经济优势来应对市场竞争。

（3）快速发展阶段（2001 年至今）：随着中国加入世界贸易组织，国内经济体制改革的日益深化，政府逐渐放宽了民营经济可以投资的领域，同时在政策层面上为民营企业的发展提供支持。[①] 在这一段时间，我国民营企业集团的数量和规模呈现出了大幅度增长。企业集团可利用的资金来源的多元化，民营企业集团构建高效的治理机制，建立了科学高效的企业管理体系，为集团的长远发展奠定基础。

第三节　中国制度背景下的企业集团

新兴市场国家的企业集团已经得到深入而广泛的研究。转型经济体是正处在重大、全方位的体制转变过程中的经济实体，是属于新兴经济市场的子集（Hoskisson, Ekden, Lau and Wright, 2000）。中国属于典型的转轨经济，正经历着由计划经济体制到市场经济体制的转变，由一种高度密集的生产安排转向自由竞争的市场选择，其制度的巨大变化也使身在其中的中国企业深受影响。

在我国转型的过程中伴生了大量的企业集团，其中，大多数是国有企业集团，它们在中国的社会经济发展过程中起到了不可忽视的作用。中国企业集团的存在动因不仅可从经济学或社会学的理论上得到解释，同时，企业集团的行为也受传统社会文化和政府干预的影响。以下我们将对中国企业集团的成因进行剖析，以进一步了解在转型经济体制中企业集团的行为特征。

---

① 2005 年，国务院发布"非公经济 36 条"，全面系统地推出了促进非公有制经济发展的 36 条政策规定，对推动民间投资起到了非常大的作用。2010 年，国务院又发布《关于鼓励和引导民间投资健康发展的若干意见》，进一步拓宽民间投资的领域和范围，鼓励和引导民间资本进入基础产业和基础设施领域，包括铁路干线、铁路支线、铁路轮渡以及站场设施的建设，以及油气勘探开发领域等。

一　中央政府经济赶超战略的需要

赶超战略是经济落后国家追赶经济发达国家，力图实现超越、不顾资源的约束而推行超越发展阶段的重工业优先发展战略。之所以称其为"赶超"，是相对于这种战略确定的产业目标与资源禀赋所要求的产业结构之间存在巨大的差异而言的（韩树明，2003）。日本的经连会（Keiretsu）① 和韩国的企业集团（Chaebols）作为一种庞大的组织结构，国际和国内的竞争力都比较强，这为其国家的经济发展提供了坚实的基础，这种产业组织形式也使外国的企业难以进入国内市场。大多数新兴市场的国家和地区都面临着资本匮乏的困境，所以，政府希望扶植大型的企业集团来促进整个社会的经济发展，这种观点就成为企业集团的"跨越式发展观"。为了振兴经济，日本和韩国企业集团在发展过程中均得到了各自政府强有力的扶植。在集团的组织形式方面，中国的企业集团也受到了日本企业集团经连会和韩国的企业集团的极大影响，认识到经连会对日本战后经济复苏以及企业集团对韩国经济腾飞所发挥的重要作用，在集团发展的初期，中央甚至鼓励国有企业直接仿效日本的经连会。中国的企业集团与日本、韩国的集团有着相似的基于网络状的组织结构（蒋卫平，2006），集团大多横跨各个行业，并受到政府的大力支持。

中国政府对企业集团的建设和发展同样给予了大力支持。与日本和韩国类似，中国政府对其国有的企业集团抱着"家长式"的态度，因为国家是所有国有企业的最终的股东。事实上，引入企业集团的概念是为了鼓励国有企业组建企业集团，通过国资委直接监督并管理，希望构建引领中国企业发展壮大、中国经济腾飞的组织。李荣融（2005）认为，目前中国的经济增长还没有摆脱高投入、高

---

① 在企业文化里，经连会（Keiretsu）指的是日本式的企业组织，Keiretsu 为日文汉字"系列"的发音。经连会是会员成员结合他们的销售、财务及其他部门的功能在本身松散的企业组织中，并且能够在国内和国际的商业环境中拥有更庞大的力量。经连会系统是基于政府和企业间的亲密的合伙关系的。对它最好的理解就是，它是将银行、厂商、供应者、发行者与日本政府联结在一起的一个复杂的关系网。

消耗、高排放、低产出、低效益的模式，随着经济社会的快速发展、资源相对不足、环境保护的压力加大等问题日益突出，加快中国经济结构的战略性调整，加快经济增长方式的转变，必须大力实施大公司大企业集团战略。中国将加快国有企业改革和调整的步伐，努力在中央企业中培育出一批具有国际竞争力的大公司大企业集团。

二　地方政府控制的需要

由于中国企业集团建立发展于计划经济时代，所以，在改革的过程中，企业集团难免有计划体制的烙印。各省份、各地市级间都以 GDP 等经济指标作为考核基准，政府与政府之间是"政治市场"上的竞争者，主管集团的政府在力所能及的范围内，会采取政治活动间接参与经济活动，去弥补当地企业竞争能力的不足。但是，在我国经济体制的改革中，中央政府明确规定："在和国家计划不发生冲突的情况下，任何经济组织都可以在全国范围内选购和销售，任何地区、部门和个人不得加以限制和阻挠，不得加以干涉。"这决定了各级政府必然寻找或创建一种有助于它们实现目标的组织形式。财政包干的分配上市使得各级地方政府有了更明确的、更强烈的利益诉求。出于自身利益的考量，政府总是试图留住地方所属企业的控制权，以确保税收和地方就业等方面。企业集团的中观经济功能①和战略目标导向就能够代替政府对经济活动实施有效控制。各级政府的引导也是集团形成的原因之一（袁宁等，2004）。

在经济转型过程中，由于市场体制的不完善和市场资源配置的低效，政府在资源配置方面起到主导作用，具体表现在以下三个方面（袁宁等，2004）：

其一，为了继续对当地经济进行行政性的管理控制，地方政府会将原下属企业组建成企业集团；

其二，为了加强本地区的经济实力，地方政府会组建集团以强化区域垄断而进行局部性企业联合，从而形成区域性优势；

其三，为了拯救当地濒临破产或亏损的企业，地方政府对效益

---

① 相比国家层面的宏观经济和企业层面的微观经济而言。

好的企业实施"拉郎配"的强行优劣组合，形成企业集团，如"无偿划拨"。①

企业集团可以满足经济体制转轨时期地方政府的控制需求。我们可以看到，中国企业集团的出现在某种程度上可以看成是传统计划经济体制以新的形式在经济转轨时期国内市场不发达的情况下实现大规模集中管理、集中生产的一种有效方式。

第四节 中国企业集团内部资本市场

一 企业集团内部资本市场的产生

新兴市场经济国家面临外部资本市场不发达的现状，我国正处于转轨经济阶段，外部资本市场不发达，企业获取重要原材料、资金、技术和人力资源等生产要素的成本巨大，这在客观上也促成了中国企业集团内部资本市场的形成，通过内部资本市场配置各项生产性资源来降低交易成本。已有研究也指出，在外部资本市场欠发达国家，内部资本市场优化资本配置的功能显得尤为突出（Deloof，1998；Islam and Mozumdar，2002）。从我国经济发展的实践来看，企业自身融资的需求以及低效率的外部资本市场可能是企业集团建立内部资本市场的重要动因。

（一）企业自身融资的需求

资金对于企业的生存和发展尤为重要，特别是我国现阶段企业面临快速发展的市场和技术更新，以及行业内外的兼并整合，都需要大量的资金支持（郭丹，2010）。表3-2和图3-1描述了我国1995—2011年全社会固定资产的投资情况。统计显示，全社会的固定资产投资额增幅巨大，从1995年的20524.9亿元增长到2011年

---

① "无偿划拨"是基于中国特定国情的资源重组方式，政府作为国有资产的代理人，通过行政手段将企业产权无偿划拨给并购方。此举一方面可能是出于国有经济战略性改组和提升国有企业竞争力的考虑，另一方面也有实现政府自身目标的打算（林云，1998），比如经营困难企业的劳动力安置、企业银行借款的坏账和地方政府的税收等。

的 345984.2 亿元。经济建设和企业改革有着巨大的资金需求，但是，随着国有企业改革，国内贷款的比例有所下降，到 2011 年，只占投资总额的 13% 左右，而我国利用外资进行投资的比例也有下降，以 2011 年为例，利用外资只占投资总额的 1.5%。值得注意的是，在投资资金来源中，自筹资金和其他资金占了极大的比重，在 2011 年甚至达到 80.9%，远远超过了国家预算资金、国内贷款和利用外资的金额。这也说明我国金融体系不发达，企业发展所需资金只能少部分地通过贷款渠道获得。

表 3 - 2　　　　　　　　　全社会固定资产投资情况统计

年份	投资额（亿元）					投资比例（%）			
	本年资金来源小计	国家预算资金	国内贷款	利用外资	自筹资金和其他资金	国家预算资金	国内贷款	利用外资	自筹资金和其他资金
1995	20524.9	621.1	4198.7	2295.9	13409.2	3.0	20.5	11.2	65.3
1996	23358.6	625.9	4573.7	2746.6	15412.4	2.7	19.6	11.8	66.0
1997	25259.7	696.7	4782.6	2683.9	17096.5	2.8	18.9	10.6	67.7
1998	28716.9	1197.4	5542.9	2617.0	19359.8	4.2	19.3	9.1	67.4
1999	29754.6	1852.1	5725.9	2006.8	20169.7	6.2	19.2	6.7	67.8
2000	33110.3	2109.5	6727.3	1696.3	22577.4	6.4	20.3	5.1	68.2
2001	37987.0	2546.4	7239.8	1730.7	26470.1	6.7	19.1	4.6	69.7
2002	45046.9	3161.0	8859.1	2085.0	30941.9	7.0	19.7	4.6	68.7
2003	58616.3	2687.8	12044.4	2599.4	41284.7	4.6	20.5	4.4	70.4
2004	74564.9	3254.9	13788.0	3285.7	54236.3	4.4	18.5	4.4	72.7
2005	94590.8	4154.3	16319.0	3978.8	70138.7	4.4	17.3	4.2	74.1
2006	118957.0	4672.0	19590.5	4334.3	90360.2	3.9	16.5	3.6	76.0
2007	150803.6	5857.1	23044.2	5132.7	116769.7	3.9	15.3	3.4	77.4
2008	182915.3	7954.8	26443.7	5311.9	143204.9	4.3	14.5	2.9	78.3
2009	250229.7	12685.7	39302.8	4623.7	193617.4	5.1	15.7	1.8	77.4
2010	285779.2	13012.7	44020.8	4703.6	224042.0	4.6	15.4	1.6	78.4
2011	345984.2	14843.3	46344.5	5062.0	279734.4	4.3	13.4	1.5	80.9

资料来源：http://www.stats.gov.cn/tjsj/ndsj/2012/indexch.htm（国家统计局，2012），经笔者整理。

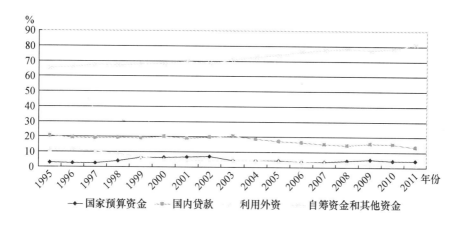

图 3 - 1 全社会固定资产投资及来源分布比例情况

资料来源：http：//www.stats.gov.cn/tjsj/ndsj/2012/indexch.htm（国家统计局，2012），经笔者整理。

（二）外部资本市场的影响

银行体系作为金融中介，可以发挥资本配置的作用，但是，我国法律尚不健全，信用制度还没有完全形成，银行的资本配置功能可能会受到一定制约。发展中国家"由于资本市场的落后，银行的市场力量可以提高其利差，进而导致银行的租金产生。银行可能会受到错误分配资源的激励机制的影响，资本实力不足的银行趋向于对高风险项目提供贷款。政府往往积极干预银行的经营，控制银行利差以限制租金，进而减少金融机构对资源的不合理配置"（世界银行，1994）。[①] 常见的措施是，政府根据产业政策进行指导性借贷，对特殊行业或企业直接进行贷款支持（陈冬华等，2012）。我国大企业的发展与国家的产业政策间可能是相互强化的作用，政府的产业政策需要大企业来实施，而政府支持又使得大企业集团的规模不断扩张。银行信贷分配受政治的影响较大，资信状况良好的中小型企业可能缺乏大企业的影响力，较多地被排斥在金融体系之

① 世界银行：《东亚奇迹：经济增长与公共政策》，财政部世界银行业务司译，中国财政经济出版社1995年版，第153页。

外。政府支持的国有企业在产业结构上缺乏经济系统所固有的比较优势，因而资金收益率低下（张军，2002）。由于制度环境及民营企业自身特点，银行信贷一直存在明显的信贷配给现象，国有企业更容易得到贷款，而民营企业则遭受严重的"信贷歧视"（卢峰和姚洋，2004）。政府通过行政强制主导着银行资金的投向，因为优胜劣汰机制的缺失，贷款投入与产值贡献率极不相符，资源无法流入高效率部门，产效高的企业得不到政府的信贷支持，资金浪费现象严重。事实证明，我国国有商业银行的资产利润率和资本回报率也低于世界平均水平，且形成了大量的不良资产。

而且，我国证券市场的融资量也较小。我国证券市场成立时间相对较短，规模相对较小，可能难以完成其资金供给功能。截至2011年年末，我国共有2342家上市公司，这只占企业总数的较小比例。我国股市的市值为21.38万亿元，占GDP比重为45.34%。表3-3对1995年以来我国股票市场历年的筹资额及其占GDP比重进行了描述性统计。发现我国企业通过新股发行及配股等方式筹集的资金仅占GDP很小一部分。以2011年为例，比例仅为1.2%。

表3-3　　　　　　中国股票历年筹资额占GDP比重　　　　单位：亿元、%

年份	股票筹资额	其中			GDP	占比
		A股（含配股）	H股、N股	B股		
1995	150.3	85.5	31.5	33.4	60793.7	0.2
1996	425.1	294.3	83.6	47.2	71176.6	0.6
1997	1293.8	825.9	360.0	107.9	78973.0	1.6
1998	841.5	778.0	38.0	25.6	84402.3	1.0
1999	944.6	893.6	47.2	3.8	89677.1	1.1
2000	2103.2	1527.0	562.2	14.0	99214.6	2.1
2001	1252.3	1182.1	70.2		109655.2	1.1
2002	961.8	779.8	182.0		120332.7	0.8
2003	1357.8	819.6	534.7	3.5	135822.8	1.0

续表

年份	股票筹资额	其中			GDP	占比
		A 股（含配股）	H 股、N 股	B 股		
2004	1510.9	835.7	648.1	27.2	159878.3	0.9
2005	1882.5	338.1	1544.4		184937.4	1.0
2006	5594.3	2463.7	3130.6		216314.4	2.6
2007	8680.2	7723.0	957.2		265810.3	3.3
2008	3852.2	3457.8	317.3		314045.4	1.2
2009	6124.7	5004.9	1073.2		340902.8	1.8
2010	11971.9	9606.3	2365.6		401512.8	3.0
2011	5814.2	5073.1	741.1		472881.6	1.2

资料来源：http：//www.stats.gov.cn/tjsj/ndsj/2012/indexch.htm，http：//www.stats.gov.cn/tjsj/ndsj/2012/indexch.htm，《中国统计年鉴》（2012）。

格申克龙（1962）认为，"在相对落后的国家，其生产组织结构与工业化国家有着明显不同，那些以正式或非正式联系在一起的企业组成的企业集团，是许多新兴市场国家主要的组织形式"。企业集团内部资本市场在资本分配时，履行了本应由银行或资本市场履行的职能，内部资本市场在一定程度上可以看作是外部资本市场功能的延伸，企业集团可以算得上是替代性的金融制度设计。

二　企业集团内部资本市场的发展

企业普遍面临资本约束的问题，企业集团内部资本市场可以模仿外部资本市场功能，进行资源的优化配置。国内出现了一大批跨行业和跨地区的企业集团。截至 2008 年年末，企业集团共计 2971 家，拥有成员企业 33135 家，其中，国有及国有控股企业集团 1293 家，占全部企业集团的 43.5%；集团控股企业 317 家，占 10.7%；其他控股的企业集团 1361 家，占 45.8%［《中国大企业集团年鉴》（2008）］。图 3-2 描述了特定规模以上企业集团的发展趋势，显示我国近年来企业集团发展迅速，我国官方登记注册的规模以上企业集团就已有 2463 家。①

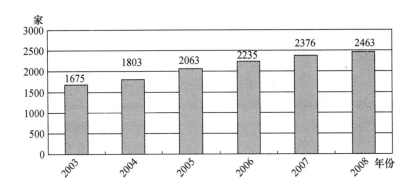

图 3 - 2　中国规模以上企业集团数量

资料来源：国家统计局编著：《中国大企业集团年鉴》（2003—2008）。

　　内部借贷是对正式金融制度的替代，使得企业在外部资本市场配置效率较低的时候进行分配。在很多情况下，中国政府的资源配置并不是以效率为导向，更多情况下是以社会或政治目标为指导原则（Li，1995），企业无法取得发展所需的足额资金，但中国企业之间又不能相互借贷。为了鼓励企业集团的发展，国家决定在企业集团内部设立财务公司，作为试点企业集团的配套政策之一（杜胜利，2001）。我国较早设立的财务公司都是在原集团公司内部银行的基础上发展起来的，如我国第一家财务公司东风汽车财务公司。财务公司的主要功能是实现集团各成员单位间的资金转账，加速资金周转，减少资金占有，从而提高资金使用效率的目的（陆军荣，2005）。据统计，国资委监管的 113 家中央企业中，已有 60 多家拥有财务公司，而一些地方国有企业和民营企业也纷纷设立财务公司。截至 2012 年年底，中国财务公司协会已拥有 157 家会员单位。②

　　① 规模以上企业集团是指"年营业收入和年末总资产均在 5 亿元以上企业集团"，统计中未包括以竣工生产为主的企业集团。

　　② http：//finance. youth. cn/finance_gdxw/201308/t20130805_3641821. htm.

　　依据《企业集团财务公司管理办法》第三章第二十八条规定①，财务公司可以经营下列部分或者全部业务：（1）对成员单位办理财务和融资顾问、信用鉴证及相关的咨询、代理业务；（2）协助成员单位实现交易款项的收付；（3）经批准的保险代理业务；（4）对成员单位提供担保；（5）办理成员单位之间的委托贷款及委托投资；（6）对成员单位办理票据承兑与贴现；（7）办理成员单位之间的内部转账结算及相应的结算、清算方案设计；（8）吸收成员单位的存款；（9）对成员办理贷款及融资租赁；（10）从事同业拆借；（11）中国银行业监督管理委员会批准的其他业务。

　　第二十九条进一步规定，符合条件的财务公司，还可以向中国银行业监督管理委员会申请从事下列业务：（1）经批准发行财务公司债券；（2）承销成员单位的企业债券；（3）对金融集团的股权投资；（4）有价证券投资；（5）成员单位产品的消费信贷、买方信贷及融资租赁。

　　财务公司不仅仅是集团汇集及配置资金的平台，也是联结集团内部和外部资本市场的纽带。财务公司具有内部结算功能、筹融资功能、投资管理功能和中介服务功能（杜胜利，2001），主要服务于企业集团内部，具有典型的企业内部资本市场特征。

　　集团内部成员公司资金紧张，需要大量筹资而支付高额利息，同时其他成员公司有大量闲置资金可供使用，财务公司扮演着内部资金融通的平台，提高资源配置的效率。但是，值得注意的是，财务公司使得原先相互隔离的成员公司财务风险融通，集团公司资金使用杠杆有所扩大，金融风险在集团内部更易传导，增大集团资金链断裂的风险。

　　关联交易是围绕资源配置相关的权利交换活动而进行的各种交易行为，这些交易形式繁多，关系复杂，包括关联方之间发生的资

---

　　① 中国人民银行为规范集团财务公司行为，促进集团财务公司发展，根据《中华人民共和国公司法》和《中华人民共和国中国人民银行法》制定本办法，于2000年颁布并实施。在2004年9月1日和2006年12月28日，经中国银行业监督管理委员会两次修订。

金、商品供销以及其他诸如担保和借贷等交易。我国因为外部资本
市场还不发达，相关的制度建设尚未完善，在外部资本市场进行交
易有着较大的经营风险和交易成本。依靠控制、公共控制或者施加
重大影响，关联方之间的内部控制关系可以确保合同的履行，内部
资本市场上的关联交易是为了减少信息不对称性，同时，关联交易
的信息搜寻、谈判、签约和执行等成本较外部资本市场交易也更
低，从而提高交易效率。有关关联交易的研究显示，企业集团及其
内部交易既可能是控股股东侵占中小股东利益的重要装置（Khan-
na，2000），也可能是替代缺失或者不完善的外部资本市场机制，
更好地优化资源配置（Stein，1997）。

　　事实上，企业集团成员企业间的关联交易已经成为内部资本运
作的主要方式。雷蒙德（2003）在研究德国企业集团时，用集团公
司对外披露的对附属公司和关联公司的应收款项余额来衡量集团内
部资本市场的规模。戴志敏（2007）、邵军和刘志远（2008）也采
用上市公司关联交易数据来刻画内部资本市场规模。这说明，关联
交易的金额和频率在一定程度上可以反映内部资本市场运作的规
模。从表 3 - 4 和图 3 - 3 可以看出，关联交易普遍存在于我国上市
公司之中，这一比例在 2005 年达到了 92.1%。[①] 在 2011 年虽然有
所下降，进行关联交易的上市公司仍占上市公司总数的 77.8%。

表 3 - 4　　　　　　　　关联交易总体情况统计

年份	发生关联交易公司数（家）	上市公司总数（家）	占比（%）
1997	475	745	63.8
1998	646	851	75.9
1999	801	949	84.4
2000	935	1088	85.9

---

　　① 据统计资料，截至 2005 年 4 月，中国内地上市公司中，目前仍存在严重的大股
东及关联方占用资金的现象，累计金额为 509 亿元。这个数字，与中国证监会出台《关
于规范上市公司与关联方资金往来及上市公司对外担保若干问题的通知》的 2003 年相
比，仅下降了不足 70 亿元；同时，考虑到大股东占款形式多样，直接的资金占用仅是其
中一部分，而实际占款数额应当更高（欧国峰，2005）。

续表

年份	发生关联交易公司数（家）	上市公司总数（家）	占比（%）
2001	1043	1160	89.9
2002	1121	1224	91.6
2003	1092	1287	84.8
2004	1257	1377	91.3
2005	1272	1381	92.1
2006	1316	1434	91.8
2007	1388	1550	89.5
2008	1460	1625	89.8
2009	1508	1718	87.8
2010	1697	2063	82.3
2011	1822	2342	77.8

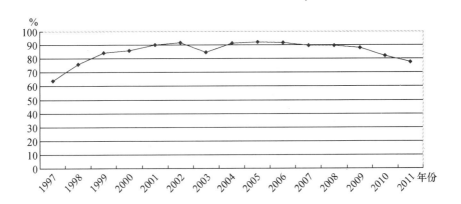

图 3-3 发生关联交易的上市公司比例

根据资金往来科目以及关联方的关系，可以进一步将关联交易进行分类。表 3-5 为关联交易总体交易金额及其占上市公司总资产的比例，自 1998 年起，该比例总体呈现下降的趋势，在 2011 年，关联交易的总体金额只占公司总资产的 1.3%。

表3-5   关联交易总体交易金额及占比

年份	关联交易金额（总额）（亿元）	占上市公司总资产比例①（%）
1997	862	5.7
1998	946	6.7
1999	2074	6.3
2000	2831	5.3
2001	6992	4.1
2002	4488	3.7
2003	1659	3.2
2004	42800	3.4
2005	10800	3.2
2006	40000	2.6
2007	24700	2.6
2008	17900	2.4
2009	21200	1.9
2010	35100	1.6
2011	12700	1.3

　　表3-6列示了按资金往来科目进行的分类，关联交易具有普遍性，按年份来看，每年都会进行大量的关联交易。具体而言，比重较大的主要有应收账款类、应付账款类、预付账款类、预收账款类、其他应收账款类和其他应付账款类六项。表3-7为按关联方关系的分类。可以看出，在关联交易关联方的诸多分类中，与上市公司的母公司、上市公司的子公司、与上市公司受同一母公司控制的其他企业和对上市公司施加重大影响的投资方等的比重较大。

　　通过上述分析可以看出，内部资本市场深受政治和经济等制度环境的影响。首先，作为转轨和新兴市场经济国家的典型代表，中国的外部资本市场并不发达，企业的融资需求无法得到满足，内部

---

　　① 为消除极端值影响，取当年上市公司占比的平均数。

资本市场作为外部资本市场的替代机制，缓解了融资约束。其次，我国企业集团的高速发展，也为内部资本市场创造了客观条件。

表 3－6　　关联交易总体交易金额（根据资金往来科目分类）

单位：亿元

Tranfer	1999年	2000年	2001年	2002年	2003年	2004年	2006年	2007年	2008年	2009年	2010年	2011年
01	28	18	27	119	13	14	0		3	8		0
02	341	541	2258	401	343	12710	2875	1470	693	2139	6808	1835
03	16	20	25	44	38	81	80	104	88	123	197	272
04	91	135	1303	136	155	404	260	2761	525	520	574	697
05	14	15	29	31	10	15	396	51	63	86	134	99
06	1	5	9	9	4	18	8		4	1		
07	629	1271	1545	975	586	2330	25574	12350	9580	2606	1107	868
11	18	18	-45	562	-8	541	509	144	888	996	451	1237
12	187	147	523	671	192	23927	581	1208	1089	1472	2681	2162
13	10	26	46	249	51	106	142	149	254	296	214	223
14	508	23	49	46	25	135	117	825	237	206	276	322
15	2	1	1	0	2	0	19	13	39	88	88	56
16	1	0	2	2	1	20				1	9	
17	227	606	1229	1229	218	2512	9264	2634	1224	2233	7939	1976
21	0	2	2	1	5	5	178	960	1055	963	1425	1311
22	2	0	-14	12	21	14	16	405	558	603	1900	1639
23								1434	1546	1930	2756	2
24	2	2	1	1	2	29	153	35	6947	8524	5	

注：Tranfer［资金往来科目分类］——根据关联交易资金往来科目性质进行的分类索引：01 = 应收资金类；11 = 应付资金类；02 = 应收账款类；12 = 应付账款类；03 = 应收票据类；13 = 应付票据类；04 = 预付账款类；14 = 预收账款类；05 = 应收利润类；15 = 应付利润类；06 = 应收投资类；16 = 应付负债类；07 = 其他应收账款类；17 = 其他应付账款类；21 = 其他资产类；22 = 其他负债类；23 = 其他权益类；24 = 其他。

资料来源：CSMAR 上市公司关联交易数据库，经笔者整理。

表 3-7　　　　关联交易总体交易金额（根据关联关系分类）　单位：亿元

Relation	1999年	2000年	2001年	2002年	2003年	2004年	2006年	2007年	2008年	2009年	2010年	2011年
01	816	1552	1069	1536	441	2234	4346	2083	2167	5125	3475	3737
02	269	264	307	307	342	1163	1590	940	364	439	1268	249
03	549	481	2919	701	432	35430	929	3530	1513	2080	2611	2904
04	2	2	2	1	1	1	1		10	1	32	0
05	100	221	228	836	76	180	2732	3841	2242	9757	17362	91
06	44	9	18	20	26	26	28	277	273	341	406	854
07	87	116	107	124	162	221	6149	13619	9402	1519	6985	1337
08			0	0	0	0	0	39	0	1		
09	0	0	0	0	1	1	1	1	1	2	3	2
10	45	44	55	76	74	60	23344	56	296	103	311	161
11		0	0	0	0	13	6	69	7	1480	26	
12	52	51	105	699	79	118	975	304	1542	1806	1144	3351

注：Relation［关联关系］——上市公司与关联方之间的关联关系。01＝上市公司的母公司；02＝上市公司的子公司；03＝与上市公司受同一母公司控制的其他企业；04＝对上市公司实施共同控制的投资方；05＝对上市公司施加重大影响的投资方；06＝上市公司的合营企业；07＝上市公司的联营企业；08＝上市公司的主要投资者个人及与其关系密切的家庭成员；09＝上市公司或其母公司的关键管理人员及其关系密切的家庭成员；10＝上市公司主要投资者个人、关键管理人员或与其关系密切的家庭成员控制、共同控制或者施加重大影响的企业；11＝上市公司的关联方之间；12＝其他。

资料来源：CSMAR 上市公司关联交易数据库，经笔者手工整理。

三　企业集团内部资本市场的载体

企业集团通过内部资本市场来实现资源配置的功能，从我国企业集团发展的实践来看，除上文提及的财务公司外，还有内部资金结算中心以及内部银行两种载体。

（一）内部资金结算中心

企业集团引入银行机制对成员公司实行集中融资、统一结算的资金管理模式。具体而言，内部资金结算中心是用来办理各成员公司之间的资金调拨和运筹，以提高资金的使用效率并降低资金成本的管理结构。早在 20 世纪 90 年代，我国企业集团的下属单位较多，资金较为分散且各自设立银行账户，不便于集团的集中管理和内部配给，因此，企业集团组建了资金结算中心，达到强化资金管理以及防范资金风险的目的。

资金结算中心能够把企业成员公司暂时闲置和分散的资金集中起来，以贷款的形式配给至有融资需求的成员公司，从而实现内部资金的相互调剂余缺以缓解成员公司的融资约束。另外，资金结算中心通过内部资金的融通，盘活了成员公司闲置的资金，提高了资金的使用效率。在给定集团生产规模情况下，资金结算中心降低了成员公司对银行的资金需求，从而降低了成员公司的资金使用成本。资金结算中心也在一定程度上替代了外部资本市场。

（二）内部银行

内部银行是企业集团引进商业银行的信贷、结算、监督、调控与信息反馈职能，来充实和完善企业集团内部经济核算的机构。内部银行是集团总部和成员公司的经济往来结算中心、信贷管理中心和货币资金的信息反馈中心，通过吸纳成员公司的闲散资金，调剂余缺，减少了资金不必要的占用，加速了资金的周转速度并提高了资金的使用效率。集团总部可以掌握资金的内部使用情况，相比内部资金结算中心而言，内部银行更加强调为企业决策提供准确的资金管理信息。

具体而言，内部银行缩短了成员公司相互经济往来的结算时间，盘活了资金，减少了在途资金的占用，发挥了结算功能；内部银行集中吸纳成员公司的货币资金，利用信贷杠杆融通内部资金，减少了成员公司对银行的借款，节省了资金的使用成本，发挥了融资信贷职能。此外，内部银行也通过监督，控制了许多不合理的资金外流和不合理的支出，通过事前预测、事中监督和事后核算进行了全程管理，发挥了监督和控制职能。最后，内部银行通过对各成员公司的收入、支出、结余和经营状况加强信息反馈，及时为集团的决策提供依据，发挥了信息反馈职能。

第四章 企业集团内部资本配置效率检验

第一节 问题的提出

资本配置是现代财务的基本功能（Bower，1986），随着企业集团在新兴市场经济体的日益普及，企业集团内部资源配置逐渐成为学术界关注的重要问题之一。经济的发展在客观上对内部资本市场提出了更高要求。大量的理论和实证文献强调，当外部融资渠道有限时，内部资本的流动性增强了公司的投资能力，并且高效的内部资本市场（Internal Capital Market，ICM）有助于增加多元化公司的超额价值（Billett and Mauer，2003）。集团内部有效的资本市场可以缓解"优胜者"公司的融资约束，进而提高整个企业集团的价值（Khanna and Yafeh，2005）。一方面，内部资本市场的"光明面模型"（Bright side model）假定公司分部为了争取公司资源，高层管理者积极推动"优胜劣汰"政策，将资金从低投资机遇部门转向高投资机遇部门（Stein，1997；Peyer，2001）。

另一方面，内部资本市场中的"黑暗面模型"（Dark side model）则预测大型组织存在的代理问题和信息不对称问题会导致优先的资本预算分配（Rajan，Servaes and Zingales，2000；Wulf，2009），甚至是"社会主义"交叉补助措施（Scharfstein and Stein，2000）。从我国企业集团发展的实际来看，政府出台了一系列配套政策来支持企业集团的发展，集团的内部资本降低了对外部不发达资本市场的依赖程度（许奇挺，2005），也缓解了企业融资约束（万良勇和魏明海，2009），有利于企业集团的成长和发展。但是，我国企业集团内部资源分配失控的现象也同时存在，并集中表现在成员公司为局部利益而不配合集团战略，进而导致企业集团陷入"集而不团，大而不强"的困境（李艳荣，2008）。邵军和刘志远（2009）也发现，我国国有企业集团的内部资本市场相对效率较低。那么，一个很重要的研究问题就是，企业集团到底是按照什么标准来配置内部资本的，内部资本市场的运作有效率吗？

　　有关内部资本市场资源配置的实证证据也是错综复杂的①，无法得到令人信服的一致的经验证据，这为我们研究内部资本市场资源配置提供了难得的契机。作为转轨经济和新兴市场经济的典型代表，中国特有的制度背景使得企业集团的内部资本市场具有一些重要的特征，而这可能也会导致内部资本市场资源配置的影响因素与基于欧美发达国家的研究发现有所差异。就现有文献来看，与本书研究论题较为接近的是邵军和刘志远（2009）的研究。他们借鉴了Shin 和 Stulz（1998）的内部资本市场效率的估算模型，探讨了中国系族企业内部资本市场的效率。他们发现，总体来看，处于市场化环境较差地区的系族内部资本市场是有效率的，非国有系族企业的效率要比国有系族企业的效率高；在国有系族企业内部，中央系族企业的效率比地方政府控制的系族企业内部资本市场效率要高。但是，本书认为，邵军和刘志远（2009）直接借用 Shin 和 Stulz（1998）的模型进行效率估算值得商榷。Shin 和 Stulz（1998）采用了公司的部门数据来研究部门投资和自己部门的现金流以及其他部门的现金流的关系，基本假定前提是公司总部拥有资本的最终控制权，部门的投资均是来自总部的配置。但是，这个模型在中国场景下并不适用，这是因为：系族企业是指通过快速扩张控制多个公司

---

① 有关内部资本市场光明面的证据主要见 Khanna 和 Tice（2000）、Khanna 和 Tice（2001）；支持内部资本市场阴暗面的证据主要见 Ozbas 和 Scharfstein（2009）、Gertner 等（2002）与 Motta（2003）。

并组成关联的企业集团，系族成员企业投资的来源是集团总部吗？还是从外部资本市场通过再融资或者金融机构等渠道取得？利用Shin 和 Stulz（1998）的模型无法区分。从理论上讲，只有集团总部根据项目优劣来决定资本配置多少，才能验证内部资本市场的有效性，利用该模型对中国系族企业进行研究欠妥。此外，邵军和刘志远（2009）在该模式中加入了一个新的变量——主营业务收入增长率，用来衡量投资机会，可能采用公司业绩（会计业绩或市场业绩指标）来作为内部资本配置的驱动因素会更合适。

对于内部资本市场到底是有效率还是无效率的观点，本书试图去协调这两种观点，以提出基于中国制度背景的相关理论预测。本书认为，研究中国企业集团内部资本市场配置效率必须考虑公司所有权的作用。La Porta 等（1999）调查了世界范围的公司所有权后，发现所有制分散的大型上市公司主要集中在英国和美国，在大多数其他国家中，企业所有权集中在国家和家族企业手中。研究国有企业和非国有企业是如何以不同方式运作其内部资本市场对于我国的企业价值和经济有着非常重要的意义。

分析国有企业和民营企业的所有权是很重要的，因为它们代表了不同形式的代理问题和管理激励机制。本书提出了国有企业集团倾向于进行社会主义模式分配（Scharfstein and Stein，2000），而民营企业遵照的是 ICM 的优胜劣汰模式（Stein，1997）的理论预测。遵循这一猜想，本书采用了手工收集数据方式，收集中国国有企业集团和民营企业集团内部的资本流动。经验证据表明，所有权对于中国内部资本市场资源配置效率是一个重要的决定因素，平均而言，在民营企业集团各成员企业中内部资本是由低托宾 Q 值流至高托宾 Q 值公司。而在国有企业集团中，资本流入与成员公司成长性关系是反向的，即内部资本从高托宾 Q 值公司向低托宾 Q 值公司流动。

第二节　相关经验研究回顾

企业内部资本配置一直是学术界关心的焦点问题之一，而内部资本市场理论也已成为解释企业内部资源配置的基础性理论（Alchian，1969；Williamson，1975）。内部资本市场理论研究假设企业总部拥有最终的内部资本配置权，可以按照自己的意愿在企业分部间进行资本配置。从制度经济学的角度分析，企业边界的扩大所带来的契约内部化，可以帮助企业节约交易成本（Coase，1937）。随着企业规模的变大，内部资本市场的构建节约了交易成本，在一定程度上替代了外部资本市场的功能。威廉姆森（1975）研究了现金流在企业内部传导和配置过程，推断资金在企业的配置会受内部竞争引导。有效率的内部资本市场表现为总部会给予拥有较好投资机会部门一定的优先权，即总部在进行内部配置时会给有最好投资机会部门最多的投资。而部门为了争取总部资源，需要有好的投资项目来与其他部门进行竞争。在资本竞争的过程中集团总部与部门之间的信息不对称较少，集团总部可以根据较高的信息质量来挑选相对有着好投资机会的部门并配置给其较多的资本，这也就是"优胜者选拔机制"。格特纳、沙夫斯坦和斯坦（1994）也认为，总部通过内部资本市场可以获取高质量的信息，因此有着更大的激励和权利去挑选高质量的项目，同时通过各部门的相互竞争，从而将有限的资本配置给最具效率的项目。通过优胜者选拔机制，内部资本市场也发挥了"活钱效应"，缓解了企业外部信用约束，从而提高了内部资本配置的效率（Stein，1997；Khanna and Yafeh，2007）。

与此同时，来自分部经理的代理成本也会导致内部资本市场的无效率。内部资本市场配置效率依赖于企业总部对分部信息的充分掌握，如果分部经理在资源竞争过程中可以传递扭曲信息，将会影响总部的资源配置（Wulf，2009）。集团总部和分部之间的信息不对称还是普遍存在的。相比集团总部而言，分部经理更加了解自己部门的核心能力、项目潜力以及实际资金需求。在各部门为资源展开相互争夺时，不可避免地诱使了分部经理的"寻租"行为。即便在部门经营不佳的情形下，也会通过夸大部门的重要性来游说总部。部门经理会耗费额外的成本来包装部门以及虚夸部门项目盈利能力等来提高与总部的谈判力。如沙夫斯坦和斯坦（2000）发现，内部资本配置并不是由效率所驱使，而是受内部权力斗争影响较大，分部经理的"寻租"行为会迫使总部扭曲资本配置。另外，奥兹巴斯（2005）认为，分部经理为争取资源，可能会冒着对职业生涯的不利影响而夸大项目支出，从而会降低内部资本配置的效率。此外，企业内部资本配置的"社会主义模式"，也称为交叉补贴原则，也会导致无效率。如伯杰和奥费克（Berger and Ofek，1995）发现，公司会过度投资于收益较差的部门。

在沙夫斯坦和斯坦（2000）的 ICM"黑暗面"模型中，它假定部门经理不仅有能力从事生产性工作，也有能力从事浪费性的"寻租"活动，比如游说活动。部门经理寻租的结果是，当他们与 CEO 谈判补偿方案时，它增加了部门经理的议价能力。这对于较弱部门的经理更是一个问题，因为对这些经理来说花时间从生产性工作转向寻租活动的机会成本是较低的。受制于这种"寻租"和高层管理者自身是公司所有者的代理者（两个层次的代理问题）的约束，高管发现最佳的策略是贿赂那些部门经理，给他们大份额的投资预算而非现金。这将导致一个"社会主义"的内部资本市场，高投资机遇部门补贴了低投资机遇部门。有着同样的思路是拉简、瑟瓦斯和津盖尔斯（2000）的研究。他们的模型也假定总部相比部门经理而言权力是有限的。他们认为，当高管能够直接控制部门间的资本支出时，其并不能够承诺未来如何分配这些投资创造出的价值。盈余出现以后，盈余的分配是通过部门间的谈判来决定的。因此，在 RSZ 模型中，高管使用投资的初始分配作为承诺手段来代替其无法承诺的盈余分配。

第三节　理论分析与研究假设

转型经济下，外部资本市场还不成熟，政府通过行政手段促成了国有企业集团的形成。为了更好地推进制度改革以及融入世界经济中，政府也需要建立一批有国际竞争力的大企业集团（Nolan，2001；Sutherland，2003；Guest and Sutherland，2010）。为达到该目标，中央政府出台了一系列的配套政策来支持这类集团，如为方便集团企业内部筹资组建了集团财务公司、优先的证券市场融资、更多的进出口配额以及进行国有资产重组的特权等。

转型经济中的一个事实是国有企业被允许依靠政府拨款，从而导致预算软约束的问题（Shleifer and Vishny，1994；Dewatripont and Maskin，1995；Segal，1998；Kornai，2000）。预算软约束可以使得企业更便利地获得国有银行贷款、税收削减、政府救市和其他形式的补助（Lin and Tan，1999）。从政府与企业集团之间的关系来分析，本书认为，我国政府对国有企业集团预算软约束会影响内部资本市场的配置效率。我国金融系统仍是由政府行政力量所主导，相比民营企业而言，国有企业的投资项目能够获得更多的银行信贷，国有企业集团有着较强的信用和融资能力。随着集团总资本的增加，国有企业集团成员企业有着更强的"寻租"动机，这会影响集团内部资本市场的资源配置效率。在我国一些以国有企业为核心的企业集团中，子公司为局部利益而不配合有效资本协作的行为普遍存在（李艳荣，2008）。同时，国有企业面临较少的外部融资约束，也会因此缺乏有效分配内部资金的积极性。此外，政府资金的持续投入，也容易导致国有企业集团规模的不断扩张，可能使得其内部资本市场的效率逐渐降低（冯丽霞和范奇芳，2007）。预算软约束也会降低集团总部在投资决策时的谨慎意识和使用资金时的节约意识。

考虑到我国发展所处的阶段，监督和激励机制仍不健全，政府运用行政力量参与经济活动、限制和排斥竞争等现象在某些领域仍然存在。政府仍然掌握着国有企业集团的高层人事任命权。从某种程度上讲，国有企业高管可以称为"准官员"（杨瑞龙、王元和聂辉华，2013）。官员的能力与民营企业家的能力大有不同，比如，董事会里的官员（前任或现任）通常会降低公司的职业化水平（Fan，Wong and Zhang，2007）。此外，有政治关联的公司会花更多的时间和精力去维持他们与政府的关系或者从政府"寻租"（Shleifer and Vishny，1994；Faccio，2006），因此国有企业集团中部门经理的"寻租"更加严重。在国有企业集团中，集团高管和成员公司高管的薪酬通常是被管制的，使集团高管无法从"优胜者选拔"机制中获取私人收益，因此，国有集团优化配置资本的动机较弱。

此外，国有产权有着较为复杂的委托—代理链条：一是从全体公民的初始委托到政府的代理链条；二是从政府到国有企业的经理人员的代理链条。因此，在国有企业集团中，企业的所有权（全体公民）和控制权的较大分离，使得总部和成员公司经理间的信息和代理问题尤为突出，集团总部难以对项目的真实质量进行监控。同时，国有企业肩负着政府使命和社会责任，承担了诸多政策性目标，如经济发展、就业、社会养老和社会稳定等，这导致国有企业更差的效率后果（Lin et al.，1998）。国有企业集团总部可能会对业绩较差的成员公司追加资源和投资，为这类成员企业创造了"寻租"机会。基于上述分析，本书提出如下假设：

假设1：在其他条件不变的情况下，国有企业集团的内部资本市场配置是低效率的。

与国有企业集团是按照国家自上而下的政策建立相比，民营企业集团（大多为家族企业）通过整合在业务上长期有相互影响的不同行业公司，在集团内部形成复杂的借贷、交易和产权网络，另外，还有社会关系。首先，在民营企业集团，集团总部是由家族控制，由总部任命和管理各成员公司的经理（家族成员或职业经理人）。总部有着绝对的权威，可以缓解所有者和经营者之间的代理问题，尤其是当成员公司的经理是家庭成员时。即便聘请职业经理人，家族成员也有很强烈的动机来密切关注经理的工作，因为成员公司的业务往往占了他们财富的很大比重（Anderson and Reeb，2003）。总部可以同时从不同的项目中提取私人利益，这能够激励他们向更好的项目分配资本。职业经理人也更难进行破坏股东价值的资源转移，如帝国建造或更多的职务消费。因此，在民营企业集团中，总部具有权威、动机和能力来评估项目的质量，并在此基础上，将资本配置到有着较高净现值（NPV）的项目中。当总部将资本从一家成员公司转移至另一家成员公司时来自成员公司经理的阻碍将会减少。这是因为，所有的家族成员都是企业集团剩余资产的继任者，从而成为除自身利益外的有一个共同目标追求利益最大化的全体。集团总部进行内部资本配置时所遇到的摩擦成本也更小。

其次，面对我国经济运行过程中普遍存在的政府管制问题，民营企业通过组建产业垂直整合的企业集团，可以抵御政府管制带来的不良影响（辛清泉、郑国坚和杨德明，2007）。由于政府官员有着不同于社会大众的私人利益及政府的决策信息劣势，政府管制导致了资源配置的失效，并因此提高了市场交易的成本和不确定性（陈信元和黄俊，2006）。此时，民营企业通过产业链的垂直整合，构建企业集团的内部资本市场，从而降低交易成本和不确定性，并由此促进了资本配置的效率。相对而言，民营企业集团因为所有权歧视面临的外部融资环境较差，外部融资约束限制了集团总部的资本数量，同时也限制了它们追求投资的机会。但是，在某种程度上，集团总部的私人利益和投资的盈利能力是紧密关联的，较紧的融资约束反而能导致更高水平的项目选择和更加有效率的内部资本市场。比如，在外部不景气时，企业集团的融资成本较高，企业集团会通过将资金从低托宾 Q 值部门转移至高托宾 Q 值部门（Hovakimian，2011）。基于上述理论分析，本书提出如下理论预测：

假设 2：在其他条件不变的情况下，民营企业集团的内部资本市场配置效率较高。

之所以选择中国企业集团为研究对象，主要基于以下几点考虑：

首先，2011 年中国 500 强企业的总资产和营业收入分别达到国内生产总值的 276% 和 95% 。这些企业集团的庞大规模意味着它们如何有效运作内部资本市场对中国整体经济有着深远的影响。

其次，与家族主导的韩国财阀和日本企业被多个企业所拥有并集中在一个银行不同（Gedajlovic and Shapiro，2002），中国提供了一个天然的实验场景，两种常见的企业所有权形式并存并且为效率而相互竞争。

最后，尽管中国的市场支持机构较为贫乏，中国在过去 30 年的迅速崛起引发思考（Allen，Qian and Qian，2005；Song，Storesletten and Zilibotti，2011）去找出其独特的成功因素。在不同的增长来源下，内部资金使用起到的至关重要的作用尚未得到充分重视（Cull and Xu，2005）。我们也试图从内部资本市场的角度来解释中国民营企业成长的源泉。

第四节　样本选择与模型设计

一　数据

本书以 2004—2011 年在沪深两市上市的公司为筛选范围。一般而言，企业集团是由上市成员企业和非上市成员企业共同构成，我们只选择上市成员企业是出于以下考虑：首先，非上市公司信息披露并不在相关法律规定范围内，通常也无法从公开渠道获悉其数据；其次，上市公司作为企业集团与外部资本市场的链接端口，在集团内部进行资本配置也有着明显优势。Khanna 和 Palepu（2000a）总结了新兴市场中企业集团的相关研究后也指出，尽管集团内部包括上市公司和非上市公司，但是，企业集团研究通常以集团内上市公司为研究对象。之所以选择 2004 年以后的上市公司，是因为证监会在 2003 年 12 月发布了关于修改《公开发行证券的公司信息披露内容与格式准则第 2 号〈年度报告的内容与格式〉》的通知，要求

"上市公司应详细披露与实际控制人间的产权和控制关系"。上市公司年报从 2004 年开始在"股东变动及股东情况"部分新增"公司与实际控制人之间的产权及控制关系方框图"的信息披露，这便于我们通过追溯股东链条，匹配集团控制关系。

企业集团控制关系的判定：迄今为止，国内尚未形成有关企业集团统一的定义。一些研究中国企业集团的实证文献以"大企业集团"为研究样本（Keister，1998；Lu and Ma，2008；Carney，Shapiro and Tang，2009），但同时又有文献将集团控制的成员企业定义为"若两家或更多上市公司的最终控制人是同一经济主体，则这些上市公司为该集团的成员企业"（邵军和刘志远，2008；杨棉之、孙健和卢闯，2010）。结合本书研究的目的，本书界定：若两家或两家以上的上市公司的实际控制人可以追溯到同一经济主体，那么这些上市公司就被定义为集团成员企业。之所以做这样的界定，主要基于以下两个原因：

（1）若集团控制两家或两家以上的上市公司，那么集团总部会有着更好的投资机会，这也便利了集团内部的资源配置；

（2）因为上市公司的信息都是公开的，这使得我们可以进一步研究成员公司之间资本的流入和流出。

有关上市公司关联交易的数据均来自公司年报，其他的数据均来自国泰安 CSMAR 数据库。最后，我们的样本包含 283 家企业集团，这些集团覆盖了 745 家上市公司，最后共得到 3389 个公司/年观测值。

二　变量衡量

（一）因变量

因变量为内部资本净流入。Gopalan、Nanda 和 Seru（2011）构建了一个模型，认为内部人主要通过两个渠道在集团内部进行资源的转移：股利渠道和内部投资渠道。本书认为，前者会引起分配和再投资的成本，后者会带来消散性的审计成本。他们的研究主要利用股利渠道，而本书主要采用关联交易①来衡量资本的内部转移。关联方关联交易可能是集团配置优先项目资金的主要方式（Cheung et al.，2006；Peng et al.，2011）。在中国，企业集团错综复杂的金字塔形结构决定了股利渠道可能不是一种大规模资源转移的经济方式。因此，我们认为，关联交易可能是一种低成本的、有效的资源的内部转移方式。我们主要采用两种方式来衡量内部资本净流入：（1）广义的资源净流入；（2）狭义的资源净流入。广义的资源净流入 =（应付账款 + 应付票据 + 预收账款 + 其他应付款）–（应收账款 + 应收票据 + 预付账款 + 其他应收款）；狭义的资源流入 = 其他应付款 – 其他应收款。以上各项均来自上市公司关联方数据，广义和狭义的资源净流入均经总资产调整。

（二）自变量

1. 所有权结构

本书根据以往的文献，构建了最终控制人的控制权和现金流权（La Porta et al.，1999；Claessens et al.，2002）。首先，我们简单地描述了计算方法，假设 A 公司拥有 B 公司的股份为 b，而 B 公司拥有 C 公司的股份为 c。我们认为，A 公司对 C 公司的控制权为 b 与 c 的最小值 [min(b, c)]，即控制链控制权的最小值。同时，我们认为 A 公司对 C 公司的现金流权是（b×c），是这条链上两个所有权的乘积。我们根据金字塔形结构的每条链条，然后把所有的控制权（或现金流）加起来计算最终控制人的控制权（或最终控制人的现金流）。Ultimate parent's control rights 是指最终控制人的控制权。

---

① 财政部 2006 年颁布的《企业会计准则第 36 号——关联方披露（2006）》规定：在企业财务和经营决策中，如果一方控制、共同控制另一方或对另一方施加重大影响，以及两方或两方以上同受一方控制、共同控制或重大影响的，构成关联方。据 CSMAR 数据的定义，上市公司的关联方主要包括：上市公司的母公司；上市公司的子公司；与上市公司受同一母公司控制的其他企业；对上市公司实施共同控制的投资方；对上市公司施加重大影响的投资方；上市公司的合营企业；上市公司的联营企业；上市公司的主要投资者个人及与其关系密切的家庭成员；上市公司或其母公司的关键管理人员及其关系密切的家庭成员；上市公司主要投资者个人、关键管理人员或与其关系密切的家庭成员控制、共同控制或者施加重大影响的企业；上市公司的关联方之间以及其他。上述关联方之间发生的转移资源或义务事项，无论是否收取价款，均应视作关联交易。

Wedge 是指两权分离度，用最终控制人的控制权和现金流权之差衡量。CEO ownership 指 CEO 持有股份，哑变量，若 CEO 持有股份则赋值为 1，否则为 0。Institutional ownership 是指机构投资者持股，经公司年末总股份调整。SOE 是指企业产权性质，哑变量，若最终控制人为国家或国有企业则赋值为 1，否则为 0。

2. 公司业绩

我们主要用总资产回报率（ROA）和托宾 Q 值（TQ）两个指标来衡量公司业绩。其中，ROA 用来衡量公司短期业绩，TQ 衡量公司长期业绩。ROA 是公司净利润，经总资产调整。TQ 是市场价值（股权市值 + 净债务市值），经期末总资产调整。

3. 控制变量

KZ 指数（Kaplan and Zingales，1997）的计算公式为：

$$KZ - index = -1.002 \times cf\_ta - 39.368 \times div\_ta - 1.315 \times ca\_ta + 3.139 \times Lev + 0.283 \times Tobin\ Q$$

其中，cf_ta 为经营性活动现金流，经总资产调整；div_ta 为公司股利，经总资产调整；ca_ta 为现金持有，经总资产调整；Lev（$Leverage$，Lev）为公司负债率（财务杠杆），用总负债除以总资产衡量；$Tobin\ Q$ 为公司托宾 Q 值，具体用公司市场价值除以期末总资产价值衡量。

其他控制变量如公司规模（Size），用总资产的自然对数衡量；财务杠杆（Lev），用总负债除以总资产来刻画；因为成员公司资产可抵押程度（Pledge ability）会影响到集团总部在内部资源分配时的偏好，我们计算了可抵押品（Collateral）比例，具体来说，是用公司的固定资产加上存货，经总资产调整后衡量。最后，我们同时控制了可能的行业和年份的影响。具体来说，在模型中控制了 12 个行业哑变量和 7 个年份哑变量。

具体的变量定义见表 4 - 1。

三 计量模型设计

本书旨在检验集团内部资本市场的资源流动，检验是否因为产权性质的不同导致资源配置效率有所差异。考虑到本书的研究目的，

表 4 - 1 变量定义

变量名称	变量符号	变量定义
因变量	Dependent variable	
资源净流入（广义）	Broad net inflow	（应付账款＋应付票据＋预收账款＋其他应付款）－（应收账款＋应收票据＋预付账款＋其他应收款），经总资产调整
资源净流入（狭义）	Narrow net inflow	其他应付款－其他应收款，经总资产调整
所有权结构	Ownership structure	
控制权	Ultimate parent's control rights	最终控制人的控制权
两权分离度	Wedge	最终控制人的控制权和现金流权分离度，用（控制权－现金流权）表示
管理层持股	CEO ownership	哑变量，若 CEO 持有股份则赋值为 1，否则为 0
机构投资者持股	Institutional ownership	机构投资者持股，经公司年末总股数调整
产权性质	SOE	哑变量，若最终控制人为国家或国有企业则赋值为 1，否则为 0
公司业绩	Performance	
总资产回报率	ROA	以公司净利润除以公司总资产来衡量
托宾 Q 值	Tobin's Q	以（股权市值＋净债务市值）/期末总资产衡量
控制变量	Control variable	
KZ 指数	KZ - index	根据卡普兰和津盖尔斯（1997）的方法计算
公司规模	Size	公司总资产的自然对数
财务杠杆	Leverage	公司总负债/公司总资产
可抵押品	Collateral	（公司固定资产＋存货）/公司总资产

我们构建了集团内部比较分析方法。一般而言，研究内部资本市场效率的文献会选择采用 OLS 模型，然后加入集团的哑变量，但我们认为，这是有问题的，因为同样的集团可能在不同的时期有着不同

的均值，那么，这种估计会同时包含集团内和时间序列上的效应。即便把年份哑变量包含回归模型，变量也可能会单独受年份和集团影响，而不是集团年均值的影响，除非我们在模型中控制集团年份哑变量。因此，我们采用差分方法来检验公司业绩和其他因素在中国企业集团资源分配时到底起何种作用。更具体地，我们计算了在同一年份、同一集团下的两家上市成员公司间所有变量的差分。若集团下属三家或三家以上成员公司，则我们利用下列循环方法来计算一阶差分：

$$\Delta x_{i+1,j,t} = x_{i+1,j,t} - x_{i,j,t} \tag{4-1}$$

在模型（4-1）中，x 代表在回归中所采用的变量，i 代表同一集团的第 i 家上市公司，i 的取值最小为 1，最大值为同一集团下成员上市公司数。j 代表第 j 个集团，t 代表第 t 年。我们没有计算第一家公司和最后一家公司间的差分，因为这个差分是可以用其他差分来表示的（同一集团下的成员公司顺序是随机的，既不是按照公司规模，也不是按照公司业绩来排序的）。

接下来，我们采用了以下回归模型：

$$\Delta y_{i,j,t} = \alpha + \beta \times \Delta X_{i,j,t} + \gamma \times \Delta Z_{i,j,t} + Industry\ dummies +$$
$$Year\ dummies + \varepsilon_{i,j,t} \tag{4-2}$$

在模型（4-2）中，y 代表因变量，具体来讲，就是广义的资本净流入和狭义的资本净流入。ΔX 代表主要解释变量，包括公司业绩和产权结构等，ΔZ 代表主要的控制变量，包括公司规模和财务杠杆等。此外，模型中还包含行业哑变量（Industry dummies）和年份哑变量（Year dummies）。①

本书认为，在检验企业集团内部资本市场配置效率时，这种差分回归是一种更好的方法，因为它使得同一集团在同一年份下成员公司间的一阶差分比较成为可能，而不是直接比较不同企业集团之

---

① 根据中国证监会发布的《上市公司行业分类指引》，主要分：农、林、牧、渔业（A）；采掘业（B）；制造业（C）；电力、煤气及水的生产和供应业（D）；建筑业（E）；交通运输、仓储业（F）；信息技术业（G）；批发和零售贸易（H）；金融、保险业（I）；房地产业（J）；社会服务业（K）；传播与文化产业（L）；综合类（M）。

间。因此,从上述利用差分变量进行的回归,可以更好地检验企业绩效以及产权性质对企业集团内部资本市场资源配置起到何种作用。

第五节　描述性统计与回归分析

一　描述性统计

表4-2为变量相关系数。具体变量定义见表4-1。广义的资源净流入(Broad net inflow)与狭义的资源净流入(Narrow net inflow)显著相关,相关系数为0.74。广义的净流入也与公司可抵押品(Collateral)比率在0.01水平上显著相关,相关系数为0.08。此外,观察狭义的资源净流入发现,狭义的资源净流入与企业的所有产权性质(SOE)、公司成长性(Tobin's Q)、公司面临的融资约束(KZ-index)以及公司可抵押品比率显著正相关,但与公司规模(Size)显著负相关。

表4-3和表4-4列示了变量的描述性统计。表4-3为根据集团规模进行的描述性统计,表4-4为根据企业所有权性质列示的描述性统计以及进行的均值检验。表4-3显示,企业集团最多拥有16家成员公司,但大多数集团只有5家及5家以下成员公司,就像我们先前描述的那样,若企业集团仅有一家成员公司,则不包含在我们的样本中,因为我们至少需要两家上市公司来计算集团内差分。随着规模集团的增大,集团总部对上市公司配置的资本越来越小(广义),当集团有两家成员公司时,资本净流入为0.00,而当集团拥有11—16家成员公司时,资本净流入为-0.03。① 若资本净流入采用狭义的定义,则没有发现不同规模集团之间有着显著的区别。表4-4为国有企业与民营企业相关变量的均值及检验。观察可

---

① 广义的资本净流入和狭义的资本净流入均经过总资产调整,因为保留小数点位数的原因,所以显示为0.00。

表 4 - 2

变量相关性系数

	Dependent variable at t	1	2	3	4	5	6	7	8	9	10	11	12
1	Broad net inflow												
2	Narrow net inflow	0.74*											
3	Ultimate parent's control rights	-0.01	0.03										
4	Wedge	0.03	0.04	0.02									
5	CEO ownership	-0.02	-0.03	-0.08*	-0.05*								
6	Institutional ownership	0.04	0.014	0.09*	0.02	-0.05*							
7	SOE	0.03	0.05*	0.20*	-0.28*	0.00	-0.05*						
8	ROA	0.00	-0.01	0.02	0.00	0.01	0.01	-0.02					
9	Tobin's Q	0.02	0.05*	-0.12*	-0.03	0.00	-0.04	-0.08*	0.28*				
10	KZ - index	0.04	0.06*	-0.22*	-0.02	-0.07*	-0.10*	-0.04	-0.13*	0.22*			
11	Size	0.01	-0.06*	0.20*	-0.04	0.02	0.37*	0.14*	-0.00	-0.26*	-0.09*		
12	Leverage	0.00	0.02	-0.10*	-0.01	-0.05*	-0.03	0.02	-0.14*	-0.05	0.70*	0.15*	
13	Collateral	0.08*	0.06*	0.03	0.03	0.03	-0.05*	0.06*	-0.10*	-0.13*	0.10*	-0.02	0.13*

注: ＊表示在 0.01 水平上显著。

表4-3　　　　　　变量的描述性统计（根据集团规模分类）

变量	Group consists of 2 listed firms Number of firm-year obs. =1562 Number of listed firms =476 Number of business group =248				Group consists of 3-5 listed firms Number of firm-year obs. =1270 Number of listed firms =369 Number of business group =98				Group consists of 6-10 listed firms Number of firm-year obs. =439 Number of listed firms =135 Number of business group =16				Group consists of 11-16 listed firms Number of firm-year obs. =118 Number of listed firms =54 Number of business group =4			
	Min	Mean	Med.	Max	Min	Mean	Med.	Max	Min	Mean	Med.	Max	Min	Mean	Med.	Max
Dependent variable																
Broad net inflow (W)	-0.36	0.00	0.00	0.26	-0.36	-0.01	0.00	0.26	-0.36	-0.01	0.00	0.26	-0.33	-0.03	0.00	0.12
Narrow net inflow (W)	-0.19	0.01	0.00	0.24	-0.19	0.00	0.00	0.24	-0.19	0.01	0.00	0.24	-0.08	0.01	0.00	0.11
Ownership structure																
Ultimate parent's control rights	0.02	0.39	0.37	0.95	0.06	0.42	0.42	0.85	0.09	0.41	0.43	0.81	0.18	0.48	0.50	0.85
Wedge	0.00	0.07	0.02	0.45	0.00	0.06	0.00	0.43	0.00	0.07	0.00	0.36	0.00	0.11	0.09	0.28
CEO ownership	0.00	0.24	0.00	1.00	0.00	0.27	0.00	1.00	0.00	0.31	0.00	1.00	0.00	0.12	0.00	1.00
Institutional ownership	0.00	21.03	14.06	62.79	0.00	24.21	17.33	62.79	0.00	22.83	16.45	62.79	0.00	27.59	24.94	62.79
SOE	0.00	0.72	1.00	1.00	0.00	0.93	1.00	1.00	1.00	1.00	1.00	1.00	1.00	1.00	1.00	1.00
Performance																
ROA	-1.43	0.03	0.03	1.76	-1.45	0.03	0.03	2.14	-0.57	0.05	0.03	7.70	-0.10	0.04	0.03	0.28
Tobin's Q	0.54	1.72	1.28	44.53	0.05	1.65	1.25	57.64	0.59	1.70	1.26	23.24	0.62	1.78	1.56	7.49
Control variable																
KZ-index	0.54	1.72	1.28	44.53	-2.76	1.69	1.84	9.65	-2.76	1.46	1.57	9.65	-2.37	1.49	1.69	2.91
Size	-2.76	1.60	1.79	9.65	14.94	21.94	21.71	30.10	18.35	21.90	21.50	30.23	19.99	21.72	21.66	26.85
Leverage	0.03	0.54	0.53	4.11	0.03	0.56	0.56	6.51	0.04	0.51	0.50	2.16	0.04	0.48	0.49	0.80
Collateral	0.00	0.44	0.45	0.96	0.00	0.45	0.44	0.92	0.00	0.45	0.45	0.83	0.17	0.47	0.46	0.91

表4-4　变量的描述性统计（根据企业集团的所有权性质分类）

变量	SOE (firm-year obs. =2867)	Non-SOE (firm-year obs. =522)	Difference (SOE-non-SOE)
因变量			
Broad net inflow（W）	-0.001	-0.007	0.006 [1.586]
Narrow net inflow（W）	0.005	0.000	0.005** [2.638]
所有权结构			
Ultimate parent's control rights	0.419	0.330	0.089** [11.936]
Wedge	0.058	0.127	-0.069** [16.785]
CEO ownership	0.254	0.253	0.000 [0.034]
Institutional ownership	23.257	19.522	3.735** [3.572]
公司业绩			
ROA	0.033	0.037	0.004 [0.565]
Tobin's Q	1.632	2.036	-0.404** [4.844]
控制变量			
KZ-index	1.591	1.727	-0.135* [2.160]
Size	21.914	21.334	0.580** [8.461]
Leverage	0.542	0.523	0.019 [1.407]
Collateral	0.451	0.420	0.031** [3.569]

注：方括弧内为 t 值，＊和＊＊分别代表在 0.05 和 0.01 水平上显著。

知，国有企业的资本净流入（狭义）、最终控制人的控制权、机构投资者持股、公司规模以及可抵押品均显著大于民营企业。但是，国有企业的两权分离度、公司业绩（市场业绩和 Tobin's Q）和融资约束均显著小于民营企业。

二　国有企业集团及民营企业集团内部资本市场配置效率的检验

　　表 4 – 5 和表 4 – 6 列示了假设 1 和假设 2 的检验结果。表 4 – 5 检验采用广义资本净流入为因变量，进行差分的回归。当我们分别用 ROA 和托宾 Q 来衡量公司业绩，表 4 – 5 的（1）列到（3）列结果显示，国有企业集团通过内部资本市场对成员公司配置资本时，成员公司的资本净流入与公司的长期业绩（托宾 Q）显著负相关，这说明，国有集团的内部资本市场资源配置更多的是遵循"社会主义补助"模型，业绩较好的成员公司交叉补贴了业绩较差的公司。检验同时发现，资本的净流入与最终控制人的控制权以及公司可抵押品显著正相关。表 4 – 5 的（4）列到（6）列显示，民营企业集团对成员公司配置资本时，主要考虑公司的长期业绩（或成长性），成员公司的资金净流入与托宾 Q 显著正相关，民营集团的配置更加符合优胜者选拔机制。虽然资金净流入与 ROA 显著负相关，这可能是民营企业集团更加注重长期的发展，而牺牲了短期的业绩。与以往研究发现不同的是，两权分离度与资金净流入显著正相关，这在国有企业集团和民营企业集团中均有发现。表 4 – 6 的发现与表 4 – 5 基本一致。

表 4 – 5　　　　　　　因变量为广义资本净流入的检验结果

	SOE			Private		
	(1)	(2)	(3)	(4)	(5)	(6)
ROA	– 0. 879		0. 175	– 11. 077 ***		– 10. 447 ***
	(– 1. 11)		(0. 21)	(– 4. 53)		(– 4. 23)
Tobin's Q		– 0. 464 ***	– 0. 475 ***		0. 506 **	0. 355
		(– 3. 59)	(– 3. 42)		(2. 24)	(1. 60)

续表

	SOE			Private		
	(1)	(2)	(3)	(4)	(5)	(6)
KZ – index	0.293	0.458 **	0.459 **	– 0.403	– 1.174 *	– 0.949
	(1.60)	(2.43)	(2.43)	(– 0.74)	(– 1.80)	(– 1.49)
Ultimate parent's control rights	2.430 **	2.170 *	2.160 *	0.106	0.102	0.040
	(2.18)	(1.95)	(1.94)	(0.03)	(0.03)	(0.01)
Wedge	4.683 **	4.387 **	4.377 **	12.929 **	13.071 **	13.424 **
	(2.31)	(2.17)	(2.17)	(2.19)	(2.15)	(2.27)
CEO ownership	0.439	0.412	0.411	0.005	– 0.050	0.002
	(1.23)	(1.15)	(1.15)	(0.00)	(– 0.05)	(0.00)
Institutional ownership	– 0.014 *	– 0.007	– 0.007	– 0.012	– 0.013	– 0.023
	(– 1.84)	(– 0.85)	(– 0.84)	(– 0.42)	(– 0.44)	(– 0.81)
Size	– 0.099	– 0.275 *	– 0.276 *	– 0.263	0.026	– 0.087
	(– 0.72)	(– 1.89)	(– 1.90)	(– 0.61)	(0.06)	(– 0.19)
Leverage	0.873	0.369	0.374	– 1.368	– 0.097	– 0.055
	(1.02)	(0.43)	(0.43)	(– 0.64)	(– 0.04)	(– 0.02)
Collateral	2.431 **	2.183 **	2.193 **	– 0.263	3.427	0.370
	(2.46)	(2.21)	(2.22)	(– 0.10)	(1.32)	(0.14)
Year fixed effects and industry fixed effects	是	是	是	是	是	是
Constant	– 0.928	– 1.062	– 1.065	1.301	2.555	1.564
	(– 0.62)	(– 0.71)	(– 0.71)	(0.39)	(0.75)	(0.47)
Number of observations	1863	1863	1863	267	268	267
Adjusted R – squared	0.012	0.018	0.017	0.159	0.105	0.164
F – statistic	1.817	2.261	2.180	2.860	2.165	2.867

注：括弧内为 t 值，*、** 和 *** 分别表示在 0.1、0.05 和 0.01 水平上显著。

表 4 – 6 因变量为狭义资本净流入的检验结果

	SOE			Private		
	(1)	(2)	(3)	(4)	(5)	(6)
ROA	– 0.518		0.277	– 10.617 ***		– 10.102 ***
	(– 1.01)		(0.51)	(– 6.40)		(– 6.05)

续表

	SOE			Private		
	(1)	(2)	(3)	(4)	(5)	(6)
Tobin's Q		-0.341 ***	-0.358 ***		0.435 ***	0.290 *
		(-4.11)	(-4.01)		(2.74)	(1.93)
KZ - index	0.175	0.298 **	0.300 **	-0.146	-0.802 *	-0.593
	(1.49)	(2.46)	(2.47)	(-0.40)	(-1.75)	(-1.37)
Ultimate parent's control rights	3.788 ***	3.601 ***	3.584 ***	-0.730	-0.705	-0.784
	(5.27)	(5.03)	(5.00)	(-0.32)	(-0.29)	(-0.34)
Wedge	0.909	0.694	0.679	5.472	5.601	5.877
	(0.70)	(0.53)	(0.52)	(1.36)	(1.31)	(1.47)
CEO ownership	0.148	0.128	0.127	0.698	0.655	0.696
	(0.64)	(0.56)	(0.55)	(1.00)	(0.88)	(1.00)
Institutional ownership	-0.008 *	-0.003	-0.003	-0.007	-0.006	-0.017
	(-1.69)	(-0.55)	(-0.54)	(-0.38)	(-0.32)	(-0.86)
Size	-0.446 ***	-0.577 ***	-0.580 ***	-0.307	-0.061	-0.162
	(-5.07)	(-6.17)	(-6.19)	(-1.04)	(-0.19)	(-0.54)
Leverage	1.618 ***	1.234 **	1.242 **	-1.054	-0.047	0.019
	(2.95)	(2.23)	(2.24)	(-0.73)	(-0.03)	(0.01)
Collateral	0.093	-0.103	-0.087	2.774	6.231 ***	3.292 *
	(0.15)	(-0.16)	(-0.14)	(1.57)	(3.41)	(1.85)
Year fixed effects and industry fixed effects	是	是	是	是	是	是
Constant	-0.069	-0.168	-0.172	0.583	1.750	0.798
	(-0.07)	(-0.17)	(-0.18)	(0.26)	(0.73)	(0.35)
Number of observations	1863	1863	1863	267	268	267
Adjusted R - squared	0.037	0.045	0.044	0.182	0.072	0.192
F - statistic	3.613	4.230	4.087	3.198	1.763	3.252

注: 括弧内为 t 值, *、** 和 *** 分别表示在 0.1、0.05 和 0.01 水平上显著。

表 4-5 和表 4-6 的检验结果显示, 国有企业集团内部资本配置是无效率的, 符合 "社会主义" 交叉补助模式 (Scharfstein and

Stein, 2000），而民营企业集团的内部资本市场是高效率的，资源被从低成长性成员公司（托宾 Q 较低）配置至高成长性成员公司。考虑到公司股权的构成，我们不禁要问：既然民营企业的资本配置更加有效率，那么，民营企业参股国有企业能否提高资源的配置效率呢？与此相对应的一个问题是，在民营企业集团中，随着国有参股比例的提高，资本配置的效率是否会被抑制？本书从 CSMAR 的"中国上市公司股东研究数据库"中获得了"十大股东文件"资料。我们根据股份的性质，计算了前十大股东中国有持股的比例以及民营持股的比例。

表4-7列示的结果表明，民营成分可以引导资本的流入，（1）列 *Private ownership* 变量显著为正。（2）列交乘项的结果证实了我们的推断：随着国有企业集团中民营成分的提高，资本配置的效率不断得到改善。根据民营成分变量的中位数，本书把所有国有企业集团样本分为高民营成分组（High）和低民营成分组（Low），（3）列和（4）列的结果与交乘项一致，高民营成分国有企业集团资本配置效率显著高于低民营成分国有企业资本配置效率。在另外控制 ROA 的情况下，没有影响到主要的实证结果。该表的（8）列至（14）列为以狭义的资本净流入作为因变量的检验结果，结果很稳健。

表4-8检验了民营企业集团中国有成分对资源配置的影响。从（1）列看，国有成分并没有引导民营集团内部的资本配置，*State ownership* 变量不显著。但（2）列的检验表明，随着民营企业集团中国有成分的提高，高效率的资本配置受到抑制，交叉变量显著为负。我们进一步把民营企业集团样本分为高国有成分组（High）和低国有成分组（Low）。（3）列和（6）列的结果显示，托宾 Q 均不显著，在国有成分较高的情况下，民营企业集团的资本配置趋向无效率，而当国有成分较低时，民营企业集团的资本配置效率并未受干预，仍然保持着高效率。表4-8的（4）列和（7）列均显示了托宾 Q 变量是显著为正。同时，我们也采用了狭义的资本净流入来衡量资本流入，（8）列至（14）列检验的结果与以广义的资本净流

入为因变量的检验结果基本一致。

表 4 - 9 检验了最终控制人的控制权对资本配置效率的影响。考虑到我国的资本市场仍处于欠发达阶段，相应的监管政策尚未完善，现金股利的发放较少且不持续。因为最终控制人的现金流权主要是通过股利红利来实现的，因此，可能获得公司的控制权对实际控制人而言显得更加重要和迫切。我国上市公司普遍存在大股东与中小股东之间的利益冲突问题，代理成本较高。当实际控制人的控制权较高时，可能更倾向于采取短期行为，利用内部资本市场追求控制权私人利益，因此，控制权会抑制内部资本市场配置效率。[①] 表 4 - 9 的（1）列和（4）列显示，交叉变量显著为负，这说明实际控制人的控制权会对资源配置效率造成负面影响，且这种影响同时存在于国有企业集团和民营企业集团中。我们按控制权的中位数把样本分为高控制权组（High）和低控制权组（Low），检验结果显示，低控制权组的资本配置效率均显著高于高控制权组，这与交叉变量检验的结果一致。同时，我们也采用狭义的资本净流入作为因变量，（7）列至（12）列的检验结果也与我们的预测基本一致。

本书进一步检验了企业集团对成员公司的资本配置是否转化为当期的长期投资。长期投资（Investment）用现金流量表里的"购建固定资产、无形资产和其他长期资产支付的现金"衡量，并经总资产调整。检验模型如下：

$$Investment = \alpha_0 + \alpha_1 Net\ inflow + \alpha_2 Size + \alpha_3 Leverage + \alpha_4 ROA +$$
$$\alpha_5 Cashholding + \varepsilon \qquad (4 - 3)$$

在模型（4 - 3）中，*Net inflow* 为资本净流入，具体采用了以下四种方式衡量：*Broad net inflow*、*Narrow net inflow*、*Broad net inflow_*

---

① 值得注意的一点是，虽然所有权比例的提高增强了大股东谋取私人收益（即控制权私人收益）的能力，但随着大股东持股比例的增加，大股东在公司利益的增加也使得监督经理变得有利可图（Shleifer and Vishny，1986）。同时，控股股东获取私人收益的行为还会导致其他成本，这些成本要么会抵消控股股东的控制权私人收益，要么会降低其控制权共享收益（按所有权比例分得的公司收益）（李增泉、孙铮和王志伟，2004）。

表4-7　民营持股对国有企业集团内部资本配置效率的影响

	Broad net inflow							Narrow net inflow						
			High	Low		High	Low			High	Low		High	Low
	(1)	(2)	(3)	(4)	(5)	(6)	(7)	(8)	(9)	(10)	(11)	(12)	(13)	(14)
Tobin's Q	-0.452*** (-3.51)	-0.617*** (-4.17)	-0.388** (-2.57)	-0.615** (-2.52)	-0.698*** (-4.17)	-0.411*** (-2.59)	-0.704*** (-2.53)	-0.339*** (-4.08)	-0.435*** (-4.54)	-0.295*** (-3.09)	-0.461*** (-2.84)	-0.498*** (-4.59)	-0.319*** (-3.19)	-0.502*** (-2.71)
ROA					0.933 (1.05)	0.563 (0.48)	0.834 (0.66)				0.715 (1.24)	0.579 (0.79)	0.383 (0.45)	
Private ownership	4.414*** (5.01)				4.320*** (4.91)			0.916 (1.61)	0.864 (1.52)			0.862 (1.51)		
Private ownership × Tobin's Q		0.875** (2.24)			1.014** (2.46)				0.506** (2.00)		0.613** (2.29)			
KZ-index	0.379** (2.01)	0.400** (2.13)	0.912*** (3.48)	-0.228 (-0.83)	0.409** (2.18)	0.919*** (3.50)	-0.221 (-0.81)	0.282** (2.32)	0.295** (2.42)	0.422** (2.55)	0.102 (0.56)	0.302** (2.48)	0.428*** (2.59)	0.105 (0.57)
Ultimate parent's control rights	2.981*** (2.66)	2.898*** (2.59)	1.632 (1.03)	5.267*** (3.22)	2.830** (2.53)	1.577 (1.00)	5.239*** (3.20)	3.776*** (5.21)	3.728*** (5.15)	3.411*** (3.43)	4.431*** (4.06)	3.676*** (5.07)	3.354*** (3.36)	4.418*** (4.05)
Wedge	2.963 (1.46)	2.896 (1.43)	6.073** (2.20)	0.266 (0.09)	2.830 (1.40)	6.043** (2.18)	0.194 (0.07)	0.399 (0.30)	0.361 (0.28)	1.280 (0.73)	-0.628 (-0.32)	0.310 (0.24)	1.249 (0.72)	-0.661 (-0.34)
CEO ownership	0.478 (1.35)	0.506 (1.42)	0.417 (0.82)	0.311 (0.62)	0.506 (1.42)	0.417 (0.82)	0.301 (0.60)	0.143 (0.62)	0.158 (0.69)	0.210 (0.66)	0.039 (0.12)	0.158 (0.69)	0.210 (0.66)	0.035 (0.10)
Institutional ownership	-0.025*** (-2.81)	-0.022** (-2.48)	-0.007 (-0.55)	-0.028** (-2.28)	-0.021** (-2.41)	-0.007 (-0.55)	-0.027** (-2.21)	-0.006 (-1.13)	-0.005 (-0.85)	-0.000 (-0.03)	-0.008 (-1.02)	-0.004 (-0.78)	-0.000 (-0.03)	-0.008 (-0.97)
Size	-0.226 (-1.56)	-0.278* (-1.89)	-0.012 (-0.06)	-0.525*** (-2.53)	-0.296** (-2.00)	-0.009 (-0.04)	-0.554*** (-2.61)	-0.568*** (-6.05)	-0.599*** (-6.30)	-0.456*** (-3.53)	-0.743*** (-5.37)	-0.612*** (-6.40)	-0.452*** (-3.50)	-0.756*** (-5.35)

114 中国企业集团内部资本市场配置效率及经济后果研究

续表

	Broad net inflow							Narrow net inflow						
	(1)	(2)	High (3)	Low (4)	(5)	High (6)	Low (7)	(8)	(9)	High (10)	Low (11)	(12)	High (13)	Low (14)
Leverage	0.413 (0.48)	0.352 (0.41)	-3.860*** (-3.51)	5.815*** (4.22)	0.369 (0.43)	-3.863*** (-3.51)	5.855*** (4.25)	1.241** (2.24)	1.206** (2.18)	-0.545 (-0.79)	3.409*** (3.72)	1.219** (2.20)	-0.549 (-0.79)	3.427*** (3.73)
Collateral	2.055** (2.09)	1.995** (2.03)	2.697** (1.96)	1.264 (0.90)	2.037** (2.08)	2.746** (1.99)	1.273 (0.91)	-0.125 (-0.20)	-0.160 (-0.25)	-0.337 (-0.39)	-0.090 (-0.10)	-0.128 (-0.20)	-0.287 (-0.33)	-0.086 (-0.09)
Year fixed effects and industry fixed effects	是	是	是	是	是	是	是	是	是	是	是	是	是	是
Constant	-1.113 (-0.75)	-1.140 (-0.77)	0.209 (0.11)	-2.474 (-1.06)	-1.158 (-0.78)	0.200 (0.10)	-2.489 (-1.07)	-0.178 (-0.18)	-0.194 (-0.20)	0.263 (0.22)	-0.267 (-0.17)	-0.208 (-0.22)	0.254 (0.21)	-0.274 (-0.18)
Number of observations	1862	1862	933	930	1862	933	930	1862	1862	933	930	1862	933	930
Adjusted R-squared	0.031	0.033	0.020	0.060	0.033	0.019	0.060	0.046	0.047	0.033	0.081	0.047	0.033	0.080
F-statistic	3.106	3.178	1.688	3.202	3.109	1.635	3.101	4.178	4.178	2.190	4.025	4.091	2.133	3.885

注：括弧内为 t 值，*、**和 *** 分别表示在 0.1、0.05 和 0.01 水平上显著。

表4-8 国有持股对民营企业集团内部资本配置效率的影响

	Broad net inflow							Narrow net inflow						
			High	Low	High	High	Low			High	Low		High	Low
	(1)	(2)	(3)	(4)	(5)	(6)	(7)	(8)	(9)	(10)	(11)	(12)	(13)	(14)
Tobin's Q	0.509**	0.660***	-0.198	0.648***	0.513**	-0.642	0.638**	0.431***	0.583***	-0.397	0.565***	0.440***	-0.778*	0.512***
	(2.24)	(2.75)	(-0.27)	(2.67)	(2.19)	(-1.00)	(2.57)	(2.71)	(3.49)	(-0.74)	(3.63)	(2.81)	(-1.80)	(3.25)
ROA					-10.585***	-17.221***	-0.362					-10.310***	-14.782***	-4.392*
					(-4.30)	(-4.31)	(-0.09)					(-6.27)	(-5.52)	(-1.81)
State ownership		0.210			0.575			0.466	0.929			1.281		
		(0.14)			(0.41)			(0.46)	(0.92)			(1.36)		
State ownership × Tobin's Q		-0.833*			-0.886**				-0.835***			-0.883***		
		(-1.87)			(-2.06)				(-2.70)			(-3.06)		
KZ-index	-1.180*	-1.107*	-1.159	-0.610	-0.859	-0.341	-0.558	-0.790*	-0.717	-0.889	-0.175	-0.484	-0.187	-0.207
	(-1.80)	(-1.69)	(-0.83)	(-0.75)	(-1.35)	(-0.28)	(-0.67)	(-1.72)	(-1.58)	(-0.88)	(-0.34)	(-1.14)	(-0.23)	(-0.39)
Ultimate parent's control rights	0.118	0.583	5.156	-1.847	0.542	4.686	-1.758	-0.735	-0.268	2.673	-2.952	-0.328	2.270	-3.057
	(0.03)	(0.17)	(0.50)	(-0.46)	(0.16)	(0.53)	(-0.43)	(-0.30)	(-0.11)	(0.36)	(-1.14)	(-0.14)	(0.38)	(-1.18)
Wedge	13.053**	13.241**	-5.461	20.527***	13.683**	1.509	20.801***	5.634	5.822	-9.471	12.654***	6.188	-3.488	12.621***
	(2.14)	(2.18)	(-0.37)	(3.00)	(2.33)	(0.12)	(3.01)	(1.32)	(1.38)	(-0.89)	(2.89)	(1.57)	(-0.41)	(2.88)
CEO ownership	-0.073	0.035	0.715	0.153	0.131	0.115	0.207	0.697	0.805	1.585	0.973	0.889	1.071	1.088
	(-0.07)	(0.03)	(0.24)	(0.13)	(0.13)	(0.05)	(0.18)	(0.93)	(1.09)	(0.75)	(1.31)	(1.29)	(0.63)	(1.47)
Institutional ownership	-0.012	-0.014	-0.047	-0.020	-0.025	-0.117	-0.019	-0.007	-0.009	-0.052	-0.007	-0.020	-0.111**	-0.006
	(-0.42)	(-0.49)	(-0.52)	(-0.62)	(-0.89)	(-1.44)	(-0.59)	(-0.35)	(-0.46)	(-0.78)	(-0.34)	(-1.06)	(-2.05)	(-0.29)

续表

	Broad net inflow									Narrow net inflow				
	(1)	(2)	High (3)	Low (4)	(5)	High (6)	Low (7)	(8)	(9)	High (10)	Low (11)	(12)	High (13)	Low (14)
Size	0.017	0.030	0.326	0.255	-0.078	0.647	0.219	-0.044	-0.031	-0.308	0.194	-0.127	-0.032	0.075
	(0.04)	(0.07)	(0.21)	(0.49)	(-0.17)	(0.49)	(0.41)	(-0.14)	(-0.10)	(-0.28)	(0.59)	(-0.43)	(-0.04)	(0.22)
Leverage	-0.041	-0.192	-1.082	-3.582	-0.253	-3.246	-3.719	-0.150	-0.301	-1.942	-2.587	-0.334	-3.800	-1.784
	(-0.02)	(-0.08)	(-0.26)	(-0.96)	(-0.11)	(-0.89)	(-0.96)	(-0.09)	(-0.18)	(-0.64)	(-1.08)	(-0.22)	(-1.55)	(-0.73)
Collateral	3.452	2.745	8.239	2.233	-0.442	-1.576	2.090	6.186***	5.477***	10.264*	5.148***	2.392	1.839	4.200**
	(1.32)	(1.05)	(1.11)	(0.78)	(-0.17)	(-0.23)	(0.70)	(3.38)	(3.00)	(1.90)	(2.81)	(1.35)	(0.40)	(2.22)
Year fixed effects and industry fixed effects	是	是	是	是	是	是	是	是	是	是	是	是	是	是
Constant	2.622	1.950	-1.889	1.417	0.810	-5.017	1.356	1.626	0.953	-0.775	-0.560	-0.148	-3.460	-0.932
	(0.76)	(0.56)	(-0.23)	(0.36)	(0.24)	(-0.72)	(0.34)	(0.67)	(0.40)	(-0.13)	(-0.22)	(-0.07)	(-0.74)	(-0.37)
Number of observations	268	268	76	192	267	76	191	268	268	76	192	267	76	191
Adjusted R-squared	0.102	0.111	0.014	0.143	0.172	0.266	0.139	0.069	0.092	0.123	0.143	0.218	0.444	0.155
F-statistic	2.080	2.151	1.044	2.231	2.842	2.088	2.135	1.702	1.938	1.439	2.227	3.475	3.397	2.293

注：括弧内为 t 值。*、**和***分别表示在 0.1、0.05 和 0.01 水平上显著。

表 4－9　控制权对资本配置效率的影响

	Broad net inflow						Narrow net inflow					
	SOE			Private			SOE			Private		
	SOE pool	High	Low	Private pool	High	Low	SOE pool	High	Low	Private pool	High	Low
	(1)	(2)	(3)	(4)	(5)	(6)	(7)	(8)	(9)	(10)	(11)	(12)
Tobin's Q	-0.686***	-0.774***	-0.332**	0.652***	-0.190	0.609***	-0.471***	-0.611***	-0.287***	0.535***	-0.195	0.550***
	(-4.43)	(-3.03)	(-2.14)	(2.73)	(-0.28)	(2.62)	(-4.73)	(-3.54)	(-2.97)	(3.20)	(-0.38)	(3.60)
KZ – index	0.476**	0.162	0.554**	-1.074	-0.557	-1.121	0.309**	0.100	0.335**	-0.732	-0.141	-0.620
	(2.53)	(0.60)	(2.09)	(-1.64)	(-0.31)	(-1.56)	(2.55)	(0.55)	(2.03)	(-1.60)	(-0.10)	(-1.32)
Ultimate parent's control rights * Tobin's Q	-0.845***			-3.160*			-0.495**			-2.168*		
	(-2.60)			(-1.85)			(-2.36)			(-1.81)		
Ultimate parent's control rights	2.062*			1.585			3.538***			0.312		
	(1.85)			(0.44)			(4.94)			(0.12)		
Wedge	4.311**	1.632	7.189**	12.378**	20.092	10.468	0.650	0.609	1.464	5.125	13.152	4.777
	(2.14)	(0.56)	(2.54)	(2.04)	(1.37)	(1.53)	(0.50)	(0.31)	(0.83)	(1.21)	(1.18)	(1.06)
CEO ownership	0.383	0.787	0.094	0.134	-0.777	0.828	0.111	0.210	0.028	0.781	-0.223	1.359*
	(1.07)	(1.63)	(0.18)	(0.13)	(-0.30)	(0.73)	(0.48)	(0.64)	(0.09)	(1.06)	(-0.11)	(1.84)
Institutional ownership	-0.004	-0.006	-0.005	-0.017	-0.032	-0.022	-0.001	0.011	-0.012	-0.010	-0.028	-0.013
	(-0.50)	(-0.56)	(-0.38)	(-0.59)	(-0.48)	(-0.71)	(-0.24)	(1.48)	(-1.64)	(-0.47)	(-0.56)	(-0.61)

续表

	Broad net inflow						Narrow net inflow					
	SOE			Private			SOE			Private		
	SOE pool	High	Low	Private pool	High	Low	SOE pool	High	Low	Private pool	High	Low
	(1)	(2)	(3)	(4)	(5)	(6)	(7)	(8)	(9)	(10)	(11)	(12)
Size	-0.333**	-0.457**	-0.141	0.140	1.132	-0.451	-0.611***	-0.661***	-0.500***	0.016	0.068	-0.275
	(-2.27)	(-2.25)	(-0.67)	(0.30)	(1.04)	(-0.94)	(-6.46)	(-4.81)	(-3.81)	(0.05)	(0.08)	(-0.88)
Leverage	0.311	3.039**	-1.451	-0.368	-13.748*	2.612	1.200**	2.486***	0.384	-0.233	-12.621**	1.493
	(0.36)	(2.17)	(-1.31)	(-0.16)	(-1.92)	(1.08)	(2.17)	(2.63)	(0.56)	(-0.14)	(-2.31)	(0.94)
Collateral	2.098**	2.508*	2.839**	3.164	4.461	1.431	-0.152	0.637	-0.123	6.050***	9.821*	4.825***
	(2.13)	(1.81)	(1.98)	(1.22)	(0.67)	(0.51)	(-0.24)	(0.68)	(-0.14)	(3.33)	(1.93)	(2.64)
Year fixed effects and industry fixed effects	是	是	是	是	是	是	是	是	是	是	是	是
Constant	-1.099	-3.273	1.853	2.317	3.934	0.457	-0.189	0.176	0.436	1.586	2.621	-0.221
	(-0.73)	(-1.46)	(0.89)	(0.68)	(0.44)	(0.13)	(-0.20)	(0.12)	(0.34)	(0.66)	(0.39)	(-0.10)
Number of observations	1863	913	950	268	79	189	1863	913	950	268	79	189
Adjusted R-squared	0.021	0.039	0.021	0.114	0.171	0.118	0.047	0.045	0.041	0.080	0.138	0.107
F-statistic	2.428	2.441	1.790	2.231	1.768	1.966	4.289	2.659	2.558	1.833	1.593	1.863

注：括弧内为 t 值。*、**和***分别表示在0.1、0.05和0.01水平上显著。

表4-10　资本净流入与公司投资检验

	SOE				Private			
	(1)	(2)	(3)	(4)	(5)	(6)	(7)	(8)
Broad net inflow	0.000*** (3.26)				0.001** (2.10)			
Narrow net inflow		0.000 (1.00)				0.001** (2.43)		
Broad net inflow _ Tobin Q			0.002* (1.73)				0.002 (1.40)	
Narrow net inflow _ Tobin Q				0.002 (1.31)				0.004** (2.37)
Size	0.005*** (5.88)	0.005*** (5.90)	0.005*** (5.79)	0.005*** (5.93)	0.002 (0.79)	0.002 (0.88)	0.002 (0.84)	0.002 (1.18)
Leverage	-0.010** (-2.49)	-0.010** (-2.48)	-0.009** (-2.27)	-0.010** (-2.37)	-0.019** (-2.24)	-0.019** (-2.24)	-0.020** (-2.44)	-0.020** (-2.42)

续表

	SOE				Private			
	(1)	(2)	(3)	(4)	(5)	(6)	(7)	(8)
ROA	0.143***	0.143***	0.144***	0.143***	0.072**	0.081**	0.074**	0.076**
	(8.15)	(8.14)	(8.22)	(8.10)	(2.24)	(2.50)	(2.30)	(2.35)
Cash holding	-0.001	-0.001	-0.001	-0.002	0.036**	0.037**	0.038**	0.038**
	(-0.16)	(-0.14)	(-0.17)	(-0.19)	(1.98)	(2.04)	(2.10)	(2.11)
Year fixed effects and industry fixed effects	是	是	是	是	是	是	是	是
_cons	-0.070***	-0.072***	-0.068***	-0.072***	0.027	0.025	0.026	0.011
	(-3.47)	(-3.52)	(-3.37)	(-3.52)	(0.60)	(0.57)	(0.58)	(0.25)
Number of observations	2850	2850	2850	2850	519	519	519	519
Adjusted R-squared	0.161	0.158	0.159	0.158	0.096	0.099	0.092	0.098
F-statistic	24.744	24.244	24.347	24.281	3.392	3.467	3.270	3.453

注：括弧内为 t 值，*、**和***分别表示在 0.1、0.05 和 0.01 水平上显著。

Tobin Q 和 *Narrow net inflow_ Tobin Q*。*Broad net inflow* 和 *Narrow net inflow* 的具体定义见表 4 - 1。*Size* 为公司规模，*Leverage* 为财务杠杆，*ROA* 为总资产回报率，*Cashholding* 为现金持有量，经总资产调整。*Broad net inflow_ Tobin Q* 和 *Narrow net inflow_ Tobin Q* 刻画的是由 *Tobin Q* 引起的资本净流入：首先分别用 *Broad net inflow* 和 *Narrow net inflow* 与 *Tobin Q* 进行单变量回归，然后计算出两个残差。最后，用 *Broad net inflow* 和 *Narrow net inflow* 分别减去各自回归的残差。

表 4 - 10 的结果显示，就国有企业集团而言，广义的资本净流入与长期投资显著相关，（1）列和（3）列的资本净流入变量显著为正。但是，狭义的资本净流入与长期投资并不相关。对于民营企业而言，无论是广义的资本净流入还是狭义的资本净流入，均与长期投资显著正相关。（5）列、（6）列和（8）列的资本净流入变量均显著为正。

第六节　结论及进一步讨论

本章检验了国有企业集团和民营企业集团的内部资本市场配置效率的问题。研究发现，国有企业集团在分配资本时更多地遵循"社会主义补助"模式，资本会从成长性较高的成员公司转移至成长性较低的成员公司。而民营企业集团利用内部资本市场进行资本配置时，更加符合优胜者选拔机制，资本会从成长性较低的成员公司转移至成长性较高的成员公司，这有利于企业集团整体利益的最大化。

为了进一步辨别所有权的作用，我们研究了国有企业集团中民营持股以及民营企业集团中国有持股的现象，研究发现，随着民营持股比例的提高，国有企业集团内部资本配置效率得以改善，与此相对应的是，随着国有持股比例的提高，民营企业集团内部资本配置效率受到抑制。我们在国有企业集团和民营企业集团中，得到了相互印证的实证结果。我们也检验了实际控制人的控制权对资本配置效率的影响，发现随着控制权的增强，资本配置的效率逐渐减弱，且减弱的现象同时存在于国有企业集团和民营企业集团中。最后我们发现，集团总部对成员公司的资本配置会转化为企业的长期投资。

本章可能具有以下的贡献：首先，我们填补了有关内部资本市场文献中的一个空白，在理解和协调了内部资本市场的"光明面"和"阴暗面"的理论模型之后，发现公司所有权性质是一个非常重要的因素。而在发达的欧美国家，通常公司所有权较为分散，并且很少提供有关国有企业和民营企业在内部资本市场配置效率的对比。而先前的实证工作通常比较的是具有同类所有权的多元化公司，对于所有权不同的多元化公司也没有引起足够的重视。虽然大多数有关内部资本市场的经验研究运用了很多公司数据，最近的文献也和本章一样，越来越多地依赖集团下属成员公司的财务报表①，但是，我们分析所依赖的数据相对独特。

其次，在相关的文献中，家族所有权是否优于其他形式的所有权仍然是一个悬而未决的问题。例如，在美国的大公司中，霍尔德内斯和希恩（Holderness and Sheehan，1988）发现，家族企业比非家族企业有较低的托宾 Q 值，虽然安德森和里布（Anderson and Reeb，2003）有不同的发现。在其他经济体中，仅有极少的证据也还是错综复杂的（Morck et al.，2000；Claessens et al.，2002；Cronqvist and Nilsson，2003；Bertrand et al.，2004）。家族所有权有着竞争优势，因为它联合了所有权和控制权，能够采取措施来减轻管理层利益攫取（Demsetz and Lehn，1985）。但是，家族控制也可能导致在不透明的金融市场中小股东财富被掏空的问题（Faccio，

---

① 许多文献研究了多部门公司中内部资本市场的作用，诸如拉蒙特（1997），Shin 和 Stulz（1998），拉简、瑟瓦斯和津盖尔斯（2000），沙夫斯坦和斯坦（2000），Maksimovic 和 Phillips（2002），休斯敦、詹姆斯和马库斯（Houston，James and Marcus，1997），休斯敦和詹姆斯（1998）。Campello（2002）提供的证据表明内部资本市场也会在多家银行同时控股的公司内运作，然而 Perotti 和 Gelfer（2001），Samph 和 Harak（2006），Gopalan、Nanda 和 Seru（2007），Bertrand、Mehta 和 Mullainathan（2002）发现，内部资本在俄罗斯、泰国、印度的企业集团中广泛地被重新分配。

Lang and Young, 2001）。在本章中，我们提供的经验证据证明，对于管理其内部资本市场而言，家族所有权优于国家所有权。

本章的研究也受来自新兴市场企业的一些研究的影响。他们从关联方交易出发，使用"掏空"与"支持"等指标来检验集团内部资本的流动情况（Cheung, Raul and Stouraitis, 2006；Bae, Cheon and Kang, 2008）。之前，有关美国内部资本市场的研究往往依赖COMPUSTAT 工业分部（CIS）数据库，其中，包括上市公司的有关财务状况和主要业务的投资状况（部分）的自我报告。这个数据库中的几个缺陷会引起潜在的变量测量误差。一个值得注意的问题是，通过这个数据库只能看到上市公司的分部投资状况，无法直接观察到内部的资金流动。① 这是非常重要的，因为受到资本总量约束的总部可能会有意"掏空"一方，并使用被掏空方的资本来"支撑"其他分部。本书也借鉴了 Cheung 等（2006）和 Peng 等（2011）的方法。他们通过中国上市公司与关联方之间各种应付款项以及应收款项总和的差异来衡量资源转移。这种衡量方式的优势在于整合了集团内部与关联方的所有形式的资源转移。

---

　① 注意到拉简、瑟瓦斯和津盖尔斯（2000）也不能够直接观察多元化公司部门间的资源转移，只能通过比较多元化公司的部门投资和具有可比性的独立公司的投资来推断这些转移。

第五章　企业集团内部资本市场
配置效率影响因素

　　第四章主要从公司所有权的角度讨论了企业集团内部资本市场配置效率，实证检验表明，"内部资本市场有效论"和"内部资本市场无效论"可以同时解释我国企业集团的资本配置行为：国有企业集团更多地遵循"社会主义补助"模式，有着较好盈利能力的成员公司交叉补贴了盈利能力较差的成员公司；相反，民营企业集团的资本配置更加有效率，出于集团整体利益最大化目的，资本被从盈利能力较差的成员公司转移至盈利能力较好的成员公司，资本配置比较符合优胜者选拔机制。延续上一章的讨论，若国有企业的资本配置效率较低，那么，到底是何种因素导致的？在国有企业和民营企业不同的治理环境下，又是哪些因素影响了民营企业集团的资本配置效率？经济转型的制度环境决定了我国的法律环境和金融机构仍不发达，东西部地区的差异也较大，那么，地处不同的市场化进程下的企业集团（国有企业集团或民营企业集团）的内部资本市场配置效率是否也有所不同？这些问题都值得进一步深入讨论。

　　从研究逻辑上看，第四章主要讨论了内部资本配置的表现，本章的核心在于对企业集团内部治理机制以及外部制度环境的讨论。本章将在资本净流入与公司业绩之间的关系讨论上增加内部和外部治理因素的影响，综合以往的经验研究，笔者大致可以得到如图5-1所示的研究脉络。

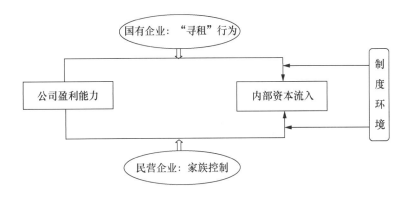

图 5-1 本章研究脉络

第一节 研究问题的提出

经济转型时期，国有企业受到政府干预的多重影响。为了推动国有企业集团的形成和发展，政府出台了一系列优惠政策和配套措施，对国有大企业集团进行扶持。尽管现阶段中央政府大力推进国有企业的去行政化改革及政企分开改革，但是，国有企业领导职位的行政级别仍然存在。一个直接的证据就是，所有国有企业的负责人仍由各级党委的组织部管辖（杨瑞龙、王元和聂辉华，2013）。国有企业集团的高层管理者可以称为"准官员"，其任命权掌握在政府有关部门手里，这种行政任命方式使得股东与经营者之间的委托—代理关系变得僵化。代理关系受制于行政隶属关系，难以产生有效的激励约束机制。此外，国有企业仍需承担额外的政策性负担，如一些非经济指标，这种机制难以最大限度地激励集团经营者，国有企业集团的内部资本市场变得低效或无效。国有企业集团总部缺乏足够的动力去进行有效监管，也难以识别所有项目信息的真实性（冯丽霞和范奇芳，2007），那么，成员公司是否有动机去向集团总部"寻租"呢？

与国有企业集团相比，民营企业所有者享有企业的剩余控制权收益，会极力提高内部资本市场资源配置效率，进而追求集团利益的最大化。关于民营企业治理的一个重要问题是家族治理到底是毁损价值，还是增加价值？从代理理论分析，家族治理可以增加企业价值，因为家族治理可以减轻第一类代理问题（Ali，Chen and Radhakrishnan，2007）。但若企业聘用的职业经理人比家族企业创始人或其继任者更加优秀的话，那么，家族治理增加企业价值的效果将会被家族治理的成本所抵消（Burkart et al.，2003）。与该观点相对应的是，Fahlenbrach（2004）发现，创始人担任 CEO 的公司相比其他类型公司而言，在交易时能够实现更多溢价，而这可能是和创始人相比其他股东有着潜在的信息优势有关。另外，Smith 与 Amoako – Adu（1999）发现，当公司任命家族继承人为管理者时，证券市场有着显著负的反应。公司治理质量是影响企业集团内部资本分配效率高低的重要因素。家族治理到底会对民营企业集团产生正面的影响，还是负面的影响？这是一个值得学术界关心的重要问题。

经济转型时期的中国，产权的不明晰、弱保护和市场要素的欠发达客观上促成了集团的产生和发展。利用内部资本市场，集团降低了市场交易成本，缓解了集团企业的融资约束（Hoshi et al.，1991；Khanna and Palepu，1997）。Chang 和 Hong（2002）指出，发展中国家的企业集团在弥补市场机制缺陷和无效方面起到了重要作用。如果内部资本市场是应外部资本市场不发达而生，那么，随着外部资本市场的发展，内部资本市场是否会逐渐消亡呢？相关的实证经验证据表明，外部资本市场的发展对内部资本市场起到促进作用（Siegel and Choudhury，2012）。那么，外部资本市场到底是如何影响内部资本市场效率的？

第二节　理论分析和研究假设

经济转型时期的国有企业集团，产权主体不明确，控制权与剩余索取权也不一致，加之国有企业承担着政治和经济等多重职能，制约着集团内部资本市场配置效率的发挥。林毅夫和李志赟（2004）认为，在信息不对称情况下，政策性负担将导致国有企业经理的道德风险，从而导致国有企业的低效率。此外，国有企业代理关系的多层次性和复杂性，企业集团总部与各成员企业之间，以及企业集团的控股股东与外部中小投资者之间存在着代理问题，也将降低内部资本市场资源配置的效率。国有企业成员公司经理为了争取集团总部更多的资源投入，有动机从事"寻租"活动，游说和影响集团总部的决策行为。这也导致了国有企业集团在资源配置上的"社会主义"行为，并因此降低投资效率。拉简、瑟瓦斯和津盖尔斯（2000）以及沙夫斯坦和斯坦（2000）认为，部门经理的"寻租"行为或拥有过多的权利可能会导致内部资本市场失效。

随着制度的变迁，一些非正式的关系网络已经变得更加正规和透明，特别是连锁董事的出现，在多家公司的董事会担任董事职务（任兵等，2007）。在经济转型中，公司面临高度不确定的制度环境，企业间通过连锁董事网络可以获取安全可靠的信息（Keister，1998），从而有助于做出正确的决策（Boxiot and Child，1996；Peng，2003）。连锁董事可以帮助企业克服转型中的资源匮乏问题，缓解资源相互依赖的约束。基斯特（1998）研究了1988—1990年中国40家大企业集团后发现，当企业集团中存在金融机构，或者设置了连锁董事制度时，成员企业的财务业绩和生产效率相对更高。但是，连锁董事对公司也有着负面影响。如连锁董事会有利于高管防止公司被敌意收购，保障其职务以及对公司的控制（Davis，1994），或者促使连锁企业的 CEO 拿到更高薪酬（O'Reilly et al.，1988）。在国有企业集团中设立连锁董事，有利于政府对集团以及集团成员企业间的协调与控制。但是，在经济转型中，代理人可能会利用连锁董事去挖掘隐藏在企业系统内的机会，然后通过一定的策略和手段实现自身利益最大化（Palmer and Barber，2001）。这个过程体现在代理人利用连锁网络进行"寻租"活动中。联系到国有企业集团内部资本市场运作的实际，本书认为，成员公司经理会利用连锁董事的身份，以成员公司为"寻租"活动的有利平台，去游说总部以争取更多的资源。与集团总部高层管理者相比，成员公司同样可以攫取私人收益，如声誉以及更好的工作愿景，这些私人收益也促使成员公司向总部争取更多的资金。而此时，企业集团层面或股东层面的利益最大化被忽视，导致资源无法有效地配置至有较好投资机会的成员公司。基于上述分析，本书做出以下理论预测：

假设1：在其他条件不变的情况下，有连锁董事制度的国有企业集团的资本配置效率更低。

家族企业（或民营企业）主要通过控制多家对集团发展有重大影响的核心成员企业来实现剩余控制权。家族企业的治理机制对于家族企业集团的生存和发展至关重要，也直接影响着其内部资本市场运作的效率。家族企业进行资本配置的方式是影响家族企业竞争优势的关键因素。作为家族与企业的契合体，家族企业有家族雇员和非家族雇员（也称职业经理人）两类代理人。家族治理的一种安排是聘用职业经理人。在外部经理人市场较完善的前提下，职业经理人特有的异质性专业能力会对企业内部资本配置决策非常有利。企业所有者可以通过合理的激励机制，来引导经理人努力工作，挑选有潜力的投资项目来优化资本配置。但是，职业经理人的利益与委托人会存在分歧，其决策可能会损害委托代理人的利益，如职务消费或者选择有损公司长期价值的短视策略（Jensen and Meckling，1976）。

家族治理的另一种安排是聘用家族雇员。中国家族文化中的"差序格局"的存在可能会使家族企业难以对家族以外的人产生信任，会采取"内外有别"的用人方式（郑伯壎，1995）。家族雇员因为和创业者有着血缘和亲缘的紧密关联，也长期生活在有重叠的社会网络之中，形成较多的相似的价值观（何轩等，2008）。共同的家族背景也加强了相互之间的信任，因此，相比聘用职业经理人而言，家族企业成员的代理成本相对较低。企业在战略决策过程中会存在不同利益主体的冲突（Dooley and Fryxell，1999），而家族成员共同的价值认知以及工作愿景的一致性，增加了家庭成员间的信息共享，这也有助于减少成员企业间的机会主义行为。所以，家族成员任职有助于提高内部资本市场配置效率。同时，家族内部的"利他主义"、信任的特质会导致内部人团体的不公平感（Schulze et al.，2000）。如在激励机制中，很少涵盖家族内部的"自家人"，家族雇员自己的股权没有得到"优待"。另外，家族企业成员也会将自己的贡献和所得与外界进行比较，从而衡量是否被公平对待（Adams，1965）。不公平感带来的心理冲突会诱使家族雇员采取消极行为，如自己调整边际投入或者沦为"搭便车"者（何轩等，2008），而这对于内部资本市场的运作是不利的，资本配置效率将因此下降。基于上述理论分析，本书提出如下假设：

假设2.1：在其他条件不变的情况下，聘用家族雇员的民营企业集团内部资本市场配置效率更高。

假设2.2：在其他条件不变的情况下，聘用职业经理人的民营企业集团内部资本市场配置效率更高。

金融市场的发展减少了企业外部融资成本（Rajan and Zingales，1998），也促进了企业投资决策和投资效率（Rajan and Zingales，1998；Wurgler，2000；Glaessens and Laeven，2003；Demirgü‐Kunt and Maksimovic，1998）。Cull和Xu（2004）发现的证据表明，外部融资便利与再投资程度显著相关。与此同时，内部资本市场在经济资本积累和分配过程中也扮演着重要角色。积极有效的资本市场能够帮助多元化企业做出更优的投资决策（Khanna and Tice，2001），避免投资过程中的融资约束（Deloof，1998）。与不发达的外部市场相比，内部资本市场可以更加有效地在成员企业之间分配资本（Khanna and Palepu，1997；Stein，1997；Perotti and Gelfer，2001）。

传统理论认为，企业集团是应外部市场要素缺失而产生和发展起来的，那么遵循这个逻辑，外部市场和企业集团应是此消彼长的关系，随着市场的发展，市场交易成本的降低，企业集团会逐渐消失。但事实上，随着市场机制的发展，企业集团变得更大，相比独立企业也更有优势（Siegel and Choudhury，2012）。一种可能的解释是内部资本市场和外部金融市场既可能是相互替代也可能是相互补充的关系。若企业集团内部资本市场是对不发达的外部资本市场的替代，随着外部金融环境的改善和发展，企业集团可能会较少地依赖内部资本市场，其配置效率会随之降低；反之，如果两者是互相补充的，那么外部金融市场的提高也会对企业集团内部资本市场的运作提出更高要求，资源配置效率反而会得到提高。基于上述分析，本书提出如下假设：

假设3.1：在其他条件不变的情况下，外部资本市场的发达程度与企业集团内部资本市场配置效率是正相关的。

假设3.2：在其他条件不变的情况下，外部资本市场的发达程度与企业集团内部资本市场配置效率是负相关的。

第三节　样本选择与模型设定

本章检验所用样本的选择和数据来源与第四章相同。为考察内部治理环境和外部制度因素对企业集团内部资本市场配置效率的影响，我们在第四章模型（4-2）的基础上，进一步加入了连锁董事变量和家族雇员变量，分别检验对国有企业集团和民营企业集团资本配置效率的影响。同时，我们也采用樊纲等（2011）的市场化进程指数作为外部制度环境的替代变量，来测试外部制度环境对内部资本市场运作效率的影响。

有关国有企业集团的"连锁董事制度"和民营企业集团的"家族控制"的变量定义，具体而言，若国有企业集团成员上市公司的董事长兼任集团董事，则 Locking directorate 变量赋值为1，否则为0；若民营企业集团成员上市公司董事长和集团董事长为同一人，或者成员公司董事长与集团董事长是家属关系，则 Family control 变量赋值为1，否则为0。Market index 为集团总部所在地的市场化进程得分，来自樊纲等（2011）编著的《中国市场化指数：各地区市场化相对进程2011年报告》。模型检验其余所用变量的定义见表4-1。因变量为资源净流入（广义和狭义）；Tobin's Q 为托宾 Q 值，ROA 为总资产回报率；KZ-index 为 KZ 指数；Ultimate parent's control rights 为控制权；Wedge 为两权分离度；CEO ownership 为管理层持股；Institutional ownership 为机构投资者持股；Size 为公司规模；Leverage 为财务杠杆；Collateral 为可抵押品。

第四节　实证检验

一　连锁董事制度影响国有企业集团内部资本市场配置效率的检验

表 5 - 1 列示了假设 1 的检验结果。（1）列显示，在控制其他变量的情况下，连锁董事对资本净流入的影响并不显著。但连锁董事会影响托宾 Q 值和资本净流入的关系。（2）列的交乘项显著为负，这说明连锁董事会显著降低国有企业集团内部资本市场的配置效率。我们进一步在模型中控制了公司的短期业绩 ROA。（4）列的结果表明，交乘项在统计检验上仍然显著。假设 1 得到证实，独立董事制度的设置有助于成员公司游说集团总部，更便利地争取总部资本。以狭义的资本净流入为因变量时，（5）列至（8）列的结果也支持了假设 1，检验结果很稳健。

本书认为，连锁董事制度增强了成员公司的游说能力，带来了国有企业集团内部更多的"寻租"行为，最终毁损了集团内部资本市场配置效率。我们同时用集团总部和成员公司之间地理距离来衡量成员公司的游说能力，一般来说，成员公司离总部越近，越容易影响总部的决策，"寻租"活动会更加频繁，资源配置效率会进一步降低。但本书同时也认为，与此相竞争的假说是：成员公司离总部越近，总部更加了解成员公司项目的真实信息，信息不对称的降低会提高资源配置的效率。这两种假说均可以解释总部和成员公司距离的影响，但哪种假说占主导，可能要取决于实证实验的场景。根据本书的理论分析，国有企业集团的内部资本市场配置效率低下主要是因为成员企业的"寻租"行为所引起的，而与总部的距离越近，无论是游说的动机还是能力都会更强。因此，我们认为，距离变

表5-1　连锁董事影响国有企业集团内部资本市场效率的检验

	Broad net inflow				Narrow net inflow			
	(1)	(2)	(3)	(4)	(5)	(6)	(7)	(8)
Tobin's Q	-0.452***	-0.701***	-0.454***	-0.783***	-0.340***	-0.470***	-0.351***	-0.532***
	(-3.48)	(-4.15)	(-3.26)	(-4.06)	(-4.06)	(-4.31)	(-3.91)	(-4.27)
Locking directorate	0.757	0.800*	0.756	0.785	0.610**	0.632**	0.605*	0.621**
	(1.57)	(1.66)	(1.57)	(1.63)	(1.97)	(2.04)	(1.95)	(2.00)
Tobin's Q × Locking directorate		-0.461**		-0.526**		-0.240*		-0.289**
		(-2.30)		(-2.46)		(-1.86)		(-2.10)
ROA			0.030	0.798			0.181	0.603
			(0.04)	(0.88)			(0.33)	(1.03)
KZ-index	0.504***	0.505***	0.504***	0.509***	0.334***	0.334***	0.335***	0.338***
	(2.62)	(2.62)	(2.61)	(2.65)	(2.69)	(2.69)	(2.69)	(2.72)
Ultimate parent's control rights	2.137*	2.065*	2.135*	2.013*	3.566***	3.529***	3.557***	3.489***
	(1.87)	(1.81)	(1.87)	(1.76)	(4.86)	(4.81)	(4.84)	(4.75)
Wedge	4.627**	4.475**	4.626**	4.406**	0.757	0.677	0.746	0.625
	(2.26)	(2.19)	(2.26)	(2.15)	(0.57)	(0.51)	(0.57)	(0.47)
CEO ownership	0.405	0.374	0.405	0.366	0.117	0.101	0.116	0.095
	(1.13)	(1.04)	(1.13)	(1.02)	(0.51)	(0.44)	(0.50)	(0.41)

续表

	Broad net inflow				Narrow net inflow			
	(1)	(2)	(3)	(4)	(5)	(6)	(7)	(8)
Institutional ownership	-0.006	-0.003	-0.006	-0.003	-0.003	-0.001	-0.003	-0.001
	(-0.79)	(-0.40)	(-0.79)	(-0.33)	(-0.56)	(-0.24)	(-0.56)	(-0.16)
Size	-0.348**	-0.416***	-0.348**	-0.432***	-0.635***	-0.671***	-0.637***	-0.683***
	(-2.30)	(-2.70)	(-2.30)	(-2.79)	(-6.52)	(-6.76)	(-6.52)	(-6.83)
Leverage	0.250	0.205	0.251	0.222	1.157**	1.133**	1.163**	1.146**
	(0.29)	(0.24)	(0.29)	(0.26)	(2.07)	(2.02)	(2.07)	(2.05)
Collateral	2.030**	1.951*	2.032**	1.985**	-0.167	-0.208	-0.157	-0.183
	(2.03)	(1.95)	(2.03)	(1.99)	(-0.26)	(-0.32)	(-0.24)	(-0.28)
Year fixed effects and industry fixed effects	是	是	是	是	是	是	是	是
Constant	-1.260	-1.269	-1.261	-1.284	-0.128	-0.133	-0.132	-0.144
	(-0.83)	(-0.84)	(-0.83)	(-0.85)	(-0.13)	(-0.14)	(-0.13)	(-0.15)
Number of observations	1838	1838	1838	1838	1838	1838	1838	1838
Adjusted R – squared	0.018	0.020	0.017	0.020	0.047	0.048	0.046	0.048
F – statistic	2.174	2.285	2.097	2.235	4.223	4.202	4.079	4.098

注：括弧内为 t 值，＊、＊＊和＊＊＊分别表示在 0.1、0.05 和 0.01 水平上显著。

量在国有企业集团的背景下可能更多地捕捉了成员公司的代理问题，而不是总部和成员公司的信息不对称问题。[①]

参考科瓦尔和莫斯科维茨（Coval and Moskowitz, 1999）的研究，我们计算了国有企业集团总部与成员公司的地理距离。具体的公式如下：

$$D_{x,y} = \arccos\{\cos(la_x)\cos(lo_x)\cos(la_y)\cos(lo_y) + \cos(la_x)\sin(lo_x)\cos(la_y)\sin(lo_y) + \sin(la_x)\sin(la_y)\} 2\pi r/360$$

$$(5-1)$$

在式（5-1）中，D 代表成员公司与总部之间的地理距离（球面距离），la_x 和 lo_x 分别代表成员公司所在地的纬度和经度，la_y 和 lo_y 分别代表集团总部所在地的维度和经度。r 代表地球的半径，r 等于 6378 千米。我们用 Distance 表示 D 的自然对数，Distance = ln(D)。

表 5-2 列示了距离影响资源配置效率的检验结果。在其他条件不变的前提下，距离远近与集团配置给成员公司的资本未发现有显著关系，（1）列的 Distance 变量不显著。但是，我们发现，当成员公司距离集团总部较远时，集团内部资本配置的效率有所上升，该表（2）列的交叉变量显著为正。随着距离的拉长，成员公司游说总部的能力减弱，总部也更有可能根据项目的优劣来决定资本的配置。本书同时控制公司业绩，并没有影响交乘项的显著性水平。（5）列至（8）列的结果表明，在以狭义的资本流入作为因变量的情况下，结果仍然保持稳健。表 5-2 提供的经验结果证实了我们的理论预测：成员公司距总部越远，成员公司的"寻租"活动会因此而减少，从而在客观上提高了集团总部内部资本配置的效率。

二　家族控制影响民营企业集团内部资本市场配置效率的检验

表 5-3 检验了家族雇员对资本配置效率影响的结果。（1）列表明，民营企业集团总部并没有因为成员公司经理人是家族成员而给予更多资源，家族控制变量并不显著。但是，当我们对家族控制和

[①]　或许在民营企业集团中，距离远近更多的是衡量信息不对称的程度，距离越近，内部资本市场的配置效率反而会越高，但这也需要进一步的经验证据支持。

表5-2　成员公司与国有企业集团总部地理距离对资本配置效率的影响

	Broad net inflow				Narrow net inflow			
	(1)	(2)	(3)	(4)	(5)	(6)	(7)	(8)
Tobin's Q	-0.407***	-0.811***	-0.372**	-0.922***	-0.367***	-0.662***	-0.347***	-0.760***
	(-2.92)	(-4.06)	(-2.47)	(-3.78)	(-3.93)	(-4.95)	(-3.43)	(-4.65)
Distance	0.019	0.008	0.018	0.008	-0.031	-0.039	-0.032	-0.039
	(0.19)	(0.08)	(0.18)	(0.08)	(-0.47)	(-0.59)	(-0.48)	(-0.60)
Tobin's Q × Distance	0.102***	0.117***		0.074***	0.087***			
	(2.82)	(2.86)		(3.07)	(3.20)			
ROA			-0.529	0.779			-0.294	0.686
			(-0.60)	(0.79)			(-0.50)	(1.04)
KZ-index	0.592***	0.623***	0.592***	0.628***	0.401***	0.424***	0.401***	0.428***
	(2.67)	(2.81)	(2.67)	(2.83)	(2.70)	(2.85)	(2.70)	(2.88)
Ultimate parent's control rights	2.153	2.034	2.179	1.978	4.155***	4.068***	4.169***	4.018***
	(1.62)	(1.53)	(1.63)	(1.48)	(4.65)	(4.57)	(4.67)	(4.51)
Wedge	8.002***	7.766***	8.049***	7.664***	0.130	-0.042	0.156	-0.133
	(3.41)	(3.32)	(3.43)	(3.27)	(0.08)	(-0.03)	(0.10)	(-0.08)
CEO ownership	-0.202	-0.180	-0.204	-0.173	0.160	0.177	0.159	0.182
	(-0.48)	(-0.43)	(-0.48)	(-0.41)	(0.57)	(0.63)	(0.56)	(0.65)

续表

	Broad net inflow				Narrow net inflow			
	(1)	(2)	(3)	(4)	(5)	(6)	(7)	(8)
Institutional ownership	0.001	0.005	0.001	0.006	-0.002	0.001	-0.002	0.001
	(0.12)	(0.53)	(0.12)	(0.59)	(-0.34)	(0.11)	(-0.34)	(0.19)
Size	-0.104	-0.192	-0.097	-0.214	-0.624***	-0.688***	-0.620***	-0.708***
	(-0.59)	(-1.07)	(-0.55)	(-1.18)	(-5.27)	(-5.74)	(-5.23)	(-5.83)
Leverage	-0.266	-0.362	-0.292	-0.338	0.882	0.812	0.868	0.833
	(-0.29)	(-0.39)	(-0.31)	(-0.36)	(1.42)	(1.31)	(1.39)	(1.34)
Collateral	2.814**	2.686**	2.780**	2.717**	0.073	-0.020	0.054	0.007
	(2.40)	(2.29)	(2.37)	(2.32)	(0.09)	(-0.03)	(0.07)	(0.01)
Year fixed effects and industry fixed effects	是	是	是	是	是	是	是	是
Constant	-1.376	-1.403	-1.374	-1.411	-0.236	-0.256	-0.235	-0.263
	(-0.85)	(-0.87)	(-0.85)	(-0.88)	(-0.22)	(-0.24)	(-0.22)	(-0.24)
Number of observations	1436	1436	1436	1436	1436	1436	1436	1436
Adjusted R-squared	0.019	0.024	0.018	0.023	0.038	0.044	0.038	0.044
F-statistic	1.981	2.195	1.924	2.142	3.051	3.288	2.952	3.215

注：括弧内为 t 值，**和***分别表示在 0.05 和 0.01 水平上显著。

表 5 - 3　　家族雇员对民营企业集团内部资本配置效率的影响

	Broad net inflow				Narrow net inflow			
	(1)	(2)	(3)	(4)	(5)	(6)	(7)	(8)
Tobin's Q	0.531** (2.28)	0.696*** (2.87)	0.381* (1.67)	0.542** (2.27)	0.456*** (2.79)	0.597*** (3.52)	0.310** (2.01)	0.448*** (2.80)
Family control	0.853 (0.68)	0.989 (0.79)	0.679 (0.55)	0.824 (0.68)	0.349 (0.40)	0.466 (0.54)	0.192 (0.23)	0.317 (0.39)
Tobin's Q × Family control		-0.850** (-2.17)		-0.822** (-2.16)		-0.729*** (-2.67)		-0.703*** (-2.75)
ROA			-10.461*** (-4.16)	-10.361*** (-4.15)			-10.165*** (-5.98)	-10.080*** (-6.01)
KZ - index	-1.412** (-2.02)	-1.308* (-1.88)	-1.172* (-1.71)	-1.082 (-1.59)	-0.936* (-1.91)	-0.847* (-1.75)	-0.711 (-1.54)	-0.634 (-1.39)
Ultimate parent's control rights	0.114 (0.03)	1.007 (0.28)	0.068 (0.02)	0.920 (0.27)	-0.675 (-0.27)	0.091 (0.04)	-0.733 (-0.31)	-0.005 (-0.00)
Wedge	12.839** (2.07)	13.235** (2.15)	13.279** (2.20)	13.612** (2.27)	5.539 (1.27)	5.878 (1.37)	5.916 (1.45)	6.201 (1.54)
CEO ownership	-0.013 (-0.01)	0.075 (0.07)	0.033 (0.03)	0.113 (0.11)	0.659 (0.87)	0.735 (0.98)	0.699 (0.99)	0.767 (1.10)

续表

	Broad net inflow				Narrow net inflow			
	(1)	(2)	(3)	(4)	(5)	(6)	(7)	(8)
Institutional ownership	-0.013	-0.016	-0.024	-0.027	-0.007	-0.010	-0.018	-0.020
	(-0.43)	(-0.55)	(-0.81)	(-0.93)	(-0.34)	(-0.48)	(-0.89)	(-1.05)
Size	-0.135	-0.124	-0.212	-0.198	-0.115	-0.106	-0.187	-0.175
	(-0.25)	(-0.23)	(-0.40)	(-0.38)	(-0.30)	(-0.28)	(-0.52)	(-0.50)
Leverage	0.623	0.200	0.649	0.261	0.323	-0.040	0.372	0.040
	(0.25)	(0.08)	(0.26)	(0.11)	(0.18)	(-0.02)	(0.22)	(0.02)
Collateral	3.183	2.689	-0.032	-0.466	6.004***	5.581***	2.894	2.523
	(1.16)	(0.99)	(-0.01)	(-0.17)	(3.13)	(2.94)	(1.55)	(1.37)
Year fixed effects and industry fixed effects	是	是	是	是	是	是	是	是
Constant	2.452	1.877	1.403	0.859	1.568	1.075	0.551	0.086
	(0.69)	(0.53)	(0.41)	(0.25)	(0.63)	(0.44)	(0.24)	(0.04)
Number of observations	260	260	259	259	260	260	259	259
Adjusted R - squared	0.102	0.116	0.161	0.174	0.061	0.086	0.184	0.207
F - statistic	2.051	2.174	2.709	2.817	1.606	1.836	3.010	3.246

注：括弧内为 t 值，*、**和***分别表示在 0.1、0.05 和 0.01 水平上显著。

聘用职业经理人两类代理人比较时发现，家族控制的民营企业集团内部资本市场效率相对更低，（2）列的交乘项显著为负。在控制公司短期业绩影响后，交叉项仍是显著的。假设 2.2 得到支持，聘用职业经理人的民营企业集团的内部资本配置效率更高。假设 2.1 没有得到支持。该表的（5）列至（8）列显示，若资本净流入采用狭义的定义衡量，结果仍然保持稳健。

三　制度环境影响企业集团内部资本配置效率的检验

表 5 - 4 列示了制度环境对企业集团内部资本配置效率影响的检验。检验发现，集团总部所在地的市场化进程会影响到集团总部资本配置效率，地区市场化进程越快，集团总部的资本配置效率越高，但仅仅是对民营企业集团而言，（4）列的交乘项显著为正。同时，在控制公司短期业绩后，交乘项的显著性仍然存在，见（8）列。这说明，地区市场化程度的提高，有助于民营企业集团提高内部资本市场的配置效率，但并未对国有企业集团有所影响。我们在表 5 - 5 中采用狭义的资本净流入作为集团资本配置的衡量，结果基本类似。假设 3.1 得到部分支持，而假设 3.2 未得到相关实证证据支持。

表 5 - 4 和表 5 - 5 的检验结果表明，市场化程度的提高有助于民营企业集团增进内部资本市场配置效率。有关国有企业集团的检验中并没有发现这种"效率增进"现象。市场化程度越高，外部监督越强，那么，集团总部的代理问题降低，资本配置更有效率。但同时，市场程度越高，集团的外部融资约束也更宽松，这无疑也会影响到资本的配置效率，考虑到内部资本市场和外部资本市场是替代或者互补的关系，可能会对资本配置效率有不同的影响（见图 5 - 2）。因为更好的投资者保护（外部治理机制）和金融业之间的竞争（外部融资环境）是紧密相关的（La Porta et al.，1998）。本书认为，仅仅用市场化程度指数可能无法把基于代理问题的解释和基于融资约束的解释相区分。

考虑到"市场化指数"包含多个维度，为了区分治理机制和融资约束的影响，本书选用了两个可能分别与公司治理和融资约束相关的替代变量："中介组织发育和法律指数"（Law index）和"金融

表5-4　外部制度环境对内部资本市场配置效率的影响：因变量为广义资本净流入

	SOE		Private		SOE		Private	
	(1)	(2)	(3)	(4)	(5)	(6)	(7)	(8)
Tobin's Q	-0.445***	-1.320	0.507**	-2.890	-0.451***	-1.313	0.354	-2.470
	(-3.44)	(-0.83)	(2.24)	(-1.63)	(-3.25)	(-0.82)	(1.60)	(-1.43)
Market index	0.081	0.083	0.354	0.331	0.081	0.083	0.438	0.416
	(0.47)	(0.49)	(1.07)	(1.00)	(0.47)	(0.49)	(1.36)	(1.30)
Tobin's Q × Market index		0.091		0.332*		0.091		0.276*
		(0.55)		(1.93)		(0.54)		(1.65)
ROA					0.098	0.029	-10.654***	-10.323***
					(0.12)	(0.03)	(-4.32)	(-4.19)
KZ-index	0.469**	0.462**	-1.168*	-0.987	0.470**	0.462**	-0.939	-0.791
	(2.49)	(2.44)	(-1.79)	(-1.50)	(2.49)	(2.44)	(-1.47)	(-1.23)
Ultimate parent's control rights	2.321**	2.312**	-0.029	-0.081	2.315**	2.311**	-0.128	-0.159
	(2.08)	(2.07)	(-0.01)	(-0.02)	(2.07)	(2.06)	(-0.04)	(-0.05)
Wedge	4.354**	4.379**	13.331**	14.060**	4.348**	4.377**	13.738**	14.361**
	(2.15)	(2.16)	(2.19)	(2.32)	(2.15)	(2.16)	(2.33)	(2.44)
CEO ownership	0.418	0.415	0.007	-0.257	0.417	0.415	0.071	-0.147
	(1.17)	(1.16)	(0.01)	(-0.24)	(1.17)	(1.16)	(0.07)	(-0.14)

续表

	SOE		Private		SOE		Private	
	(1)	(2)	(3)	(4)	(5)	(6)	(7)	(8)
Institutional ownership	-0.007	-0.007	-0.011	-0.009	-0.007	-0.007	-0.021	-0.019
	(-0.88)	(-0.88)	(-0.37)	(-0.30)	(-0.87)	(-0.88)	(-0.73)	(-0.65)
Size	-0.289**	-0.284*	0.024	0.017	-0.290**	-0.284*	-0.090	-0.096
	(-1.98)	(-1.95)	(0.05)	(0.04)	(-1.99)	(-1.94)	(-0.20)	(-0.22)
Leverage	0.335	0.360	0.145	-0.159	0.338	0.361	0.251	-0.017
	(0.39)	(0.42)	(0.06)	(-0.07)	(0.39)	(0.42)	(0.11)	(-0.01)
Collateral	2.014**	2.002**	3.314	3.395	2.020**	2.004**	0.173	0.331
	(2.04)	(2.02)	(1.27)	(1.31)	(2.04)	(2.02)	(0.07)	(0.13)
Year fixed effects and industry fixed effects	是	是	是	是	是	是	是	是
Constant	-1.821	-1.845	-0.012	-0.122	-1.824	-1.846	-1.633	-1.673
	(-0.84)	(-0.85)	(-0.00)	(-0.03)	(-0.84)	(-0.85)	(-0.40)	(-0.41)
Number of observations	1854	1854	268	268	1854	1854	267	267
Adjusted R – squared	0.017	0.016	0.106	0.116	0.016	0.016	0.167	0.173
F – statistic	2.132	2.068	2.130	2.208	2.058	1.998	2.843	2.859

注: 括弧内为 t 值, *、**和***分别表示在 0.1、0.05 和 0.01 水平上显著。

表 5 - 5　外部制度环境对内部资本市场配置效率的影响：因变量为狭义资本净流入

	SOE		Private		SOE		Private	
	(1)	(2)	(3)	(4)	(5)	(6)	(7)	(8)
Tobin's Q	-0.329***	-0.449	0.436***	-2.430*	-0.343***	-0.400	0.289*	-2.008*
	(-3.95)	(-0.44)	(2.76)	(-1.97)	(-3.84)	(-0.39)	(1.94)	(-1.74)
Market index	-0.063	-0.062	0.407*	0.388*	-0.062	-0.062	0.490**	0.472**
	(-0.57)	(-0.57)	(1.76)	(1.69)	(-0.57)	(-0.57)	(2.27)	(2.20)
Tobin's Q × Market index		0.013		0.280**		0.006		0.225**
		(0.12)		(2.34)		(0.06)		(2.00)
ROA					0.232	0.227	-10.333***	-10.064***
					(0.42)	(0.41)	(-6.23)	(-6.09)
KZ - index	0.301**	0.300**	-0.794*	-0.641	0.302**	0.302**	-0.581	-0.461
	(2.48)	(2.47)	(-1.74)	(-1.40)	(2.49)	(2.48)	(-1.36)	(-1.07)
Ultimate parent's control rights	3.701***	3.700***	-0.856	-0.900	3.687***	3.687***	-0.972	-0.997
	(5.14)	(5.14)	(-0.35)	(-0.37)	(5.12)	(5.12)	(-0.43)	(-0.44)
Wedge	0.690	0.693	5.899	6.514	0.677	0.679	6.228	6.735*
	(0.53)	(0.53)	(1.39)	(1.54)	(0.52)	(0.52)	(1.57)	(1.71)
CEO ownership	0.131	0.131	0.720	0.497	0.130	0.130	0.773	0.596
	(0.57)	(0.57)	(0.98)	(0.67)	(0.56)	(0.56)	(1.12)	(0.86)

续表

	SOE		Private		SOE		Private	
	(1)	(2)	(3)	(4)	(5)	(6)	(7)	(8)
Institutional ownership	-0.003	-0.003	-0.004	-0.002	-0.003	-0.003	-0.014	-0.012
	(-0.63)	(-0.63)	(-0.20)	(-0.11)	(-0.62)	(-0.62)	(-0.73)	(-0.64)
Size	-0.584***	-0.583***	-0.064	-0.070	-0.586***	-0.586***	-0.166	-0.171
	(-6.24)	(-6.22)	(-0.20)	(-0.22)	(-6.25)	(-6.23)	(-0.56)	(-0.57)
Leverage	1.222**	1.225**	0.231	-0.025	1.229**	1.230**	0.361	0.143
	(2.21)	(2.21)	(0.14)	(-0.02)	(2.22)	(2.22)	(0.23)	(0.09)
Collateral	-0.226	-0.227	6.101***	6.169***	-0.212	-0.213	3.071*	3.200*
	(-0.35)	(-0.36)	(3.35)	(3.42)	(-0.33)	(-0.33)	(1.74)	(1.83)
Year fixed effects and industry fixed effects	是	是	是	是	是	是	是	是
Constant	0.403	0.399	-1.201	-1.294	0.397	0.396	-2.775	-2.808
	(0.29)	(0.29)	(-0.41)	(-0.45)	(0.28)	(0.28)	(-1.02)	(-1.03)
Number of observations	1854	1854	268	268	1854	1854	267	267
Adjusted R – squared	0.045	0.044	0.080	0.097	0.044	0.044	0.205	0.215
F – statistic	4.109	3.966	1.825	1.984	3.972	3.838	3.372	3.435

注：括弧内为 t 值，*、** 和 *** 分别表示在 0.1、0.05 和 0.01 水平上显著。

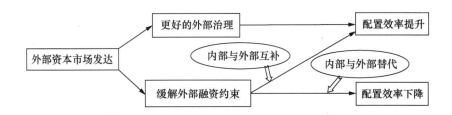

图5-2 外部资本市场影响内部资本市场配置效率的机制

市场化程度指数"（Financial index）。这两个指数均来自樊纲等（2011）编著的《中国市场化指数：各地区市场化相对进程2011年报告》。我们根据集团总部所在地的 Law index 的中位数，把样本分为两组：Law index 较高组以及 Law index 较低组。我们同时根据 Financial index 的中位数设置了哑变量 High financial index，若集团总部所在地的金融市场化程度指数高于中位数，则赋值为1，否则为0。

表5-6列示了有关 Law index 较高组的检验，在控制了外部治理因素后，我们发现，地区金融市场化程度的提高降低了国有企业集团的内部资本配置效率，而提高了民营企业的配置效率。（1）列和（2）列的交乘项分别显著为负和为正。在控制了公司业绩后，结果仍然存在。我们同时利用狭义的资本净流入作为因变量进行了检验，只发现了金融市场化竞争度会增进民营企业集团的配置效率，见（6）列和（8）列。表5-7为有关 Law index 较低组的检验结果，只发现了当因变量用狭义的资本净流入衡量时，金融市场化水平会提升民营企业集团内部资本市场的配置效率。综上所述，当集团总部所在地的外部治理环境较好时，金融市场化程度的提高会增进民营企业集团的内部资本配置效率，这也支持了假设3.1。

当面临外部冲击，企业集团内部资本市场配置效率是否会受到影响呢？本书也采用了事件研究法，以2008年全球金融危机为观察事件。金融危机使中国外部的融资环境趋紧。为了应对危机，中国政府在2008年11月推出四万亿元经济刺激方案，这四万亿人民币投资于特定行业，如基础设施和生态环境。本书检验危机前后国有企业集团和民营企业集团资本配置效率的差异。

金融危机给企业集团外部融资带来巨大的影响，表5-8的检验

表 5 - 6　　有关 Law index 较高组的检验结果

	Broad net inflow				Narrow net inflow			
	SOE	Private	SOE	Private	SOE	Private	SOE	Private
	(1)	(2)	(3)	(4)	(5)	(6)	(7)	(8)
Tobin's Q	-0.297	-0.398	-0.445*	-0.506	-0.253*	-0.340	-0.320*	-0.443
	(-1.48)	(-0.78)	(-1.77)	(-1.08)	(-1.92)	(-0.83)	(-1.94)	(-1.31)
High financial index	0.014	-1.837	0.034	0.047	-0.314	-1.178	-0.304	0.780
	(0.02)	(-0.41)	(0.05)	(0.01)	(-0.72)	(-0.33)	(-0.70)	(0.27)
Tobin's Q × High financial index	-0.930**	1.211**	-0.818*	1.068**	-0.153	1.001**	-0.102	0.843**
	(-2.17)	(2.32)	(-1.85)	(2.25)	(-0.55)	(2.41)	(-0.35)	(2.44)
ROA			0.931	-14.050***			0.424	-14.732***
			(0.97)	(-4.95)			(0.68)	(-7.15)
KZ - index	-0.172	-1.075	-0.157	-1.058	-0.096	-0.328	-0.089	-0.342
	(-0.71)	(-1.08)	(-0.64)	(-1.16)	(-0.60)	(-0.41)	(-0.56)	(-0.52)
Ultimate parent's control rights	4.959***	0.268	4.869***	2.717	4.627***	-3.518	4.586***	-0.969
	(3.41)	(0.05)	(3.35)	(0.53)	(4.87)	(-0.78)	(4.82)	(-0.26)
Wedge	0.850	6.132	0.746	3.773	-0.174	3.740	-0.221	1.057
	(0.35)	(0.57)	(0.30)	(0.38)	(-0.11)	(0.44)	(-0.14)	(0.15)

续表

	Broad net inflow				Narrow net inflow			
	SOE	Private	SOE	Private	SOE	Private	SOE	Private
	(1)	(2)	(3)	(4)	(5)	(6)	(7)	(8)
CEO ownership	-0.088	-2.769*	-0.098	-2.640*	-0.257	-0.912	-0.262	-0.798
	(-0.19)	(-1.83)	(-0.22)	(-1.91)	(-0.87)	(-0.75)	(-0.89)	(-0.80)
Institutional ownership	-0.008	0.014	-0.008	0.025	-0.005	0.028	-0.004	0.039
	(-0.90)	(0.35)	(-0.80)	(0.70)	(-0.77)	(0.88)	(-0.70)	(1.49)
Size	-0.394**	-0.122	-0.410**	-0.853	-0.509***	-0.087	-0.517***	-0.843*
	(-2.16)	(-0.19)	(-2.24)	(-1.42)	(-4.27)	(-0.17)	(-4.31)	(-1.94)
Leverage	6.089***	-2.459	5.949***	4.934	5.553***	-0.763	5.489***	7.107**
	(4.18)	(-0.53)	(4.06)	(1.10)	(5.83)	(-0.21)	(5.73)	(2.17)
Collateral	2.718**	2.922	2.844**	-3.987	-0.275	6.543**	-0.218	-0.647
	(2.16)	(0.71)	(2.24)	(-1.00)	(-0.33)	(1.99)	(-0.26)	(-0.22)
Year fixed effects and industry fixed effects	是	是	是	是	是	是	是	是
Constant	0.980	2.793	0.942	-0.844	0.930	3.987	0.913	-0.758
	(0.46)	(0.45)	(0.44)	(-0.15)	(0.66)	(0.80)	(0.65)	(-0.19)
Number of observations	930	130	930	129	930	130	930	129
Adjusted R - squared	0.044	0.077	0.044	0.247	0.080	0.061	0.080	0.365
F - statistic	2.570	1.451	2.512	2.678	4.005	1.348	3.876	3.947

注：括弧内为 t 值。*、**和***分别表示在 0.1、0.05 和 0.01 水平上显著。

表 5 - 7　有关 Law index 较低组的检验结果

	Broad net inflow				Narrow net inflow			
	SOE	Private	SOE	Private	SOE	Private	SOE	Private
	(1)	(2)	(3)	(4)	(5)	(6)	(7)	(8)
Tobin's Q	-0.399**	-0.958	-0.365*	-1.057	-0.328***	-0.718	-0.346***	-0.752
	(-2.18)	(-1.08)	(-1.96)	(-1.18)	(-2.83)	(-1.33)	(-2.94)	(-1.38)
High financial index	-1.255	1.039	-1.248	1.091	-1.061	1.615	-1.065	1.633
	(-1.19)	(0.55)	(-1.18)	(0.57)	(-1.59)	(1.40)	(-1.60)	(1.41)
Tobin's Q × High financial index	-0.585	2.747	-0.539	2.782	-0.268	1.905*	-0.294	1.917*
	(-1.10)	(1.62)	(-1.01)	(1.64)	(-0.80)	(1.85)	(-0.87)	(1.86)
ROA			-3.009	8.420			1.697	2.951
			(-0.94)	(0.87)			(0.84)	(0.50)
KZ - index	0.872***	-0.427	0.773**	-0.230	0.534***	-0.564	0.590***	-0.495
	(2.83)	(-0.42)	(2.38)	(-0.22)	(2.74)	(-0.91)	(2.87)	(-0.77)
Ultimate parent's control rights	-0.675	1.461	-0.594	2.397	2.544**	2.773	2.499**	3.101
	(-0.40)	(0.25)	(-0.35)	(0.41)	(2.36)	(0.79)	(2.32)	(0.87)
Wedge	8.818***	15.657*	8.891***	15.736*	1.799	5.325	1.757	5.353
	(2.65)	(1.88)	(2.67)	(1.89)	(0.85)	(1.05)	(0.83)	(1.05)

续表

	Broad net inflow				Narrow net inflow			
	SOE	Private	SOE	Private	SOE	Private	SOE	Private
	(1)	(2)	(3)	(4)	(5)	(6)	(7)	(8)
CEO ownership	1.147**	1.742	1.161**	1.809	0.711**	1.594	0.703**	1.617
	(2.04)	(1.05)	(2.06)	(1.09)	(2.00)	(1.58)	(1.97)	(1.59)
Institutional ownership	0.011	-0.082	0.011	-0.077	0.009	-0.040	0.009	-0.039
	(0.76)	(-1.62)	(0.76)	(-1.51)	(0.95)	(-1.31)	(0.95)	(-1.24)
Size	-0.630**	0.324	-0.602**	0.263	-0.992***	-0.206	-1.008***	-0.227
	(-2.50)	(0.37)	(-2.37)	(0.30)	(-6.22)	(-0.39)	(-6.28)	(-0.43)
Leverage	-2.331**	-1.002	-2.297*	-0.538	-0.705	-0.809	-0.724	-0.646
	(-1.98)	(-0.31)	(-1.95)	(-0.16)	(-0.95)	(-0.41)	(-0.97)	(-0.32)
Collateral	1.992	0.794	2.026	1.097	0.089	5.557**	0.070	5.663**
	(1.27)	(0.18)	(1.29)	(0.25)	(0.09)	(2.13)	(0.07)	(2.16)
Year fixed effects and industry fixed effects	是	是	是	是	是	是	是	是
Constant	-2.275	1.521	-2.224	1.196	-1.093	0.154	-1.122	0.040
	(-1.05)	(0.37)	(-1.03)	(0.29)	(-0.80)	(0.06)	(-0.82)	(0.02)
Number of observations	933	138	933	138	933	138	933	138
Adjusted R - squared	0.022	0.147	0.021	0.145	0.048	0.106	0.048	0.099
F - statistic	1.710	1.841	1.682	1.800	2.631	1.577	2.566	1.521

注: 括弧内为 t 值。 * 、 * * 和 * * * 分别表示在 0.1、 0.05 和 0.01 水平上显著。

表5-8

金融危机前后内部资本市场配置效率的检验

	Broad net inflow				Narrow net inflow			
	SOE sample		Private sample		SOE sample		Private sample	
	Pre_crisis	Post_crisis	Pre_crisis	Post_crisis	Pre_crisis	Post_crisis	Pre_crisis	Post_crisis
	(1)	(2)	(3)	(4)	(5)	(6)	(7)	(8)
Tobin's Q	-0.202	-0.643***	-3.434	0.579***	-0.213*	-0.418***	-3.098	0.477***
	(-1.09)	(-3.51)	(-0.96)	(2.63)	(-1.80)	(-3.50)	(-1.48)	(2.66)
KZ-index	0.714**	-0.004	-0.371	-1.401**	0.281	0.112	-0.539	-0.967*
	(2.08)	(-0.02)	(-0.25)	(-2.00)	(1.28)	(0.72)	(-0.62)	(-1.69)
Ultimate parent's control rights	-2.261	4.750***	2.290	-4.377	1.320	4.767***	3.457	-2.906
	(-1.20)	(3.48)	(0.33)	(-1.12)	(1.10)	(5.35)	(0.85)	(-0.91)
Wedge	7.120**	1.825	8.273	11.835*	1.411	-0.117	0.430	7.286
	(2.07)	(0.75)	(0.73)	(1.75)	(0.64)	(-0.07)	(0.06)	(1.32)
CEO ownership	1.711***	-0.328	-0.593	-0.621	1.400***	-0.633**	1.816	-0.423
	(2.84)	(-0.75)	(-0.31)	(-0.50)	(3.65)	(-2.23)	(1.63)	(-0.42)
Institutional ownership	0.018	-0.005	-0.126	0.021	0.006	-0.003	-0.027	0.006
	(0.91)	(-0.63)	(-1.47)	(0.71)	(0.51)	(-0.47)	(-0.53)	(0.24)

续表

	Broad net inflow				Narrow net inflow			
	SOE sample		Private sample		SOE sample		Private sample	
	Pre_crisis	Post_crisis	Pre_crisis	Post_crisis	Pre_crisis	Post_crisis	Pre_crisis	Post_crisis
	(1)	(2)	(3)	(4)	(5)	(6)	(7)	(8)
Size	-0.119	-0.656***	-0.571	0.319	-0.636***	-0.693***	-0.210	-0.056
	(-0.43)	(-3.83)	(-0.51)	(0.62)	(-3.63)	(-6.20)	(-0.32)	(-0.13)
Leverage	-2.816**	6.272***	-4.851	1.142	-0.138	4.194***	-4.539	0.974
	(-2.29)	(4.55)	(-0.69)	(0.49)	(-0.18)	(4.66)	(-1.10)	(0.51)
Collateral	3.845**	1.169	3.951	1.317	-0.126	-0.201	9.151***	5.324**
	(2.22)	(0.99)	(0.75)	(0.45)	(-0.11)	(-0.26)	(2.97)	(2.26)
Year fixed effects and industry fixed effects	是	是	是	是	是	是	是	是
Constant	-3.485*	2.031	2.683	5.914**	-1.734	0.860	2.766	2.558
	(-1.66)	(1.42)	(0.70)	(2.03)	(-1.30)	(0.92)	(1.23)	(1.08)
Number of observations	717	1146	107	161	717	1146	107	161
Adjusted R – squared	0.020	0.070	0.202	0.051	0.027	0.094	0.192	0.027
F – statistic	1.729	5.283	2.580	1.432	1.982	6.925	2.481	1.218

注：括弧内为 t 值．*、**和***分别表示在 0.1、0.05 和 0.01 水平上显著。

结果显示，民营企业集团在金融危机之后的资源配置效率更加有效，但是，国有企业集团的配置效率反而更加恶化了。一个可能的解释是中央推出的四万亿元经济刺激计划受益的基本上是国有企业，所以，即便在金融危机的大环境下，国有企业的外部融资可能并没有受到太多影响，甚至有可能会获得更多的外部资源。相比之下，民营企业实实在在地受到了金融危机的冲击，会更加注重内部资本市场的资源配置。

第五节　小结

内部资本市场资本配置在国有企业集团和民营企业集团有着截然相反的表现，国有企业集团的资本配置趋于无效，而民营企业集团的资本配置有着较高效率。本章进一步研究了到底是哪些因素导致了这些差异，结果显示，在国有企业集团中，配置效率最低效的那些集团总部和成员上市公司之间有着连锁董事的公司。同时，成员公司距集团总部越远，"寻租"活动越少，这会提高国有企业集团的资本配置效率。就民营企业集团而言，实行家族雇员机制的集团的资本配置效率显著小于聘用职业经理人的集团。

此外，总部设立在较发达地区的企业集团比那些处于欠发达地区的企业集团拥有更高的内部资本市场配置效率，但这种效率增进仅在民营企业集团中发现。发达地区往往使人联想到更有效率，企业会更多地从事以市场机制为基础的活动而不是浪费性的"寻租"活动。与此同时，这些区域往往由于金融竞争而使得外部融资成本较低。因为发达的市场既能够提供完善的外部治理机制，同时也会缓解公司的融资约束。为了区分这两种机制对国有企业集团和民营企业集团的影响，本书按集团总部所在地的外部治理指数（中介组织发育和法律指数）的中位数，把所有样本分为高外部治理组和低外部治理组，然后看金融竞争对集团资本配置效率的影响。研究发现，在高外部治理组，金融竞争越强，国有企业集团的资本配置效率越差，民营企业集团的资本效率越好；在低外部治理组，金融竞争越强，国有企业集团的资本配置效率没有显著变化，而民营企业集团的资本配置效率会变好。此前的研究表明，国有企业既和经典的代理问题有关，也和预算软约束有关（Lin and Tan，1999）。代理问题可能导致集团总部较差的项目选择，更容易获得外部融资的国有企业集团，对 ICM 有效率地运行可能没有那么多的需要。

我们对外部融资约束与内部资本市场效率之间的关系增加了新的见解。假定由于外部市场的不完善导致了内部资本市场的发展（La Porta et al.，1997），以及在某种程度上企业集团面临外部资本市场的摩擦对于内部资本分配有着一定的影响。那么，在融资约束条件下，我们希望企业集团更有效地使用其内部资本市场来保证其较高增长的投资项目的预算。这里的一个问题是一个公司所面对的融资约束的严重性在某种程度上与其投资政策具有一定的内在关系。例如，低效的内部资本分配可能导致更高的外部融资成本。为了解决这个问题我们使用了一个外生的外部冲击，即 2008 年的全球金融危机，企业的融资约束收紧，测试了外部融资环境的变化对内部资本市场的效率的影响，结果发现，在面临外部冲击时，民营企业会迅速提升资本配置效率来应对危机，而国有企业则缺乏调整应变能力，内部资本市场的资本配置效率恶化。和我们较为接近的一篇文献是 Hovakimian（2011），她发现，在经济衰退期间，美国企业集团通过提高高托宾 Q 值相对于低托宾 Q 值的资金分配来提高内部资本市场的效率。

第六章　企业集团内部资本配置的经济后果：对集团成员公司的影响

　　第五章分别从成员公司的"寻租"行为以及家族控制角度研究对国有企业集团和民营企业集团内部资本市场资本配置效率的影响。研究发现，"寻租"行为很好地解释了国有企业集团资本配置的低效：当在国有企业集团内部设立连锁董事制度时，以及成员公司距离集团总部越近时，成员公司的游说能力更强，资本更可能被错配，企业集团内部资本市场运作效率低下。而在民营企业集团，也发现了聘用家族雇员会显著地降低企业集团内部资本市场配置效率。第五章的研究结论进一步地剖析了第四章的研究发现，即什么因素导致了国有企业集团内部资本配置的无效率，又是什么因素提升了民营企业内部资本配置的高效率。延续前两章的讨论，政府积极地通过各种政策和优惠待遇推动企业集团的组建与发展，那么，国有企业集团内部资本配置的经济后果如何，能增进投资效率吗？相比之下，民营企业因所有权歧视而外部融资困难，更有动机利用内部资本来优化配置，内部资本市场能够缓解融资约束吗？这些问题值得关注。

　　从研究逻辑上看，第五章主要讨论解释"国有企业集团内部资本配置的低效率"和"民营企业集团的高效率"的影响因素，本章的核心则是对企业集团内部资本配置经济后果的讨论，将从缓解融资约束、公司价值和投资效率三个角度出发。

第一节　研究问题的提出

　　新兴市场国家的外部建设仍不完善，企业集团内部资本市场成为欠发达的外部资本市场有效的替代机制。出于优化资源配置和防范金融风险的考量，我国政府积极倡导和推进企业集团的发展。到底内部资本市场的作用如何？现有研究发现，企业集团内部资本市场能够缓解成员企业的融资约束（Stulz，1990）。Lewellen（1971）提出，在不稳定的市场环境中，集团成员企业之间现金流互补行为具备共同保险功能，可以提高企业整体对外负债融资能力。有关日本和比利时的研究也发现，企业集团的融资约束相比独立企业更小（Hoshi，Kashyap and Scharfstein，1991；Deloof，1998）。企业集团有助于提升企业价值，促进一国整体经济运行效率（Fisman and Khanna，1998）。但是，也有证据显示，虽然集团企业有助于缓解融资约束，但却可能导致过度投资，进而损害投资效率（Shin and Park，1999）。同时，集团隶属关系可能也会削弱公司治理的有效性（Joh，2003），导致高管追求盈利的平稳和预算约束的软化，从而损害公司价值（Ferris，Kim and Kitsabunnarat，2003）。

　　上述正反两方面的证据使我们对企业集团作用的认识依旧模糊，而对于处于转轨和市场经济中的中国企业集团作用仍显匮乏。基斯特（1998）发现，中国企业集团内部的连锁董事制度会提高成员企业的财务业绩和生产效率。李增泉等（2004）发现，控股股东占用了附属于企业集团的资金，"掏空行为"毁损了企业价值。邵军和刘志远（2008）认为，国有企业集团能够缓解成员公司的融资约束，而民营企业集团的融资约束却未得到缓解。那么，到底我国企业集团起到什么作用，其内部资本市场能缓解融资约束吗？是否能增强投资效率并进一步提升企业价值？不同所有权性质的企业集团内部资本市场的作用是否有差异？关于这些问题的研究，可以更清楚地理解企业集团内部资本市场资源配置行为，并进一步丰富和完善企业集团内部资本市场相关理论。

第二节　理论分析和研究假设

在外部资本市场不发达、存在信息不对称和代理的情况下，企业集团内部资本市场对缓解融资约束和提升配置效率具有积极的影响。内部资本市场能够减少外部资本市场交易的成本和潜在风险，使成员公司的项目能以较低成本进行融资。各成员公司资金形成资金池（cash pool），而集团总部拥有资金调配的最终权利，因此可以把资金配置给融资约束更紧的成员公司，从而缓解该成员公司的融资约束。Hoshi、Kashyap 与 Scharfstein（1991）发现，集团控制公司的投资行为相比独立公司受到更小的融资约束。Shin 和 Park（1999）的研究也表明集团公司面临的融资约束不显著。通过集团内部有效的资本市场可以缓解"优胜者"公司的融资约束，进而提高整个企业集团的价值（Billett and Mauer, 2003; Khanna and Yafeh, 2005）。企业集团内部资本市场的规模与融资约束缓解能力紧密相关。

在产权性质附属于企业集团内部资本市场缓解成员公司融资约束影响下，如果上市公司的最终控制人为家族，则企业集团缓解融资约束的动机应该更强。这是因为，政府一直极力推动国有企业集团的发展，并提供了诸多政策优惠。国有企业集团拥有更加通畅的外部融资渠道，如优先的权益融资等。国有企业集团有着较少的动机通过企业集团内部资本市场来优化资源配置来缓解融资约束。即便在处于财务困境时，因为"预算软约束"的问题，政府也会通过其控制的国有银行向国有企业集团提供更多的借款，相对而言，国有企业的外部资金更加宽裕。随着经济的发展，一些民企也通过并购和设立子公司的方式成立企业集团，如通过买"壳"方式。这些民营企业集团的成立，既是市场对制度缺失替代的结果，也是对政府管制的防御性安排（陈信元和黄俊，2007）。但资金不足、融资渠道不畅一直是制约民营企业集团发展的"瓶颈"。普遍存在的政府管制导致了资源配置的失效,由此提高了市场交易的成本和不确定性。较差的外部环境也使得民营企业集团更有动机利用内部资本市场优化资本配置,从而缓解成员公司的融资约束。

基于上述原因,本书提出如下理论预测:与国有企业集团相比,民营企业集团内部资本市场缓解成员公司融资约束动机更强。

第三节　实证检验

一　企业集团内部资本市场配置影响融资约束的检验

为验证本书的理论预期,我们采用了两种研究方法来考察企业集团内部资本市场配置对融资约束的影响:

(一)投资与现金流敏感性法

具体模型设定如下:

$$Investment = \alpha_0 + \alpha_1 ICM + \alpha_2 Cash\ flow + \alpha_3 ICM \times Cash\ flow$$
$$+ Tobin's\ Q + \varepsilon \qquad\qquad (6-1)$$

在式(6-1)中,$Investment$ 为公司资本投资,ICM 为内部资本市场规模,具体的计算公式为:ICM_Broad = (应付账款 + 应付票据 + 预收账款 + 其他应付款) + (应收账款 + 应收票据 + 预付账款 + 其他应收款),经总资产调整;ICM_Narrow = 其他应付款 + 其他应收款,经总资产调整。$Cash\ flow$ 衡量了公司经营性现金流,$Tobin's\ Q$ 为公司托宾 Q 值。如果用产权性质再和 $ICM \times Cash\ flow$ 进行交乘,那么 VIF 太大,所以,本书进行了分样本检验。

(二)现金和现金流敏感性分析法

借鉴 Almeida、Campello 和 Weisbach (2004) 的研究,构造了如下模型:

$$\Delta Cash = \beta_0 + \beta_1 ICM + \beta_2 Cash\ flow + \beta_3 ICM \times Cash\ flow +$$
$$\beta_4 Expenditures + \beta_5 \Delta STD + \beta_6 Size + \beta_7 Tobin's\ Q + \varepsilon$$

$$(6-2)$$

式（6-2）中，$\Delta Cash$ 为现金持有的增加，*Expenditures* 为公司的资本支出，ΔSTD 表示短期负债增加，*Size* 为公司规模。其余变量同式（6-1）中定义。*ICM* 为企业集团内部资本市场规模，*Cash flow* 为经营性现金流，*Tobin's Q* 为公司托宾 Q 值。

表6-1和表6-2分别为相关变量的描述性统计和相关性系数表。表6-1报告了变量的上三分位数（Q1）、中位数（Median）、下三分位数（Q3）、均值（Mean）以及标准差（s.d.）。表6-2为变量的斯皮尔曼相关性系数。

表 6-1　　　　融资约束影响因素检验的描述性统计

变量名	Q1	中位数	Q3	均值	标准差
ICM_Broad	0.005	0.025	0.072	0.063	0.099
ICM_Narrow	0.000	0.004	0.022	0.031	0.073
Investment	-0.056	0.050	0.250	0.453	4.084
Cashflow	0.010	0.056	0.111	0.087	0.675
Tobin's Q	1.034	1.254	1.778	1.665	1.816
ΔCash	-0.027	0.008	0.056	0.085	1.510
Expenditures	0.015	0.041	0.097	0.081	0.236
ΔSTD	-0.029	0.000	0.043	0.016	0.183
Size	20.960	21.730	22.660	21.940	1.559

表 6-2　　　　融资约束影响因素检验的相关性系数

	1	2	3	4	5	6	7	8	9
ICM_Broad	1.000								
ICM_Narrow	0.681 (0.000)	1.000							
Investment	-0.121 (0.000)	-0.153 (0.000)	1.000						
Cashflow	-0.154 (0.000)	-0.144 (0.000)	0.177 (0.000)	1.000					
Tobin's Q	0.004 (1.000)	-0.053 (0.080)	0.036 (1.000)	-0.016 (1.000)	1.000				

续表

	1	2	3	4	5	6	7	8	9
ΔCash	−0.053	−0.041	0.060	0.334	0.068	1.000			
	(0.088)	(0.631)	(0.018)	(0.000)	(0.003)				
Expenditures	−0.148	−0.177	0.613	0.305	0.027	0.027	1.000		
	(0.000)	(0.000)	(0.000)	(0.000)	(1.000)	(1.000)			
ΔSTD	−0.052	−0.066	0.277	−0.121	0.028	0.122	0.274	1.000	
	(0.107)	(0.005)	(0.000)	(0.000)	(1.000)	(0.000)	(0.000)		
Size	−0.143	−0.136	0.277	0.148	−0.256	0.118	0.252	0.137	1.000
	(0.000)	(0.000)	(0.000)	(0.000)	(0.000)	(0.000)	(0.000)	(0.000)	

表 6 – 3 报告了采用投资与现金流敏感性法的检验。(1)列显示的交乘项显著为负,说明中国企业集团内部资本市场可以显著降低成员公司的融资约束。分不同的产权性质看,(2)列的交乘项系数为 − 0.164,显著大于(3)列的 − 0.462,民营企业集团内部资本市场作用更加明显,更能够缓解成员企业的融资约束。如果企业集团内部市场规模采用狭义的定义衡量(ICM_Narrow),那么,检验仍发现企业集团内部资本市场的缓解融资约束的作用,但是分样本检验中,民营企业样本检验不显著(t = − 1.64)。本书的理论预测得到部分支持。

表 6 – 3　　　企业集团内部资本市场对成员公司融资约束检验
（采用投资与现金流敏感性法）

	Investment					
	Pool	SOE	Private	Pool	SOE	Private
	(1)	(2)	(3)	(4)	(5)	(6)
ICM_ Broad	−0.475	−0.332	−1.188			
	(−0.72)	(−0.43)	(−1.21)			
ICM_ Narrow				−1.161	−1.184	−1.257
				(−1.28)	(−1.09)	(−1.05)
Cash flow	0.044 ***	0.049 ***	0.028 **	0.046 ***	0.053 ***	0.019 *
	(6.47)	(6.31)	(2.43)	(6.90)	(6.84)	(1.78)

续表

	Investment					
	Pool	SOE	Private	Pool	SOE	Private
	（1）	（2）	（3）	（4）	（5）	（6）
ICM_Broad * Cash flow	− 0. 149 *** (− 4. 28)	− 0. 164 *** (− 4. 29)	− 0. 462 *** (− 2. 59)			
ICM_Narrow * Cash flow				− 0. 172 *** (− 4. 95)	− 0. 195 *** (− 5. 08)	− 0. 302 (− 1. 64)
Tonbin's Q	− 0. 057 (− 1. 53)	− 0. 092 ** (− 2. 01)	0. 032 (0. 70)	− 0. 057 (− 1. 55)	− 0. 095 ** (− 2. 09)	0. 029 (0. 63)
Constant	0. 547 *** (5. 60)	0. 588 *** (5. 14)	0. 425 *** (2. 95)	0. 550 *** (5. 94)	0. 601 *** (5. 55)	0. 424 *** (3. 03)
Number of observations	3822	3232	590	3822	3232	590
Adjusted R − squared	0. 010	0. 011	0. 010	0. 012	0. 014	0. 002
F − statistic	10. 712	10. 164	2. 431	12. 432	12. 147	1. 365

注：括弧内为 t 值，*、** 和 *** 分别表示在 0. 1、0. 05 和 0. 01 水平上显著。

为了更好地检验企业集团内部资本市场对成员公司融资约束的缓解作用，我们也采用了现金和现金流敏感性分析法，检验结果见表6－4。表6－4显示，无论是采用广义的内部资本市场规模定义（ICM_Broad）还是狭义的定义（ICM_Narrow），都可以发现，企业集团内部资本市场不具备缓解融资约束的功能，（1）列和（4）列的交乘项显著为正。但若分企业所有权性质看，可以发现，民营企业集团内部资本市场可以缓解成员企业的融资约束，（3）列和（6）列的交乘项显著为负。全样本的结果可能更多的是由国有企业集团样本所引起的。在民营企业样本中，我们发现了企业集团内部资本市场运作更能够缓解成员公司的融资约束问题。

表 6 - 4　　企业集团内部资本市场对成员公司融资约束检验

（现金和现金流敏感性分析法）

	ΔCash					
	Pool	SOE	Private	Pool	SOE	Private
	(1)	(2)	(3)	(4)	(5)	(6)
ICM_ Broad	0.072	0.121 **	0.044			
	(1.33)	(2.30)	(0.69)			
ICM_ Narrow				0.132 *	0.206 ***	0.069
				(1.80)	(2.85)	(0.88)
Cashflow	0.181 ***	0.108 ***	1.319 ***	0.181 ***	0.108 ***	1.319 ***
	(20.86)	(13.97)	(74.05)	(20.85)	(13.94)	(74.10)
ICM_ Broad * Cash flow	0.521 *	0.457	- 1.763 ***			
	(1.75)	(1.61)	(- 4.65)			
ICM_ Narrow × Cash flow				0.565 *	0.521 *	- 1.727 ***
				(1.91)	(1.86)	(- 4.50)
Expenditures	0.637 ***	0.738 ***	- 0.121	0.636 ***	0.736 ***	- 0.120
	(23.07)	(30.20)	(- 1.49)	(23.06)	(30.19)	(- 1.48)
ΔSTD	0.853 ***	0.834 ***	0.412 ***	0.855 ***	0.836 ***	0.411 ***
	(26.23)	(28.40)	(6.97)	(26.26)	(28.47)	(6.96)
Size	0.005	0.007 **	0.005	0.005	0.007 **	0.006
	(1.28)	(1.97)	(0.93)	(1.39)	(2.11)	(0.96)
Tobin's Q	0.007 ***	0.009 ***	0.000	0.007 ***	0.009 ***	0.000
	(2.71)	(3.74)	(0.06)	(2.71)	(3.77)	(0.02)
Constant	- 0.149 *	- 0.205 ***	- 0.158	- 0.158 *	- 0.215 ***	- 0.162
	(- 1.76)	(- 2.63)	(- 1.24)	(- 1.87)	(- 2.75)	(- 1.27)
Number of observations	3450	2921	529	3450	2921	529
Adjusted R - squared	0.503	0.592	0.917	0.503	0.593	0.917
F - statistic	498.812	607.298	836.553	499.241	608.295	837.094

注：括弧内为 t 值，*、** 和 *** 分别表示在 0.1、0.05 和 0.01 水平上显著。

二　企业集团内部资本市场配置影响公司价值和投资效率的检验

给定企业集团内部市场缓解成员公司的融资约束，是否意味着成员企业价值的提升以及投资效率的提高呢？

首先，我们以公司的市场表现作为公司价值的衡量，也即考虑现金红利再投资的年个股回报率。为了考察企业集团内部资本市场规模对公司市场表现的影响，建立了如下模型：

$$Market\ peformance = \pi_0 + \pi_1 ICM + \pi_2 Size + \pi_3 Leverage + \pi_4 ROA +$$
$$\sum year/industry dummies + \varepsilon \qquad (6-3)$$

在式（6-3）中，$Market\ performance$ 为市场表现用考虑现金红利再投资的个股回报率衡量；ICM 为企业集团内部资本市场规模；$Size$ 为公司规模；$Leverage$ 为公司负债率；ROA 为总资产回报率。此外，模型也控制了行业和年份的影响。

其次，为了考察企业集团内部资本市场规模对投资效率的影响，我们参考理查森（2006）的预期投资模型，通过分行业和分年的回归来估计企业当年正常投资额，具体公式如下：

$$I_{exp} = \chi_0 + \chi_1 Invoppt + \chi_2 Size + \chi_3 ROA + \chi_4 Return + \chi_5 Leverage + \chi_6 Age$$
$$+ \chi_7 Cashholding + \chi_8 I_{new} + \varepsilon \qquad (6-4)$$

在式（6-4）中，I_{exp} 为预期投资；$Invoppt$ 为投资机会，以过去两年平均销售增长率表示；$Size$ 为企业规模，以公司总资产的自然对数衡量；ROA 为总资产收益率；$Return$ 为上期股票年回报率；$Leverage$ 为公司负债率，用负债总额除以总资产；Age 为公司上市时间；$Cashholding$ 为公司现金持有水平；I_{new} 为新投资。本书用实际投资与预期投资的残差绝对值来表示投资效率，用 $Investment\ efficiency$ 表示残差绝对值的相反数。

$$Investment\ efficiency = \pi_0 + \pi_1 ICM + \pi_2 Size + \pi_3 Leverage + \pi_4 ROA +$$
$$\sum year/industry dummies + \varepsilon \qquad (6-5)$$

在式（6-5）中，ICM 为企业集团内部资本市场规模，$Size$ 为公司规模，$Leverage$ 为公司负债率，ROA 为总资产回报率，同时，也控制了行业和年份的影响。

表 6 - 5 和表 6 - 6 分别为企业集团内部资本市场对公司价值和投资效率检验的变量描述性统计及相关性系数表。表 6 - 5 报告了变量的上三分位数（Q1）、中位数（Median）、下三分位数（Q3）、均值（Mean）以及标准差（s. d.）。表 6 - 6 为变量的斯皮尔曼相关性系数。

表 6 - 5   变量描述性统计

变量名	Q1	中位数	Q3	均值	标准差
ICM_Broad	0.005	0.025	0.072	0.063	0.099
ICM_Narrow	0.000	0.004	0.022	0.031	0.073
Market performance	-0.299	0.034	0.849	0.401	1.096
Efficiency	-0.072	-0.037	-0.016	-0.058	0.085
Size	20.960	21.730	22.660	21.940	1.559
Leverage	0.001	0.029	0.120	0.082	0.120
ROA	0.010	0.031	0.059	0.032	0.201

表 6 - 6   变量相关性系数

	1	2	3	4	5	6	7
ICM_Broad	1.000						
ICM_Narrow	0.655	1.000					
	0.000						
Market performance	0.022	0.013	1.000				
	1.000	1.000					
Efficiency	0.101	0.065	-0.005	1.000			
	0.000	0.006	1.000				
Size	-0.113	-0.097	-0.094	-0.007	1.000		
	0.000	0.000	0.000	1.000			
Leverage	-0.066	0.004	-0.022	-0.064	0.441	1.000	
	0.005	1.000	1.000	0.008	0.000		
ROA	-0.137	-0.150	-0.086	-0.025	0.078	-0.082	1.000
	0.000	0.000	0.000	1.000	0.000	0.000	

表 6 - 7 表明，企业集团内部资本市场可以显著提高公司价值，（1）列的企业集团内部资本市场规模变量显著为正。分样本看，（2）列的变量显著为正，这说明企业集团内部资本市场提高成员企

业价值的影响主要在国有企业样本中。采用狭义的企业集团内部资本市场规模变量衡量时，（4）列的企业集团内部资本市场规模变量仍然显著。分企业性质看，发现只有民营企业集团样本中企业集团内部资本市场规模变量显著，（6）列变量显著为正。综上所述，无论是采用广义的还是狭义的企业集团内部资本市场规模衡量，均发现了与公司市场价值显著正相关的结果，但是分样本检验的结果并不一致。

表6－7　企业集团内部资本市场对成员公司价值的影响检验

	Market performance					
	Pool	SOE	Private	Pool	SOE	Private
	（1）	（2）	（3）	（4）	（5）	（6）
ICM_Broad	0.279 **	0.301 ***	0.492			
	（2.38）	（2.63）	（1.16）			
ICM_Narrow				0.304 *	0.147	1.301 **
				（1.87）	（0.90）	（2.55）
Size	－0.050 ***	－0.043 ***	－0.050	－0.049 ***	－0.045 ***	－0.038
	（－5.20）	（－4.62）	（－1.36）	（－5.06）	（－4.70）	（－1.03）
Leverage	－0.023	0.040	－0.364	－0.036	0.024	－0.497
	（－0.20）	（0.36）	（－0.95）	（－0.32）	（0.21）	（－1.28）
ROA	0.229 ***	0.069	0.622 ***	0.226 ***	0.061	0.645 ***
	（3.49）	（1.03）	（3.14）	（3.44）	（0.90）	（3.28）
Year fixed effects and industry fixed effects	是	是	是	是	是	是
Constant	1.150 ***	0.992 ***	1.122	1.140 ***	1.035 ***	0.849
	（5.25）	（4.60）	（1.37）	（5.13）	（4.73）	（1.04）
Number of observations	4067	3435	632	4067	3435	632
Adjusted R－squared	0.580	0.629	0.451	0.579	0.629	0.456
F－statistic	255.887	265.890	24.554	255.655	265.139	24.997

注：括弧内为t值，＊、＊＊和＊＊＊分别表示在0.1、0.05和0.01水平上显著。

表 6－8 列示了企业集团内部资本市场对成员公司投资效率的影响检验结果。表 6－8 显示，整体而言，企业集团内部资本市场可以促进投资效率，（1）列和（4）列的内部资本市场规模系数均显著为正。分企业所有权性质看，国有企业集团和民营企业集团样本之间并没有显著的差异。

表 6－8 企业集团内部资本市场对成员公司投资效率的影响检验

| | Investment efficiency | | | | | |
| | Pool | SOE | Private | Pool | SOE | Private |
	（1）	（2）	（3）	（4）	（5）	（6）
hgICM_ Broad	0. 043 **	0. 033 *	0. 061			
	(2. 54)	(1. 90)	(0. 99)			
ICM_ Narrow				0. 047 *	0. 031	0. 058
				(1. 83)	(1. 17)	(0. 77)
Size	0. 009 ***	0. 009 ***	0. 009 *	0. 009 ***	0. 009 ***	0. 008 *
	(6. 51)	(6. 66)	(1. 92)	(6. 52)	(6. 62)	(1. 89)
Leverage	－ 0. 069 ***	－ 0. 087 ***	0. 009	－ 0. 071 ***	－ 0. 088 ***	0. 008
	(－ 4. 44)	(－ 5. 27)	(0. 19)	(－ 4. 57)	(－ 5. 40)	(0. 18)
ROA	－ 0. 031 **	－ 0. 046 ***	0. 008	－ 0. 032 **	－ 0. 047 ***	0. 009
	(－ 2. 11)	(－ 2. 69)	(0. 25)	(－ 2. 17)	(－ 2. 76)	(0. 29)
Year fixed effects and industry fixed effects	是	是	是	是	是	是
Constant	－ 0. 252 ***	－ 0. 257 ***	－ 0. 272 ***	－ 0. 253 ***	－ 0. 257 ***	－ 0. 269 ***
	(－ 8. 27)	(－ 8. 12)	(－ 2. 71)	(－ 8. 22)	(－ 8. 01)	(－ 2. 68)
Number of observations	3150	2666	484	3150	2666	484

续表

	Investment efficiency					
	Pool	SOE	Private	Pool	SOE	Private
	（1）	（2）	（3）	（4）	（5）	（6）
Adjusted R - squared	0.039	0.063	0.009	0.038	0.062	0.008
F - statistic	6.836	9.076	1.193	6.689	8.967	1.175

注：括弧内为 t 值，＊、＊＊和＊＊＊分别表示在 0.1、0.05 和 0.01 水平上显著。

三　进一步检验：来自宏观货币政策影响的证据

近年来，有关宏观政策如何影响企业微观行为的研究逐渐兴起，如宏观政策影响微观企业的渠道及其经济后果（姜国华和饶品贵，2011；陆正飞等，2009）。中国信贷市场的利率管制、价格和数量歧视等通过种种途径浪费了信贷资源，直接阻碍了非国有经济的发展（周业安，1999）。基于本书的研究考虑，外部信贷资金的供给量会影响到企业集团的外部融资渠道，进而可能会影响到集团内部资本市场的作用。那么，货币政策的松紧程度到底是如何影响的呢？我们采用了两个指标来衡量年度货币松紧程度。我国货币政策中货币政策和信贷渠道同时存在，这意味着央行可能使用货币供应和信贷控制这两种方式调节市场货币松紧程度（盛松成和吴培新，2008）。本书采用广义货币供应量（M2）的自然对数作为货币政策的代理变量 Policy1。本书第二个指标是根据《银行家问卷调查》提供的货币政策感受程度来衡量货币政策的紧缩程度。该调查问卷将银行家对货币政策的评价分为过松、偏松、适度、偏紧、过紧和看不准六档。我们设置了变量 Policy2，若货币政策感受评价为稳健（偏紧）、适度从紧、偏紧，则认为货币政策偏紧，Policy2 赋值为1；否则为 0。

我们按 Policy1 的高低进行了分类。若 Policy1 高于其中位数则认为是货币政策偏松，否则为货币政策偏紧。表 6 - 9 列示了检验结

表6-9　　　　　　　　　　　　按policy1分类进行的检验

	货币政策偏松						货币政策偏紧					
	Pool	SOE	Private	Pool	SOE	Private	Pool	SOE	Private	Pool	SOE	Private
	(1)	(2)	(3)	(4)	(5)	(6)	(7)	(8)	(9)	(10)	(11)	(12)
ICM_Broad	-0.138	-0.146	1.517				-0.708	-0.478	-1.560*			
	(-0.17)	(-0.17)	(0.47)				(-0.74)	(-0.41)	(-1.69)			
ICM_Narrow				0.039	-0.388	3.266				-1.778	-1.640	-1.659
				(0.03)	(-0.30)	(0.87)				(-1.42)	(-1.05)	(-1.43)
Cashflow	0.013*	0.015*	0.011	0.014**	0.015**	0.011	0.079***	0.086***	0.095***	0.083***	0.094***	0.027**
	(1.96)	(1.95)	(0.64)	(1.97)	(1.97)	(0.67)	(6.85)	(6.53)	(4.80)	(7.43)	(7.23)	(1.98)
ICM_Broad×Cashflow	-0.055*	-0.058*	-0.186				-0.201*	-0.194*	-1.978***			
	(-1.78)	(-1.77)	(-0.81)				(-1.93)	(-1.72)	(-4.66)			
ICM_Narrow×Cash flow				-0.055*	-0.059*	-0.183				-0.338***	-0.378***	-0.204
				(-1.78)	(-1.80)	(-0.77)				(-3.22)	(-3.31)	(-0.38)
Tobin's Q	-0.003	-0.011	-0.008	-0.004	-0.009	-0.017	-0.178**	-0.209***	0.194	-0.189***	-0.229***	0.210
	(-0.09)	(-0.23)	(-0.13)	(-0.11)	(-0.20)	(-0.29)	(-2.53)	(-2.69)	(1.25)	(-2.70)	(-2.97)	(1.31)
Constant	0.352***	0.324***	0.531**	0.344***	0.321***	0.535**	0.794***	0.848***	0.137	0.817***	0.886***	0.124
	(3.26)	(2.61)	(2.18)	(3.36)	(2.71)	(2.26)	(5.13)	(4.79)	(0.52)	(5.56)	(5.32)	(0.47)
Number of observations	1635	1390	245	1635	1390	245	2187	1842	345	2187	1842	345
Adjusted R-squared	0.000	-0.000	-0.012	0.000	0.000	-0.009	0.021	0.022	0.069	0.024	0.026	0.011
F-statistic	1.009	0.985	0.305	1.015	1.011	0.482	12.534	11.347	7.411	14.453	13.506	1.992

注：括弧内为t值。*、**和***分别表示在0.1、0.05和0.01水平上显著。

果。总体而言，企业集团在货币政策偏紧时和偏松时的缓解融资约束的能力有所差异。在货币政策偏紧时，企业集团内部资本市场缓解融资约束的能力更强，（1）列的交乘项系数为 -0.055，而（7）列的交乘项系数则为 -0.201。分样本看，不管是民营企业，还是国有企业，其内部资本市场的作用都得到进一步增强。若企业集团内部资本市场规模采用狭义的资本净流入来衡量（ICM_Narrow），总样本和国有样本的结果仍保持稳健，但民营企业样本在货币政策不同时却没有显著的变化。

按 Policy2 进行了检验，表 6 - 10 列示的结果显示，货币政策由松转紧时，企业集团内部资本市场缓解成员公司的融资约束得到较大提高。且这种提高同时存在于国有企业集团和民营企业集团当中。

我们也检验了宏观货币政策松紧程度是如何影响内部资本市场与公司价值之间的关系。表 6 - 11 显示，只有在货币政策偏松时，企业集团内部资本市场才会提升投资效率。分样本看，在货币政策紧缩时，内部资本市场对民营企业集团成员企业提升的作用比国有企业集团更强，具体而言，（9）列的系数显著大于（8）列的系数，（12）列的系数显著大于（11）列的系数。若按 Policy2 衡量，表 6 - 12 列示的结果也显示在货币政策宽松和货币政策紧缩时，内部资本市场提升投资效率的影响有所不同，（7）列和（10）列的系数显著为正。分样本检验时，当企业集团内部资本市场规模采用狭义的定义时，可以发现内部资本市场提高公司价值的作用在民营企业中更强，具体表现在（12）列的系数显著大于（11）列的系数。

我们也检验了宏观货币政策松紧程度是如何影响内部资本市场与投资效率之间的关系。表 6 - 13 显示，只有在货币政策偏松时，企业集团内部资本市场才会提升投资效率。若按 Policy2 衡量，并没有发现在货币政策宽松和货币政策紧缩时，企业集团内部资本市场提升投资效率的影响有所不同（未列示结果）。

表 6 - 10　　按 policy2 分类进行的检验

	货币政策偏松						货币政策偏紧					
	Pool	SOE	Private	Pool	SOE	Private	Pool	SOE	Private	Pool	SOE	Private
	(1)	(2)	(3)	(4)	(5)	(6)	(7)	(8)	(9)	(10)	(11)	(12)
ICM_ Broad	0.213	0.113	2.509				-0.677	-0.421	-1.712 *			-1.862 *
	(0.19)	(0.09)	(0.61)				(-0.84)	(-0.44)	(-1.89)			(-1.65)
ICM_ Narrow				0.760	0.146	4.775				-1.617	-1.416	
				(0.45)	(0.08)	(1.00)				(-1.50)	(-1.06)	
Cashflow	0.007	0.006	0.011	0.007	0.006	0.011	0.065 ***	0.071 ***	0.072 ***	0.068 ***	0.075 ***	0.025 **
	(0.66)	(0.49)	(0.54)	(0.66)	(0.50)	(0.56)	(7.37)	(7.00)	(4.27)	(7.75)	(7.49)	(2.03)
ICM_ Broad × Cashflow	-0.044	-0.033	-0.181				-0.193 ***	-0.205 ***	-1.593 ***			
	(-0.58)	(-0.38)	(-0.70)				(-4.75)	(-4.62)	(-4.07)			
ICM_ Narrow × Cash flow				-0.044	-0.033	-0.167				-0.217 ***	-0.239 ***	-0.197
				(-0.58)	(-0.38)	(-0.62)				(-5.41)	(-5.40)	(-0.37)
Tobin's Q	-0.007	-0.027	0.002	-0.009	-0.027	-0.013	-0.110 **	-0.138 **	0.025	-0.112 **	-0.144 **	0.022
	(-0.14)	(-0.40)	(0.03)	(-0.19)	(-0.40)	(-0.17)	(-2.14)	(-2.34)	(0.35)	(-2.19)	(-2.44)	(0.30)
Constant	0.343 **	0.340 **	0.473	0.340 **	0.343 **	0.486	0.681 ***	0.720 ***	0.425 **	0.689 ***	0.737 ***	0.425 **
	(2.38)	(2.01)	(1.52)	(2.51)	(2.14)	(1.62)	(5.38)	(4.93)	(2.45)	(5.72)	(5.34)	(2.46)
Number of observations	1136	965	171	1136	965	171	2686	2267	419	2686	2267	419
Adjusted R - squared	-0.003	-0.004	-0.017	-0.003	-0.004	-0.012	0.019	0.020	0.044	0.022	0.023	0.007
F - statistic	0.118	0.088	0.303	0.165	0.089	0.490	13.940	12.475	5.801	15.831	14.545	1.721

注：括弧内为 t 值，*、**和***分别表示在 0.1、0.05 和 0.01 水平上显著。

表6-11 按policy1分类进行的检验

	货币政策偏松						货币政策偏紧					
	Pool	SOE	Private	Pool	SOE	Private	Pool	SOE	Private	Pool	SOE	Private
	(1)	(2)	(3)	(4)	(5)	(6)	(7)	(8)	(9)	(10)	(11)	(12)
ICM_Broad	-0.040	0.017	-0.047				0.601***	0.490***	1.270**		0.146	
	(-0.39)	(0.17)	(-0.08)				(3.18)	(2.59)	(2.12)		(0.56)	
ICM_Narrow				-0.013	0.115	-0.091				0.649**		2.421***
				(-0.09)	(0.78)	(-0.13)				(2.57)		(3.38)
Size	-0.044***	-0.040***	-0.049*	-0.043***	-0.039***	-0.049*	-0.061***	-0.044***	-0.044	-0.059***	-0.047***	-0.035
	(-5.94)	(-5.53)	(-1.78)	(-5.79)	(-5.30)	(-1.77)	(-3.50)	(-2.64)	(-0.65)	(-3.40)	(-2.78)	(-0.52)
Leverage	-0.059	0.024	-0.322	-0.059	0.023	-0.314	0.028	0.008	0.169	-0.011	-0.023	0.012
	(-0.66)	(0.27)	(-0.91)	(-0.66)	(0.26)	(-0.89)	(0.14)	(0.04)	(0.28)	(-0.05)	(-0.11)	(0.02)
ROA	0.036	0.068*	-0.180	0.036	0.070*	-0.176	0.740***	0.075	1.188***	0.723***	0.021	1.288***
	(0.85)	(1.69)	(-0.99)	(0.85)	(1.73)	(-0.95)	(4.80)	(0.36)	(3.62)	(4.69)	(0.10)	(3.99)
Year fixed effects and industry fixed effects	是	是	是	是	是	是	是	是	是	是	是	是
Constant	0.928***	0.831***	1.125*	0.922***	0.804***	1.142*	2.280***	1.938***	2.988***	2.260***	2.038***	2.814*
	(5.52)	(4.90)	(1.85)	(5.37)	(4.67)	(1.84)	(6.04)	(5.26)	(2.00)	(5.93)	(5.46)	(1.90)
Number of observations	1817	1535	282	1817	1535	282	2250	1900	350	2250	1900	350
Adjusted R-squared	0.202	0.229	0.221	0.202	0.230	0.222	0.550	0.595	0.463	0.550	0.593	0.474
F - statistic	28.100	27.867	5.702	28.089	27.912	5.703	145.853	147.638	16.860	145.442	146.801	17.569

注：括弧内为t值，*、**和***分别表示在0.1、0.05和0.01水平上显著。

表6-12　　　　按policy2分类进行的检验

	货币政策偏松						货币政策偏紧					
	Pool (1)	SOE (2)	Private (3)	Pool (4)	SOE (5)	Private (6)	Pool (7)	SOE (8)	Private (9)	Pool (10)	SOE (11)	Private (12)
ICM_Broad	-0.143 (-0.97)	-0.092 (-0.69)	-0.454 (-0.50)				0.461*** (3.06)	0.434*** (2.88)	0.598 (1.23)			
ICM_Narrow				-0.301 (-1.38)	-0.174 (-0.86)	-0.734 (-0.69)				0.541*** (2.65)	0.245 (1.15)	1.550*** (2.63)
Size	-0.055*** (-5.42)	-0.052*** (-5.36)	-0.065 (-1.48)	-0.057*** (-5.52)	-0.053*** (-5.38)	-0.071 (-1.56)	-0.049*** (-3.72)	-0.038*** (-2.95)	-0.047 (-0.96)	-0.047*** (-3.56)	-0.040*** (-3.02)	-0.035 (-0.71)
Leverage	-0.077 (-0.66)	0.036 (0.32)	-0.381 (-0.76)	-0.064 (-0.55)	0.042 (0.37)	-0.323 (-0.63)	0.028 (0.17)	0.038 (0.24)	-0.179 (-0.35)	0.002 (0.01)	0.011 (0.07)	-0.315 (-0.62)
ROA	0.040 (0.79)	0.060 (1.37)	-0.550 (-1.20)	0.039 (0.78)	0.060 (1.35)	-0.508 (-1.11)	0.537*** (4.49)	0.097 (0.55)	0.728*** (3.20)	0.530*** (4.42)	0.051 (0.29)	0.761*** (3.37)
Year fixed effects and industry fixed effects	是	是	是	是	是	是	是	是	是	是	是	是
Constant	0.866*** (3.77)	0.762*** (3.43)	1.172 (1.21)	0.914*** (3.89)	0.785*** (3.48)	1.303 (1.30)	1.131*** (3.80)	0.902*** (3.06)	1.013 (0.93)	1.100*** (3.65)	0.952*** (3.18)	0.745 (0.69)
Number of observations	1181	1006	175	1181	1006	175	2886	2429	457	2886	2429	457
Adjusted R-squared	0.226	0.266	0.250	0.226	0.266	0.251	0.569	0.614	0.457	0.569	0.612	0.464
F-statistic	22.490	23.726	4.621	22.568	23.749	4.642	191.616	193.716	20.193	191.340	192.812	20.713

注：括弧内为t值。*、**和***分别表示在0.1、0.05和0.01水平上显著。

表6-13　　按policy1分类进行的检验

	货币政策偏松						货币政策偏紧					
	Pool	SOE	Private	Pool	SOE	Private	Pool	SOE	Private	Pool	SOE	Private
	(1)	(2)	(3)	(4)	(5)	(6)	(7)	(8)	(9)	(10)	(11)	(12)
ICM_Broad	0.086***	0.055*	0.545**				0.010	0.014	-0.021	0.007	0.017	-0.041
	(2.80)	(1.96)	(2.23)				(0.51)	(0.64)	(-0.49)	(0.24)	(0.52)	(-0.75)
ICM_Narrow				0.113**	0.044	0.481*						
				(2.21)	(0.92)	(1.76)						
Size	0.013***	0.012***	0.019**	0.014***	0.012***	0.019**	0.004**	0.006***	-0.003	0.004**	0.006***	-0.003
	(6.25)	(5.98)	(2.25)	(6.34)	(5.94)	(2.18)	(2.54)	(3.15)	(-0.76)	(2.50)	(3.14)	(-0.77)
Leverage	-0.092***	-0.096***	-0.002	-0.095***	-0.099***	0.004	-0.053***	-0.077***	0.027	-0.053***	-0.078***	0.028
	(-3.60)	(-4.01)	(-0.02)	(-3.72)	(-4.14)	(0.03)	(-2.75)	(-3.35)	(0.78)	(-2.77)	(-3.40)	(0.82)
ROA	-0.021	-0.036	-0.083	-0.022	-0.037	-0.059	-0.049**	-0.053**	0.017	-0.050**	-0.053**	0.011
	(-0.99)	(-1.46)	(-1.27)	(-1.04)	(-1.52)	(-0.92)	(-2.26)	(-2.19)	(0.33)	(-2.31)	(-2.22)	(0.21)
Year fixed effects and industry fixed effects	是	是	是	是	是	是	是	是	是	是	是	是
Constant	-0.350***	-0.333***	-0.505**	-0.357***	-0.332***	-0.495**	-0.146***	-0.175***	-0.001	-0.145***	-0.176***	-0.001
	(-7.16)	(-6.98)	(-2.60)	(-7.20)	(-6.89)	(-2.50)	(-3.98)	(-4.25)	(-0.02)	(-3.91)	(-4.22)	(-0.01)
Number of observations	1383	1175	208	1383	1175	208	1767	1491	276	1767	1491	276
Adjusted R - squared	0.040	0.056	0.036	0.037	0.054	0.027	0.054	0.081	-0.006	0.054	0.081	-0.004
F - statistic	4.344	5.113	1.459	4.163	4.924	1.337	6.332	7.885	0.917	6.320	7.877	0.936

注：括弧内为 t 值。*、**和***分别表示在 0.1、0.05 和 0.01 水平上显著。

第四节　小结

在研究了企业集团内部资本市场如何分配资本，以及影响资本分配的因素之后，本章对企业集团内部资本分配的作用进行了研究。经验证据显示，企业集团内部资本市场有助于缓解成员企业的融资约束，且这种作用同时存在于国有企业集团样本和民营企业集团样本中。本章进一步发现，企业集团内部资本市场可以提高成员企业的投资效率，并增加成员企业的超额价值。

考虑到外部金融环境与企业集团内部资本市场的相互影响，宏观货币政策宽松度直接影响到市场的货币供给量，这与企业集团的外部融资息息相关。研究发现，企业集团内部资本市场在货币政策紧缩的环境下缓解融资约束的动机比在货币政策宽松的环境下更加强烈，且这个经验发现同时存在于国有企业集团和民营企业集团。相反，企业集团内部资本市场在货币政策较为宽松的环境下提升投资效率的能力比在货币政策紧缩的环境下更强，且国有企业和民营企业没有显著区别。

第七章 企业集团内部资本配置的经济后果：对信息透明度的影响

第六章讨论了企业集团内部资本市场的经济后果，从成员公司的融资约束、公司价值以及投资效率三个角度进行了分析。研究发现，企业集团内部资本市场具备缓解成员公司融资约束的能力，且这种能力在宏观货币政策较紧时更强。同时，我们也发现了企业集团内部资本市场能够提升投资效率，并最终增加企业价值。本章则进一步研究了内部资本市场信息含量的问题，研究了企业集团内部资本市场对信息透明度的影响，具体从证券分析师精准度和股价波动同步性两个角度进行了分析。

无论是在西方发达国家，还是在新兴市场经济体中，证券分析师均发挥着重要作用，成为资本市场不可或缺的重要组成部分（Holland and Johanson，2003；Covrig and Low，2005）。上市公司公开信息，如年报、半年报和季报等是分析师进行预测的重要信息来源，公司的信息透明度直接影响着预测的精确性。此外，公司股价真实反映公司经营状况的程度决定着资本市场在多大程度上能够发挥资源配置作用。相比西方成熟资本市场，新兴市场国家的资本市场里的股票价格里往往含有较大"噪声"，不能够很好地反映公司基本面的信息，市场会出现"同涨共跌"现象，也即股价同步性。已有研究表明，信息透明度是影响公司股价同步性的重要因素（Jin and Myers，2006）。本书认为，企业集团通过内部资本市场的运作，会影响成员公司的信息透明度，并进而传导至对证券分析师预测和公司股价同步性的影响。在研究逻辑上，本章是第六章的延续，从不同角度来审视内部资本市场配置的经济后果。

第一节　问题的提出

　　企业集团在世界各国广泛存在，并在新兴市场经济中发挥重要作用（Claessens et al.，2006；黄俊和陈信元，2011）。集团化经营模式在新兴市场中尤为普遍，企业集团是一种在经济活动中占主导地位的组织形式。由于规模经济和范围经济的存在，通过模仿市场机制，企业集团能创造更大的价值（Buchuk et al.，2014）。改革开放以来，我国市场环境得到了明显的改善，市场化进程取得巨大成功（樊纲等，2011），但我国的经济发展仍具有典型的转轨经济和新兴市场经济特征。在经济高速发展的过程中，企业集团起着非常重要的推动作用。国资委在 2003 年 4 月正式成立后，国有企业和国有企业集团的管理进入一个新的阶段。国资委积极推动国有企业和中央企业集团的并购重组，在集团内优化资源的配置以提升集团竞争力。与此同时，国内也涌现出一大批民营企业集团（也称系族企业，如"复星系"和"万向系"等）。国有企业集团和民营企业集团共同构成了我国市场经济的主体，在国家经济改革和发展中承担了越来越重要的职责。

　　企业集团附属企业的一个重要特征是拥有集团内部资本市场。外部市场交易机制的不完善使得企业通过市场进行交易的成本十分高昂，因此，通过组建企业集团将交易从外部市场转移到企业集团内部不仅可以实现集团成员公司多方交易的信息共享，也由于产权归属的一体化而实现成员公司间的激励共荣。有关研究表明，企业集团在降低交易成本方面有着显著的优势（Khanna and Yafeh，2007）。集团总部相对于集团外部对成员企业有信息优势，更了解成员企业的真实情况，通过内部资本市场的有效运作缓解了成员公司的融资约束，也提高了集团资源配置的效率（Stein，1997）。但是，也有文献表明，新兴市场中隶属于企业集团的公司信息含量普遍较低（Khanna and Thomas，2009）。企业集团存在利用内部资本市场侵占外部人利益等功能异化现象（Chen et al.，2015；杨锦之等，2010；叶康涛和曾雪云，2011），例如，通过内部关联交易等手段来实现利益侵占（Jiang et al.，2010）。控股股东通过企业集团内部资本市场隐藏了一些公司重要信息或提供虚假信息从而掩盖其掏空上市公司利益的行径，造成集团成员公司信息的不透明。此外，企业集团内部资本市场的运作客观上使得成员公司更加倚重为集团总部提供信息，这减少了对外部资本市场的信息供给。证券分析师作为资本市场信息的重要搜集者、加工者和传播者，上市公司的信息是其主要的信息来源之一。因此，企业集团内部资本市场在造成成员公司信息不透明的同时，可能会对证券分析师的预测行为和预测结果产生重要影响。

本书之所以选择企业集团内部资本市场为研究视角，考察了其对证券分析师盈利预测行为的影响，主要是基于以下几点原因：

首先，内部资本市场作为企业集团的重要组成部分，会对成员公司的信息透明度产生影响，本书推进了企业集团内部资本市场经济后果的研究。以往的研究发现，上市公司与其企业集团的关联性越强，他们之间将会采用更多关系型交易，由此导致上市公司缺乏向外公开披露高质量的会计信息的动机（李增泉、叶青和贺卉，2011）。本书认为，关系型交易的发生更多的是依托企业集团内部资本市场，因此，研究内部资本市场对会计信息不透明的影响将更为直接和符合研究的逻辑。

其次，拓展了关于证券分析师盈余预测行为影响因素的研究范围。证券分析师是连接上市公司与投资者及债权人等利益相关者的重要纽带。已有的关于证券分析师预测行为影响因素的研究要么侧重于证券分析师自身特征变量和研究对象公司对预测行为的影响，要么集中于上市公司的公开信息披露对证券分析师预测有效性的作用，然而对于企业集团内部资本市场这一重要的关系型交易运作平台在证券分析师预测中所扮演的角色却缺乏关注和理解。

最后，增进了对新兴市场中企业集团的认识。我国企业集团通常同时控制上市成员公司和非上市成员企业。集团总部在成员公司中具有相对或绝对控股地位，通过内部资本市场，集团可以对上市成员公司与其控制的其他经济实体之间发生的交易施加影响。这种影响降低了上市成员公司交易行为的市场化程度，在客观上降低了成员公司的信息透明度。信息透明度也正是本书所研究的企业内部资本市场运作影响证券分析师预测行为的内在机制和渠道。

公司信息引导公司股价的形成，并通过股价来影响资本市场资源配置的效率（Francis et al.，2004）。但是，资本市场配置效率发挥的前提是会计信息被投资者吸收、解读并且运用，因此，上市公司提供高质量的信息显得尤为重要。中国企业集团在过去的 30 年里飞速发展，其内部资本市场的规模也随之增大，在信息总量一定的情况下，内部信息减少了市场上可获取的公开信息，这是否也会影响到股价同步性呢？Chan 和 Hameed（2006）研究发现，新兴市场股价同步性较高。本书试图从企业集团内部资本市场的角度对这一现象进行理论解释。是否内部资本市场运行导致的成员公司信息不透明是证券分析师预测准确度较低和同步性较高的重要原因？

第二节　理论分析和研究假设

证券分析师通过收集和评估信息，对上市公司的会计盈余进行分析和预测，并在此基础上提供投资建议。证券分析师的盈余预测不仅仅是股票投资者的参考，更能起到降低信息的不对称程度，并提高资本市场资源配置效率的作用。无论是发达资本市场，还是在新兴市场，分析师都已经成为资本市场重要的组成部分（Holland and Johanson，2003；Covrig and Low，2005）。然而，有偏差的分析师预测数据会误导预测信息的使用者，引起资本市场资源的错配，从而降低资本市场的配置效率。现有研究也提供了分析师确实会出现预测偏差的证据（Byard and Shaw，2003；Matolcsy and Wyatt，2006）。

证券分析师盈余预测的重要前提是掌握资本市场和上市公司的

信息，因此会计信息的质量在证券分析师关注度和预测精确度中起着极为重要的作用。企业集团内部资本市场作为内部关联交易的载体，会极大地影响集团内部交易多方的信息质量，从而可能会对证券分析师的预测行为和预测结果产生重大影响。

从证券分析师关注度来看，企业集团内部资本市场的运作可能从供给和需求两个方面同时影响证券分析师对集团成员公司的跟踪数量。理论上看，证券分析师对上市公司的跟进度取决于证券分析服务的供给曲线和需求曲线共同决定的均衡数量。信息披露会对需求曲线和供给曲线两个方面产生影响，信息披露程度越高，证券分析师跟进的意愿就越强（Nichols et al. , 2009）。

第一，企业集团内部资本市场会影响信息披露质量，从而减少证券分析服务的供给。企业集团对成员公司的绝对或相对控制会影响成员公司之间交易的市场化程度，通过企业集团内部资本市场，上市成员公司与集团内其他非上市公司之间发生各种商品和劳务的购销。这类关联交易可能出于规避高昂市场交易成本的需求，同时也可能掺杂着控股股东侵占上市公司利益的动机。这在一定程度上会抑制公开信息的披露程度。

第二，企业集团内部资本市场也会降低投资者对于证券分析师预测的需求。集团内部的关联性交易条款与市场化交易行为有着显著差异，外界很难在公开市场上找到与之类比的交易，从而导致投资者和证券分析师解读上市公司信息的成本随之上升。并且，由于集团总部对上市成员公司有着绝对或相对控制权，很多非市场化策略可能是集团总部出于集团利益最大化做出的。证券分析师对于非上市集团总部更是难以观察，在此情形下，成员公司的信息披露不透明度将更趋严重。证券分析师基于此做出盈利预测的信息含量将极大地降低，投资者不能根据盈利预测报告做出更好的投资决策，因此投资者对于此类分析师预测的需求也将降低。

综上所述，本书认为，在中国资本市场，规模越大的企业集团内部资本市场将会减少证券分析师跟进，由此，本书提出以下研究假设：

假设 1：企业集团内部资本市场规模越大，证券分析师关注度越低，即预测机构跟踪数越少。

　　证券分析师拥有的信息数量和质量决定了分析师预测的准确性。企业集团内部资本市场运行的信息交流机制影响了内部交易双方或多方特有信息的反映，这在客观上降低了证券分析师可获得的外部公开信息的数量和质量。本书认为，企业集团内部资本市场对成员公司信息环境的影响主要体现在以下两个方面：

　　第一，内部资本市场降低了交易双方对公开信息的需求。在集团总部的调配下，依托内部资本市场进行关联交易的各方本就有着相互依赖和相互信任的关系。企业集团内部交易的各方有着私下的途径进行信息的沟通，因此，一般不需要依赖高质量的信息披露来监督交易过程。

　　第二，企业集团内部交易各方的交易条款通常有异于公开市场交易，证券分析师很难通过类比市场交易规则来推测关联交易的相关信息。因此，当集团隶属公司依赖内部资本市场进行关系型交易时，会减弱其公开信息的披露动机，并且企业集团内部控制着大量不需要公开披露信息的非上市成员公司。对于证券分析师而言，依托企业集团内部资本市场发生的各类关联交易很难找到其他同类企业的市场交易进行推测。

　　综上所述，企业集团内部资本规模越大，关联交易越多，那么，无论从成员公司主动提供高质量会计信息的动机角度，还是从客观信息可获得和可解读角度，成员公司的信息透明度都越低，证券分析师所能获得的有关公司特有信息的数量越少和质量更低。由此，本书提出以下研究假设：

　　假设2：企业集团内部资本市场越大，证券分析师对其成员公司的盈余预测精确度越低。

　　在噪声较少的市场，股票价格由公司个体信息引导，信息不透明将使得股票价格只能吸收较少含量的公司个体信息，那么，股票价格的波动程度将下降，同步性提高（Roll，1988；Morck，Yeung，and Yu，2000；Jin and Myers，2006），股价同步性与信息不透明度呈负相关关系。相反，在噪声较多的市场，因为公司个体信息较少，股票价格则主要由噪声引导，信息透明度的提高降低了公司未来的不确定性，这减弱了噪声对股票价格的影响，股票价格的波动性将下降，同步性提高（王亚平、刘辉龙和吴联生，2009；Dasgupta, Gan and Gao，2010）。在这种情况下，股价同步性与信息不透明度呈正相关关系。新兴市场中的信息不对称程度较高，市场流动性程度也较差，股价同步性高可能并非如学术界和业界所诟病。Chan等（2005）认为，股价同步性高意味着市场有更高的流动性。从信息获取成本与收益的角度分析，凯利（2005）发现，同步性越低，公司获取信息的成本越高，信息环境也越差，股价同步性低并不能说明股价信息效率高。因此，以同步性高低作为股价信息质量高低可能还有待商榷。我国作为转轨与新兴市场经济的典型代表，资本市场制度仍不健全，法律执行效率较低（Allen, Qian and Qian，2005），政府干预的普遍存在也扭曲了资本市场内在的定价功能。我国证券市场的投资者也以散户为主，缺乏专业投资理念和知识，投资决策更容易受到心理偏差的影响（张铮和刘力，2006）。相关制度建设和投资者结构方面的特征决定了中国股票价格受噪声的影响较大，投机问题严重（张艳，2005）。

综上所述，中国证券市场是一个噪声较多的市场。股价更多的是由噪声所引导，上市公司透明度的提高减少了噪声，股价波动将降低，同步性因此提高，故股价同步性与公司透明度正相关。企业集团内部资本市场降低了成员公司的信息透明度，投资者收集信息的难度增加。因此，我们提出以下研究假设：

假设3：在控制其他因素后，企业集团内部资本市场的规模与股票价格同步性负相关。

第三节　实证检验

一　企业集团内部资本市场影响证券分析师预测精确度的检验

为检验本书的研究假设1和假设2，我们首先参照 Duru 和 Reeb

（2002）以及霍普（Hope，2003a）的研究，计算了分析师预测精确度，具体公式如下：

$$Fcst\_Error_t = \frac{|\ Forecast_t^{t-1} - Earn_t\ |}{Price_{t-1}} \tag{7-1}$$

在式（7-1）中，$Forecast_t^{t-1}$ 为分析师在 $t-1$ 年对 t 年每股收益预测的中位数，$Earn_t$ 为 t 年实现每股收益，$Price_{t-1}$ 为公司 t 年年初的股票价格。$Fcst\_Error$ 越大，说明精确度越小。

为了检验本章假设 1 的企业集团内部资本市场对分析师跟踪人数的影响，本书构建如下模型：

$$\begin{aligned} Analyst\_followed = {} & \beta_0 + \beta_1 ICM + \beta_2 Complementarity + \beta_3 size + \\ & \beta_4 Leverage + \beta_5 ROAVolatility + \beta_6 SOE + \\ & \sum year/industrydummies + \varepsilon \end{aligned} \tag{7-2}$$

为了检验本章假设 2 的企业集团内部资本市场对分析师预测精确度的影响，本书构建如下模型：

$$\begin{aligned} Forecast\ Error = {} & \beta_0 + \beta_1 ICM + \beta_2 Complementarity + \beta_3 Size + \\ & \beta_4 Leverage + \beta_5 ROA\ Volatility + \beta_6 SOE + \\ & \sum year/industrydummies + \varepsilon \end{aligned} \tag{7-3}$$

在式（7-2）中，$Analyst\_followed$ 以分析师跟踪人数的自然对数衡量，参见 Lang 和伦德霍尔姆（1996）及白晓宇（2009）等研究。在式（7-3）中，$Forecast\ Error$ 变量为证券分析师误差，误差越小表明精确度越高，参见 Duru 和 Reeb（2002）以及霍普（2003）等。在式（7-2）和式（7-3）中，ICM 为企业集团内部资本市场规模，分别有广义和狭义两种表示；$Complementarity$ 为集团成员公司之间互补性，参照 Fan 和 Lang（2000）的计算方法，该变量主要用来衡量集团成员企业之间的关联性；$Size$ 为公司规模；$Leverage$ 为公司负债率；$ROA\ Volatility$ 为盈利波动性，用过去三年公司 ROA 的标准差衡量；SOE 为企业性质哑变量，若为国有则赋值为 1，否则为 0。同时，我们也控制了年度和行业的固定效应。

表 7-1 和表 7-2 分别为相关变量的描述性统计和相关性系数

表。表 7 – 1 报告了变量的上三分位数（Q1）、中位数（Median）、下三分位数（Q3）、均值（Mean）以及标准差（s.d.）。表 7 – 2 为变量的斯皮尔曼相关性系数。

表 7 – 1　　　　分析师预测精度影响因素检验的描述性统计

变量名	Q1	中位数	Q3	均值	标准差
ICM_ Broad	0.005	0.024	0.070	0.062	0.099
ICM_ Narrow	0.000	0.004	0.021	0.030	0.073
Fcst_ Error	0.004	0.011	0.027	0.026	0.056
Complementarity	0.426	0.876	1.000	0.716	0.342
Size	20.950	21.730	22.660	21.930	1.558
Leverage	0.001	0.029	0.120	0.082	0.119
ROA volatility	0.013	0.025	0.049	0.054	0.154
SOE	1.000	1.000	1.000	0.822	0.383
Analyst followed	0.000	1.609	2.708	1.602	1.326

表 7 – 2　　　　分析师预测精度影响因素检验的相关性系数

	1	2	3	4	5	6	7	8	9
ICM_ Broad	1.000								
ICM_ Narrow	0.639 (0.000)	1.000							
Fcst_ Error	0.095 (0.000)	0.066 (0.011)	1.000						
Complementarity	0.030 (1.000)	− 0.054 (0.113)	0.069 (0.005)	1.000					
Size	− 0.053 (0.130)	− 0.017 (1.000)	0.027 (1.000)	− 0.031 (1.000)	1.000				
Leverage	− 0.008 (1.000)	0.062 (0.024)	0.160 (0.000)	− 0.019 (1.000)	0.411 (0.000)	1.000			
ROA volatility	0.077 (0.001)	0.058 (0.054)	0.208 (0.000)	− 0.015 (1.000)	− 0.166 (0.000)	− 0.026 (1.000)	1.000		
SOE	0.189 (0.000)	0.102 (0.000)	− 0.011 (1.000)	− 0.035 (1.000)	0.102 (0.000)	0.073 (0.002)	− 0.046 (0.427)	1.000	
Analyst followed	− 0.149 (0.000)	− 0.201 (0.000)	− 0.130 (0.000)	− 0.041 (0.900)	0.508 (0.000)	0.097 (0.000)	− 0.059 (0.039)	0.064 (0.016)	1.000

　　表 7 - 3 中回归方程 1 和回归方程 4 分别为狭义内部资本市场与广义内部资本市场对分析师跟踪人数的单变量检验。结果显示，广义与狭义内部资本市场的规模与分析师跟踪人数之间的系数分别为 - 2.689 和 - 4.720，均在 1% 的水平上显著。这一结果初步说明，无论采取哪种内部资本市场衡量方式，内部资本市场的存在都会伴随着分析师跟踪人数的显著下降。

　　表 7 - 3 回归方程 2 列示了广义内部资本市场与分析师跟踪人数的多元回归结果，在控制了其他因素之后，内部资本市场的规模与分析师跟踪人数之间的系数为 - 1.352（t 值为 - 7.92），在 1% 的置信水平上显著。这一结果表明，在控制其他因素之后，内部资本市场规模越大分析师跟踪人数越少，支持了假设 1。

　　表 7 - 3 方程 5 将自变量替换为较为狭义的内部资本市场定义，结果与使用广义的内部资本市场定义一致。这说明分析师跟踪人数与内部资本市场之间的关系较为稳健，不随着内部资本市场定义的改变而改变。控制变量方面，规模越大，负债水平越低，盈利波动性越小的公司越容易得到分析师的关注，相比于民营企业，国有企业有更多的分析师跟踪人数，这些结论和前人研究结果基本一致，加强了结果的可靠性。

　　为了降低行业和年份对结果的影响，我们在表 7 - 3 的方程 3 和方程 6 中使用了固定效应模型。结果发现，无论是广义还是狭义的内部资本市场规模，都和分析师跟踪人数呈负相关关系。说明在控制了行业因素和年份因素对回归造成的影响之后，内部资本市场规模越大的公司更少地得到分析师的关注。以上三个层次的检验结果都支持了本章的假设 1，说明企业集团内部资本市场规模越大的上市公司可能具有更大的信息不透明度。

　　表 7 - 4 列示的检验结果显示，在不控制其他变量的情况下，内部资本市场规模与分析师预测误差显著正相关，（1）列 ICM 变量显著为正。在控制其他变量以及年份和行业固定效应后，（3）列的 ICM 显著且符号为正，假设 2 得到支持，企业集团内部资本市场规模越大，分析师预测精确度越低。集团成员企业之间的互补性有利

于分析师的盈利分析，在客观上提高了预测的精确度，我们进一步检验了成员企业互补性对假设 1 关系的影响，发现当成员企业互补性较强时，企业集团内部资本市场与预测误差的正向关系有所减弱，这说明，成员企业的某些特征有助于降低企业集团内部资本市场的负面影响。（4）列的交乘项显著为负。我们同时用狭义的内部资本市场规模进行的检验，具体结果见表 7 - 5，假设 2 也得到了经验证据的支持。

表 7 - 3　　企业集团内部资本市场对分析师跟踪人数的影响

	Dependent variable：Analyst followed					
	M1	M2	M3	M4	M5	M6
ICM_ Broad	-2.689 ***	-1.352 ***	-1.096 ***			
	(-13.24)	(-7.92)	(-7.17)			
ICM_ Narrow				-4.720 ***	-2.732 ***	-2.039 ***
				(-17.34)	(-11.75)	(-9.70)
Complementarity		-0.100 **	-0.237 ***		-0.131 ***	-0.251 ***
		(-2.10)	(-5.36)		(-2.76)	(-5.70)
Firm size		0.497 ***	0.490 ***		0.488 ***	0.480 ***
		(43.88)	(38.97)		(43.25)	(38.14)
Financial leverage		-0.251 *	-0.401 ***		-0.167	-0.322 **
		(-1.75)	(-2.70)		(-1.17)	(-2.18)
ROA volatility		-0.090	-0.239 **		0.029	-0.166 *
		(-0.81)	(-2.42)		(0.27)	(-1.68)
State ownership		0.077 *	0.049		0.053	0.033
		(1.80)	(1.26)		(1.25)	(0.85)
Year fixed effects	否	否	是	否	否	是
industry fixed effects	否	否	是	否	否	是
Constant	1.770 ***	-9.184 ***	-9.009 ***	1.746 ***	-8.952 ***	-8.755 ***
	(74.76)	(-36.49)	(-31.57)	(81.54)	(-35.70)	(-30.56)
Number of observations	4205	4205	4205	4205	4205	4205
Adjusted R - squared	0.040	0.369	0.506	0.067	0.380	0.511
F - statistic	175.402	411.027	180.329	300.826	430.632	183.907

注：括弧内为 t 值，*、**和***分别表示在 0.1、0.05 和 0.01 水平上显著。

表7-4 企业集团内部资本市场对分析师预测精确度影响检验1

	Fcst_ Error			
	(1)	(2)	(3)	(4)
ICM_ Broad	0.049 ***	0.037 ***	0.037 ***	0.084 ***
	(3.91)	(2.95)	(2.92)	(2.76)
Complementarity		0.006 **	0.003	0.006 *
		(2.06)	(1.16)	(1.84)
Size		0.001 *	0.003 ***	0.003 ***
		(1.66)	(2.88)	(2.89)
Leverage		0.041 ***	0.049 ***	0.048 ***
		(4.76)	(4.78)	(4.67)
ROA volatility		0.068 ***	0.066 ***	0.066 ***
		(7.07)	(6.91)	(6.91)
SOE		-0.001	-0.001	-0.001
		(-0.49)	(-0.44)	(-0.49)
Analyst followed		-0.009 ***	-0.011 ***	-0.011 ***
		(-7.81)	(-8.45)	(-8.44)
ICM_ Broad × Complementarity				-0.064 *
				(-1.70)
Year fixed effects and industry fixed effects	否	否	是	是
Constant	0.023 ***	0.005	-0.036 *	-0.037 *
	(19.67)	(0.28)	(-1.68)	(-1.76)
Number of observations	3030	3027	3027	3027
Adjusted R - squared	0.005	0.052	0.095	0.095
F - statistic	15.290	24.824	13.642	13.237

注：括弧内为t值，*、**和***分别表示在0.1、0.05和0.01水平上显著。

表 7-5　企业集团内部资本市场对分析师预测精确度影响检验 2

	Fcst_ Error			
	(1)	(2)	(3)	(4)
ICM_ Narrow	0. 103 ***	0. 062 ***	0. 076 ***	0. 154 ***
	(4. 76)	(2. 88)	(3. 51)	(3. 62)
Complementarity		0. 007 **	0. 004	0. 006 **
		(2. 27)	(1. 33)	(1. 96)
Size		0. 001	0. 003 ***	0. 003 ***
		(1. 52)	(2. 85)	(2. 92)
Leverage		0. 039 ***	0. 047 ***	0. 046 ***
		(4. 55)	(4. 64)	(4. 56)
ROA volatility		0. 067 ***	0. 065 ***	0. 065 ***
		(6. 99)	(6. 80)	(6. 87)
SOE		− 0. 001	− 0. 001	− 0. 001
		(− 0. 23)	(− 0. 25)	(− 0. 35)
Analyst followed		− 0. 009 ***	− 0. 010 ***	− 0. 010 ***
		(− 7. 57)	(− 8. 18)	(− 8. 23)
ICM_ Narrow × Complementarity				− 0. 118 **
				(− 2. 13)
Year fixed effects and industry fixed effects	否	否	是	是
Constant	0. 024 ***	0. 007	− 0. 036 *	− 0. 039 *
	(22. 17)	(0. 40)	(− 1. 71)	(− 1. 83)
Number of observations	3030	3027	3027	3027
Adjusted R − squared	0. 007	0. 052	0. 096	0. 097
F − statistic	22. 652	24. 763	13. 809	13. 468

注：括弧内为 t 值，*、** 和 *** 分别表示在 0.1、0.05 和 0.01 水平上显著。

　　上述结论表明，当企业集团内部资本市场规模越大时，分析师跟踪人数下降、分析师预测精确度降低。说明了企业集团内部资本市场的存在可能导致信息内部化，进而导致集团上市公司信息不透明的增加。为了增强本书结论的稳健性，本书进行了异方差测试、聚类测试和年度回归，结论基本保持稳定，限于篇幅，本书未报告结果。

二 企业集团内部资本市场影响股价波动同步性的检验

为检验本书的研究假设 2，我们借鉴了 Morck、Yeung 和 Yu（2000）以及 Chan 和 Hameed（2006）的方法，采用如下模型来计算股价同步性（Synchronicity）：

$$Synchronicity = \ln(\frac{R_i^2}{1 - R_i^2}) \qquad (7-4)$$

其中，R_i^2 为下列模型回归的拟合优度：

$$r_{i,t} = \alpha_0 + \alpha_1 r_{m,t} + \varepsilon_{i,t} \qquad (7-5)$$

在模型（7-5）中，$r_{i,t}$ 为公司 i 第 t 天的个股收益率，$r_{m,t}$ 为第 t 天的市场收益率。

具体来说，本书采用下列模型对假设 2 进行了检验：

$$\begin{aligned} Synchronicity = & \alpha_0 + \alpha_1 ICM + \alpha_2 Wedge + \alpha_3 SOE \\ & + \alpha_4 Analyst\ followed + \alpha_5 Institutional\ ownership \\ & + \alpha_6 Size + \alpha_7 Leverage + \alpha_8 ROA + \alpha_9 Tobin's\ Q \\ & + \sum year/industry dummies + \varepsilon \qquad (7-6) \end{aligned}$$

在模型（7-6）中，ICM 为企业集团内部资本市场规模，分别用广义和狭义两种衡量；Wedge 为实际控制人的控制权和现金流权的分离度；SOE 为企业性质，若为国有则赋值为 1，否则为 0；Analyst followed 为分析师跟踪人数的自然对数；Institutional ownership 为机构持股比例；Size 为公司规模，以总资产自然对数表示；Leverage 为公司负债率；ROA 为总资产回报率；Tobin's Q 为托宾 Q 值。此外，我们还控制了年度和行业变量。

表 7-6 和表 7-7 分别为影响股价同步性的相关变量的描述性统计和相关性系数表。表 7-6 报告了变量的上三分位数（Q1）、中位数（Median）、下三分位数（Q3）、均值（Mean）以及标准差（s. d.）。表 7-7 为相关变量的斯皮尔曼相关性系数。

表 7-6　　　股价同步性影响因素检验的描述性统计

变量	Q1	中位数	Q3	均值	标准差
ICM_ Broad	0. 006	0. 025	0. 071	0. 062	0. 098
ICM_ Narrow	0. 000	0. 004	0. 021	0. 029	0. 069
Synchronicity	− 0. 821	− 0. 390	0. 008	− 0. 457	0. 759
Wedge	0. 000	0. 436	14. 710	7. 228	8. 987
SOE	1. 000	1. 000	1. 000	0. 841	0. 366
Analyst followed	0. 000	1. 609	2. 708	1. 627	1. 316
Institution ownership	5. 436	23. 700	48. 060	29. 130	25. 480
Size	20. 990	21. 750	22. 670	21. 950	1. 515
Leverage	0. 001	0. 029	0. 120	0. 082	0. 119
ROA	0. 010	0. 032	0. 060	0. 031	0. 171
Tobin's Q	1. 043	1. 296	1. 890	1. 727	1. 748

表 7-7　　　股价同步性影响因素检验的相关性系数

	1	2	3	4	5	6	7	8	9	10	11
ICM_ Broad	1. 000										
ICM_ Narrow	0. 674	1. 000									
	0. 000										
Synchronicity	− 0. 079	− 0. 062	1. 000								
	0. 000	0. 009									
Wedge	0. 041	0. 010	0. 048	1. 000							
	0. 711	1. 000	0. 203								
SOE	0. 137	0. 056	− 0. 020	− 0. 363	1. 000						
	0. 000	0. 036	1. 000	0. 000							
Analyst followed	− 0. 203	− 0. 263	0. 028	− 0. 025	0. 079	1. 000					
	0. 000	0. 000	1. 000	1. 000	0. 000						
Institutiono- wnership	− 0. 121	− 0. 156	− 0. 060	− 0. 015	0. 072	0. 607	1. 000				
	0. 000	0. 000	0. 017	1. 000	0. 001	0. 000					
Size	− 0. 116	− 0. 102	0. 082	− 0. 039	0. 114	0. 601	0. 399	1. 000			
	0. 000	0. 000	0. 000	1. 000	0. 000	0. 000	0. 000				
Leverage	− 0. 054	0. 020	0. 047	− 0. 056	0. 048	0. 204	0. 123	0. 439	1. 000		
	0. 064	1. 000	0. 268	0. 043	0. 216	0. 000	0. 000	0. 000			
ROA	− 0. 170	− 0. 183	− 0. 055	0. 037	− 0. 035	0. 406	0. 307	0. 102	− 0. 072	1. 000	
	0. 000	0. 000	0. 047	1. 000	1. 000	0. 000	0. 000	0. 000	0. 001		

续表

	1	2	3	4	5	6	7	8	9	10	11
Tobin's Q	-0.017	-0.078	-0.202	0.001	-0.073	0.075	0.342	-0.355	-0.224	0.236	1.000
	1.000	0.000	0.000	1.000	0.001	0.000	0.000	0.000	0.000	0.000	

　　表 7 - 8 列示了假设 3 的检验结果，在不控制其他变量情况下，内部资本市场规模与股价同步性负相关，（1）列的 ICM 变量显著为负。在控制了其他变量以及年份和行业效应后，这一结果仍然存在，假设 3 得到支持，企业集团内部资本市场的运转降低了公司透明度，导致更多噪声被股票价格吸收，股票价格波动率增加，股价同步性降低。我们也检验了机构投资者的作用。一般认为，机构投资者有资金优势、专业优势和人才优势，相比散户而言有着更强的信息解读能力，投资也更加理性（Brenna，1995；Bartov et al.，2000）。机构投资者持股的公司股票，其价格受噪声影响较少，因此会削弱企业集团内部资本市场和股价同步性之间的负向关系。因此，我们推断，股价同步性与企业集团内部资本市场之间的负相关关系会随着机构投资者持股比例的增加而减弱。表 7 - 8 的（3）列证实了我们的预测，交叉项的符号显著为正。与此同时，随着分析师跟踪人数的提高，更多的公司特有信息被挖掘，也会削弱企业集团内部资本市场和股价同步性之间的关系。（4）列显示交乘项显著为正，这说明，两者之间的负向关联会随着公司分析师跟踪人数的增加而减弱。表 7 - 9 采用了狭义的内部资本市场规模作为主要的解释变量，实证结果支持了假设 2 的推断：企业集团内部资本市场规模越大，同步性越低。另外，表 7 - 9 的（3）列和（4）列的交叉变量均在 0.01 水平上显著为正，表明机构投资者持股比例以及分析师跟踪人数能够起到调节作用。

　　为了增强研究结论的稳健性，我们也用个股的周回报率对市场的周回报率回归后得出拟合优度，然后计算出 Synchronicity_week。表 7 - 10 和表 7 - 11 列示的结果也支持本章的假设 3，即企业集团内部资本市场规模越大，股价同步性越低。但是，并没有发现机构投资者持股以及分析师跟踪人数对两者关系的影响。

表 7 - 8　　　企业集团内部资本市场对股价同步性影响检验 1

	Synchronicity			
	（1）	（2）	（3）	（4）
ICM_Broad	- 1. 172 ***	- 1. 227 ***	- 1. 476 ***	- 1. 589 ***
	（ - 9. 29 ）	（ - 10. 73 ）	（ - 9. 94 ）	（ - 10. 70 ）
Wedge		0. 004 ***	0. 004 ***	0. 004 ***
		（3. 45 ）	（3. 34 ）	（3. 26 ）
SOE		0. 002	- 0. 002	- 0. 005
		（0. 05 ）	（ - 0. 05 ）	（ - 0. 16 ）
Analyst followed		0. 018	0. 018	- 0. 001
		（1. 44 ）	（1. 46 ）	（ - 0. 05 ）
Institution ownership		- 0. 003 ***	- 0. 004 ***	- 0. 003 ***
		（ - 5. 81 ）	（ - 6. 38 ）	（ - 5. 99 ）
Size		0. 020 *	0. 021 *	0. 020 *
		（1. 73 ）	（1. 79 ）	（1. 68 ）
Leverage		- 0. 258 **	- 0. 244 **	- 0. 231 **
		（ - 2. 35 ）	（ - 2. 22 ）	（ - 2. 10 ）
ROA		- 0. 070	- 0. 078	- 0. 082
		（ - 1. 08 ）	（ - 1. 21 ）	（ - 1. 28 ）
Tobin's Q		- 0. 065 ***	- 0. 064 ***	- 0. 064 ***
		（ - 9. 17 ）	（ - 9. 13 ）	（ - 9. 05 ）
ICM_Broad × Institutional ownership			0. 011 ***	
			（2. 63 ）	
ICM_Broad × Analist followed				0. 343 ***
				（3. 81 ）
Year fixed effects and industry fixed effects	否	是	是	是
Constant	- 0. 384 ***	- 0. 749 ***	- 0. 743 ***	- 0. 697 ***
	（ - 26. 32 ）	（ - 2. 94 ）	（ - 2. 92 ）	（ - 2. 73 ）
Number of observations	3723	3644	3644	3644
Adjusted R - squared	0. 022	0. 283	0. 284	0. 286
F - statistic	86. 272	54. 265	52. 659	53. 041

注：括弧内为 t 值，* 、** 和 *** 分别表示在 0. 1、0. 05 和 0. 01 水平上显著。

表 7 - 9   企业集团内部资本市场对股价同步性影响检验 2

	Synchronicity			
	(1)	(2)	(3)	(4)
ICM_ Narrow	- 1. 679 ***	- 1. 680 ***	- 2. 042 ***	- 2. 005 ***
	(- 9. 40)	(- 10. 16)	(- 10. 13)	(- 10. 42)
Wedge		0. 003 **	0. 003 **	0. 003 **
		(2. 57)	(2. 52)	(2. 48)
SOE		- 0. 029	- 0. 032	- 0. 032
		(- 0. 91)	(- 1. 02)	(- 1. 02)
Analyst followed		0. 015	0. 019	0. 007
		(1. 20)	(1. 52)	(0. 53)
Institution ownership		- 0. 003 ***	- 0. 004 ***	- 0. 003 ***
		(- 6. 03)	(- 6. 71)	(- 6. 00)
Size		0. 017	0. 016	0. 016
		(1. 45)	(1. 41)	(1. 34)
Leverage		- 0. 189 *	- 0. 181	- 0. 184 *
		(- 1. 72)	(- 1. 64)	(- 1. 67)
ROA		- 0. 070	- 0. 080	- 0. 079
		(- 1. 08)	(- 1. 24)	(- 1. 23)
Tobin's Q		- 0. 064 ***	- 0. 064 ***	- 0. 063 ***
		(- 9. 07)	(- 9. 00)	(- 8. 89)
ICM_ Narrow × Institutional ownership			0. 024 ***	
			(3. 12)	
ICM_ Narrow × Analist followed				0. 528 ***
				(3. 29)
Year fixed effects and industry fixed effects	否	是	是	是
Constant	- 0. 408 ***	- 0. 644 **	- 0. 630 **	- 0. 598 **
	(- 30. 56)	(- 2. 51)	(- 2. 46)	(- 2. 33)
Number of observations	3723	3644	3644	3644
Adjusted R - squared	0. 023	0. 281	0. 282	0. 283
F - statistic	88. 323	53. 665	52. 222	52. 275

注：括弧内为 t 值，* 、** 和 *** 分别表示在 0. 1、0. 05 和 0. 01 水平上显著。

表 7 - 10　　企业集团内部资本市场对股价同步性影响检验 3

	Synchronicity_week			
	（1）	（2）	（3）	（4）
ICM_ Broad	- 1. 139 ***	- 0. 836 ***	- 0. 903 ***	- 1. 081 ***
	（ - 5. 93 ）	（ - 4. 69 ）	（ - 3. 78 ）	（ - 4. 51 ）
Wedge		- 0. 000	- 0. 000	- 0. 000
		（ - 0. 08 ）	（ - 0. 10 ）	（ - 0. 20 ）
SOE		- 0. 111 **	- 0. 112 **	- 0. 116 **
		（ - 2. 16 ）	（ - 2. 18 ）	（ - 2. 26 ）
Analyst followed		- 0. 004	- 0. 004	- 0. 017
		（ - 0. 21 ）	（ - 0. 23 ）	（ - 0. 80 ）
Institution ownership		- 0. 005 ***	- 0. 005 ***	- 0. 005 ***
		（ - 5. 69 ）	（ - 5. 27 ）	（ - 5. 79 ）
Size		0. 131 ***	0. 132 ***	0. 131 ***
		（7. 34 ）	（7. 35 ）	（7. 33 ）
Leverage		- 0. 099	- 0. 095	- 0. 079
		（ - 0. 58 ）	（ - 0. 56 ）	（ - 0. 46 ）
ROA		0. 103	0. 102	0. 099
		（1. 00 ）	（0. 98 ）	（0. 96 ）
Tobin's Q		- 0. 048 ***	- 0. 048 ***	- 0. 048 ***
		（ - 3. 59 ）	（ - 3. 57 ）	（ - 3. 55 ）
ICM_ Broad × Institutional ownership			0. 003	
			（0. 42 ）	
ICM_ Broad × Analist followed				0. 211
				（1. 53 ）
Year fixed effects and industry fixed effects	否	是	是	是
Constant	- 0. 574 ***	- 2. 985 ***	- 2. 989 ***	- 2. 954 ***
	（ - 25. 73 ）	（ - 7. 52 ）	（ - 7. 52 ）	（ - 7. 43 ）
Number of observations	2747	2689	2689	2689
Adjusted R - squared	0. 012	0. 250	0. 250	0. 251
F - statistic	35. 126	34. 256	33. 029	33. 134

注：括弧内为 t 值，** 和 *** 分别表示在 0. 05 和 0. 01 水平上显著。

表7-11   企业集团内部资本市场对股价同步性影响检验4

	Synchronicity_ week			
	（1）	（2）	（3）	（4）
ICM_ Narrow	-1.500***	-1.189***	-1.422***	-1.422***
	（-5.44）	（-4.54）	（-4.33）	（-4.59）
Wedge		-0.001	-0.001	-0.001
		（-0.59）	（-0.58）	（-0.63）
SOE		-0.136***	-0.137***	-0.137***
		（-2.68）	（-2.69）	（-2.70）
Analyst followed		-0.007	-0.006	-0.013
		（-0.37）	（-0.30）	（-0.66）
Institution ownership		-0.005***	-0.005***	-0.005***
		（-5.84）	（-5.93）	（-5.86）
Size		0.129***	0.129***	0.128***
		（7.22）	（7.24）	（7.16）
Leverage		-0.044	-0.038	-0.035
		（-0.26）	（-0.22）	（-0.21）
ROA		0.108	0.103	0.104
		（1.04）	（1.00）	（1.01）
Tobin's Q		-0.048***	-0.047***	-0.047***
		（-3.60）	（-3.51）	（-3.52）
ICM_ Narrow × Institutional ownership			0.014	
			（1.18）	
ICM_ Narrow × Analist followed				0.344
				（1.41）
Year fixed effects and industry fixed effects	否	是	是	是
Constant	-0.603***	-2.905***	-2.919***	-2.874***
	（-29.57）	（-7.30）	（-7.33）	（-7.22）
Number of observations	2747	2689	2689	2689
Adjusted R - squared	0.010	0.250	0.250	0.250
F - statistic	29.590	34.190	33.023	33.052

注：括弧内为t值，*、**和***分别表示在0.1、0.05和0.01水平上显著。

第四节　小结

在具有新兴加转轨特征的我国经济环境下，外部市场机制不健全可能给企业带来高昂的交易成本。集团这一组织形式可以通过企业集团内部资本市场将交易内部化而降低交易成本，因而受到政府和企业的青睐。但不容忽视的是，大量的企业集团内部交易减少了向外部的信息供给，将企业的信息也内部化了。因此，企业集团内部资本市场的存在可能降低了集团上市公司的信息透明度。

继第六章检验了内部资本市场对成员企业融资约束、投资效率以及公司价值的影响后，本章进一步拓展了企业集团内部资本市场经济后果的研究。我们选择从证券分析师预测以及股价波动同步性两个角度进行了分析，研究发现，企业集团内部资本市场增加了公司不透明度，随着内部资本市场规模的扩大，分析师跟踪人数越少，分析师预测精确度降低。考虑到成员企业之间的关联性可能对分析师预测精确度的影响，我们进一步发现，随着集团成员企业之间关联性的增强，企业集团内部资本市场与分析师预测精确度负向关系有所减弱。本章同时发现，企业集团内部资本市场规模与股价波动同步性之间有着负向关联。随着机构投资者持股比例的上升，以及分析师跟踪人数的增加，这种负向关联有所减弱。

本章的结论对理解新兴市场中集团企业信息透明度问题提供了一个新的视角，强调了企业集团内部资本市场的负面作用，对于更为全面地理解集团企业提供了经验证据。本章拓展了影响分析师预测因素的研究，丰富了企业集团内部资本市场的经济后果研究。同时本章的结论可能对于监管方更好地制定相关披露规则，促进内外部资本市场更加公平有效地发挥作用提供了一定的理论依据。

第八章 结论、局限性与研究方向

本书选取了 2004—2011 年的中国企业集团数据，围绕"企业集团内部资本配置效率"→"内部资本配置效率影响因素"→"内部资本配置的经济后果"这三个问题逐层推进，展开经验研究，并讨论了所有制形式对内部资本配置的影响，得出了一些有价值的研究结论。

第一节 主要研究结论

一 企业集团内部资本配置效率

（1）本书从理论上推导出国有企业内部资本配置更加符合"社会主义"交叉补贴模式（Scharfstein and Stein, 2000），而民营企业则符合优胜者选拔模式（Stein, 1997）。通过进一步的经验数据验证，支持了本书的推论：在国有企业集团中，资本是从成长性较好的成员公司转移至成长性较差的成员公司；而在民营企业集团，这一资本流向是完全相反的。

（2）所有权制衡会对资本配置效率产生影响：在国有企业集团中，随着民营持股比例的提高，资本配置的效率有所提高；而在民营企业集团中，随着国有持股比例的提高，资本配置效率有所下降。

（3）随着实际控制人的控制权增强，国有企业集团和民营企业集团的资本配置效率均逐渐下降。此外，集团总部对成员公司的资本配置会转化为成员公司的长期投资。

二　企业集团内部资本配置效率的影响因素

（1）在国有企业集团中，成员公司的"寻租"行为可能是导致资本配置低效的重要因素。若成员公司高管同时兼任集团公司董事，游说能力更强，集团内部资本市场配置效率更低；若成员公司离公司总部越远，游说能力较弱，内部资本市场配置效率更高。

（2）在民营企业集团中，聘请职业经理人可能是公司治理的优先选择，聘请职业经理人的民营企业集团相比聘请家族雇员的内部资本配置效率更高。

（3）外部的制度环境会影响内部资本市场配置效率，随着集团总部所处地市场化程度的提高，民营企业集团的资本配置效率也得到了提高。在面临外部冲击时（以 2008 年金融危机为例），民营企业会迅速提升配置效率来应对，而国有企业则缺乏调整应变能力。

三　企业集团内部资本配置对成员公司的影响

（1）国有企业集团和民营企业集团内部资本市场均有助于缓解成员企业的融资约束。当宏观货币政策较紧时，两种类型的企业集团均更有动机去支持融资约束较紧的成员公司。

（2）国有企业集团和民营企业集团内部资本市场可以提升成员企业的投资效率，并增加成员企业的市场价值。考虑到外部金融环境，企业集团内部资本市场在货币政策较紧的情况下更加能增进成员企业价值，国有企业和民营企业没有显著差异。

四　企业集团内部资本配置对信息透明度的影响

（1）企业集团运作增加了公司不透明度，随着内部资本市场规模的扩大，分析师精度逐渐下降，两者是负向的关系。但当成员企业之间关联性增强时，两者的负向关联有所减弱。

（2）内部资本市场规模与股价同步性是显著的负向关系，随着机构投资者持股比例的上升以及证券分析师跟踪人数的增加，两者负向关联有所减弱。

第二节　研究局限性

（1）由于上市公司从 2004 年才开始披露实际控制人的详细资料，本书无法获取改革开放 30 多年以来翔实的集团企业数据，无法明确验证，随着中国政治和经济背景的变迁，国有企业集团和民营企业集团内部资本市场配置是否存在一个渐进式变迁的路径。本书仅是检验了 2004 年以后样本并提供了经验证据，并结合了已有的研究成果，对国有企业集团和民营企业集团内部资本市场配置效率及经济后果给出了一个推测性的结论。

（2）本书研究的理论基础仍旧遵循传统的"社会主义交叉补助"和优胜者选拔机制理论模型，未能突破传统的分析框架，对企业集团内部资本市场配置效率到底是有效还是无效的判断主要基于微观层次的企业业绩指标，如托宾 Q 值，而对于制度背景变迁以及宏观经济因素的考量仍略显不足。

（3）限于时间和篇幅，本书对于影响国有企业集团的因素仅仅考量了"寻租"行为，而未能从股权制衡、国有企业冗员以及盈余管理等公司治理机制考虑。而在分析民营企业集团时也只是分析了家族雇员和职业经理人两种不同的治理机制，而未能从民营企业的政治联系等角度来考虑。

（4）本书对于企业集团内部资本配置经济后果的讨论，主要集中在缓解成员企业融资约束、投资效率以及公司价值三个方面，并没有进一步区分企业集团内部资本市场在哪种作用上更具优势。在有关企业集团内部市场信息含量的讨论上，也没有讨论对投资者投资策略是否有影响。

第三节 研究方向

（1）如前文所述，传统的"社会主义交叉补助"和"优胜者选拔"理论的分析框架过于静态和微观，忽视了制度演化和社会变迁等动态因素，研究结论会出现偏颇，也带来了一个模糊的问题即"政府控制导致了低效率的集团内部资本市场，那么国有企业集团到底对经济增长是如何贡献的，贡献了多少？"而要解决这一问题，需要在传统的分析框架中引入宏观经济因素和动态分析。

（2）国有企业在经济中占据重要地位，承担了诸多政策性负担，如税收、就业和社会稳定等。政策性负担是不是引起国有企业集团内部资本市场配置低效率的动因呢？此外，已有的研究发现地方政府官员的升迁与 GDP 等经济指标密切相关（Li and Zhou，2005），具有升迁动机的官员是否具有强烈意愿去促使地方国有企业执行其政治或经济目标，从而影响资本配置效率。同时，在我国转型经济时期，民营企业也积极地与政府建立政治联系，这对民营企业的生产经营活动也产生了重要影响（Fan，Wong and Zhang，2007）。政府通过政治联系干预民营企业集团，是否会使得企业的经济行为服从其政治目标而偏离资本配置的最优行为？

（3）关于企业集团内部资本市场的经济后果讨论可以进一步延续到会计信息质量的讨论。企业集团内部资本市场通过错综复杂的关联交易在成员公司间进行资本配置，会计信息质量可能受此影响，比如，企业集团内部资本市场规模较大企业集团公司的盈余管理程度是否更高？同时，企业集团内部资本市场增强了集团成员企业间的"信用互保"能力，企业集团内部资本市场规模更大的企业集团，是否更能获得债权人的青睐？

参考文献

1. 仓勇涛、储一昀：《分析师盈余预测之约束力研究——来自中国资本市场的证据》，中国会计学会 2012 年学术年会论文集。

2. 陈梦根、毛小元：《股价信息含量与市场交易活跃程度》，《金融研究》2007 年第 3 期。

3. 陈清泰：《重塑企业制度——30 年企业制度变迁》，中国发展出版社 2008 年版。

4. 陈信元、黄俊：《政府管制与企业垂直整合——刘永行"炼铝"的案例分析》，《管理世界》2006 年第 2 期。

5. 陈永忠、邹萍：《经济体制转换时期企业行为的特点》，《国内外经济管理》1989 年第 2 期。

6. 程仲鸣、夏银桂：《控股股东、自由现金流与企业过度投资》，《经济与管理研究》2009 年第 2 期。

7. 代光伦、邓建平、曾勇：《货币政策、政府控制与企业现金持有水平的变化》，《投资研究》2012 年第 11 期。

8. 邓建平、曾勇：《金融关联能否缓解民营企业的融资约束》，《金融研究》2011 年第 8 期。

9. 邓乐平、张永任：《R^2 能够度量股价中的信息含量吗》，《银行家》2008 年第 5 期。

10. 杜胜利、王宏淼：《财务公司——企业金融功能与内部金融服务体系之构建》，北京大学出版社 2001 年版。

11. 樊纲、王小鲁、朱恒鹏：《中国市场化指数——各地区市场化相对进程 2011 年度报告》，经济科学出版社 2011 年版。

12. 樊纲、王小鲁：《中国市场化指数——各地区市场化相对进程

2004 年度报告》，经济科学出版社 2004 年版。

13. 冯丽霞、范奇芳：《国有企业集团内部资本市场效率的影响因素分析》，《商业研究》2007 年第 7 期。

14. 郭丹：《企业集团内部资本市场有效性研究》，博士学位论文，西南财经大学，2010 年。

15. 国家统计局：《2008 年中国大企业集团》，中国统计出版社 2009 年版。

16. 侯宇、叶冬艳：《机构投资者、知情人交易和市场效率——来自中国资本市场的实证证据》，《金融研究》2008 年第 4 期。

17. 黄俊、陈信元：《集团化经营与企业研发投资——基于知识溢出与内部资本市场视角的分析》，《经济研究》2011 年第 6 期。

18. 黄俊、张天舒：《制度环境企业集团与经济增长》，《金融研究》2010 年第 6 期。

19. 简建辉、余忠福、何平林：《经理人激励与公司过度投资——来自中国 A 股的经验证据》，《经济管理》2011 年第 4 期。

20. 蒋卫平：《我国企业集团对上市子公司业绩影响之研究》，博士学位论文，复旦大学，2006 年。

21. 金成晓、纪明辉：《大型国有企业集团公司治理失效探析》，《第七届国有经济论坛"大型国有企业集团公司治理"学术研讨会论文集》，2007 年。

22. 孔东民：《噪声交易、知偏误与市场波动——基于一个状态可变经济》，《管理科学》2006 年第 1 期。

23. 蓝海林：《经济转型中我国国有企业集团行为的研究》，博士学位论文，暨南大学，2004 年。

24. 李丹、贾宁：《盈余质量、制度环境与分析师预测》，《中国会计评论》2009 年第 4 期。

25. 李枫、杨兴全：《债务融资、债务结构与公司过度投资行为——来自我国上市公司的经验证据》，《大连理工大学学报》（社会科学版）2008 年第 4 期。

26. 李荣融：《国有企业改革的几个重点难点问题》，《宏观经济研究》2005 年第 11 期。

27. 李万福、林斌、宋璐：《内部控制在公司投资中的角色：效率促进还是抑制?》，《管理世界》2011 年第 2 期。

28. 李维安、姜涛：《公司治理与企业过度投资行为研究——来自中国上市公司的证据》，《财贸经济》2008 年第 12 期。

29. 李艳荣：《基于内部资本市场视角的企业集团内部治理研究》，经济科学出版社 2008 年版。

30. 李怡：《我国创业板上市公司董事会特征对非效率投资影响的实证研究》，硕士学位论文，西南财经大学，2013 年。

31. 李增泉、孙铮、王志伟：《掏空与所有权安排——来自我国上市公司大股东资金占用的经验证据》，《会计研究》2004 年第 12 期。

32. 李增泉：《所有权结构与股票价格的同步性——来自中国股票市场的证据》，《中国会计与财务研究》2005 年第 7 期。

33. 连玉君、程建：《投资——现金流敏感性：融资约束还是代理成本?》，《财经研究》2007 年第 2 期。

34. 林毅夫、李志赟：《政策性负担、道德风险与预算软约束》，《经济研究》2004 年第 2 期。

35. 林忠国、韩立岩、李伟：《股价波动非同步性——信息还是噪声?》，《管理科学学报》2012 年第 6 期。

36. 林紫叶：《基于分析师预测的盈余管理研究》，中国会计学会财务管理专业委员会、中国财务学年会组委会、中国会计学会财务管理专业委员会 2012 年学术年会暨第十八届中国财务学年会论文集。

37. 刘小玄：《中国工业企业的所有制结构对效率差异的影响：1995 年全国工业企业普查数据的》，《经济研究》2000 年第 2 期。

38. 刘兴强：《国有上市公司的集团控制及其治理》，《中国工业经济》2002 年第 3 期。

39. 柳建华、魏明海、郑国坚：《大股东控制下的关联投资："效率促进"抑或"转移资源"》，《管理世界》2008 年第 3 期。

40. 卢峰、姚洋：《金融压抑下的法治、金融发展和经济增长》，

《中国社会科学》2004 年第 1 期。

41. 陆军荣：《企业内部资本市场：替代与治理》，博士学位论文，复旦大学，2005 年。

42. 陆正飞、祝继高、樊铮：《银根紧缩、信贷歧视与民营上市公司投资者损失》，《金融研究》2009 年第 8 期。

43. 吕源、姚俊、蓝海林：《企业集团的理论综述与探讨》，《南开管理评论》2005 年第 8 期。

44. 罗党论、唐清泉：《中国民营上市公司制度环境与绩效问题研究》，《经济研究》2009 年第 2 期。

45. 马建春、陈伟：《公司治理结构的中国式困境：一个国际比较的视角》，《第七届国有经济论坛"大型国有企业集团公司治理"学术研讨会论文集》，2007 年。

46. 马伟：《高管薪酬激励对上市公司非效率投资的影响研究》，硕士学位论文，西南财经大学，2013 年。

47. 马文超、胡思玥：《货币政策、信贷渠道与资本结构》，《会计研究》2013 年第 11 期。

48. 梅丹、毛淑珍：《终级控制人属性、私人收益动机与非效率投资——基于我国上市公司 2004—2006 年的经验证据》，《经济与管理研究》2009 年第 5 期。

49. 潘敏、金岩：《信息不对称，股权制度安排与上市企业过度投资》，《金融研究》2003 年第 1 期。

50. 庞新江：《我国货币政策的有效性及对策建议》，《当代经济研究》2012 年第 1 期。

51. 饶品贵、姜国华：《货币政策对银行信贷与商业信用互动关系影响研究》，《经济研究》2013 年第 1 期。

52. 饶育蕾、汪玉英：《中国上市公司大股东对投资影响的实证研究》，《南开管理评论》2006 年第 5 期。

53. 任兵、区玉辉、彭维刚：《连锁董事与公司绩效：针对中国的研究》，《南开管理评论》2007 年第 1 期。

54. 邵军、刘志远：《"系族企业"内部资本市场有效率吗？基于中

国"系族企业"的实证检验》，《中国会计评论》2009 年第
3 期。

55. 邵军、刘志远：《企业集团内部资本配置的经济后果——来自中
国企业集团的证据》，《会计研究》2008 年第 4 期。

56. 沈红波、寇宏、张川：《金融发展、融资约束与企业投资的实证
研究》，《中国工业经济》2010 年第 6 期。

57. 盛松成、吴培新：《中国货币政策的二元传导机制研究，两中介
目标两调控对象模式研究》，《经济研究》2008 年第 10 期。

58. 石桂峰、苏力勇、齐伟山：《财务分析师盈余预测精确度决定因
素的实证分析》，《财经研究》2007 年第 5 期。

59. 宋常、刘笑松、黄蕾：《中国上市公司高额现金持有行为溯因：
融资约束理论抑或委托代理理论》，《当代财经》2012 年第
2 期。

60. 孙永祥：《所有权、融资结构与公司治理机制》，《经济研究》
2001 年第 1 期。

61. 童盼、支晓强：《股东—债权人利益冲突对企业投资行为的影
响——基于中国上市公司的模拟研究》，《管理科学》2005 年第
5 期。

62. 万良勇、魏明海：《我国企业集团内部资本市场的困境与功能实
现问题——以三九集团和三九医药为例》，《当代财经》2006 年
第 2 期。

63. 王先柱、刘洪玉：《货币政策、实际控制人类型和房地产上市公
司现金持有水平变化》，《当代经济科学》2011 年第 5 期。

64. 王小容：《货币政策对企业债务融资行为的影响研究》，硕士学
位论文，重庆大学，2011 年。

65. 王亚平、刘辉龙、吴联生：《信息不透明度、机构投资者与股价
同步性》，《金融研究》2009 年第 12 期。

66. 王彦超：《融资约束，现金持有与过度投资》，《金融研究》
2009 年第 7 期。

67. 王艳艳、于李胜：《国有银行贷款与股价同步性》，《会计研究》

2013 年第 7 期。

68. 韦琳、石华：《制造业股权结构对企业非效率投资的影响研究》，《江西财经大学学报》2013 年第 2 期。

69. 吴琦珍：《内部控制信息披露对分析师盈利预测的影响》，《经济论坛》2013 年第 7 期。

70. 吴文锋、吴冲锋、刘晓薇：《中国民营上市公司高管的政府背景与公司价值》，《经济研究》2008 年第 7 期。

71. 武安华、张博：《公司透明度与股价波动同步性的相关性研究》，《金融理论与实践》2010 年第 1 期。

72. 武常岐、钱婷：《集团控制与国有企业治理》，《经济研究》2011 年第 6 期。

73. 夏芳：《盈余管理、投资者情绪与股价"同涨同跌"》，《证券市场导报》2012 年第 8 期。

74. 肖浩、夏新平、邹斌：《信息性交易概率与股价同步性》，《管理科学》2011 年第 4 期。

75. 谢军、黄志忠、何翠茹：《宏观货币政策和企业金融生态环境优化》，《经济评论》2013 年第 4 期。

76. 辛清泉、郑国坚、杨德明：《企业集团、政府控制与投资效率》，《金融研究》2007 年第 10 期。

77. 徐晓东、张天西：《公司治理、自由现金流与非效率投资》，《财经研究》2009 年第 10 期。

78. 许奇挺：《内部资本市场有效性研究》，博士学位论文，浙江大学，2005 年。

79. 许艳芳、张伟华、文旷宇：《系族企业内部资本市场功能异化及其经济后果——基于明天科技的案例研究》，《管理世界》2009 年第 2 期。

80. 闫志刚：《内部控制对证券分析师盈利预测准确度的影响》，《中国管理信息化》2012 年第 14 期。

81. 杨洁、夏新平、余明桂：《政策性负担、预算软约束与杠杆治理：基于中国上市公司的实证研究》，《管理评论》2007 年第

10 期。

82. 杨棉之、孙健、卢闯：《企业集团内部资本市场的存在性与效率性》，《会计研究》2010 年第 4 期。

83. 杨棉之：《内部资本市场、公司绩效与控制权私有收益——以华通天香集团为例分析》，《会计研究》2006 年第 12 期。

84. 杨瑞龙、王元、聂辉华：《"准官员"的晋升机制：来自中国央企的证据》，《管理世界》2013 年第 3 期。

85. 杨兴全、张照南、吴昊旻：《治理环境、超额持有现金与过度投资——基于我国上市公司面板数据的分析》，《南开管理评论》2010 年第 5 期。

86. 姚明安、孔莹：《财务杠杆对企业投资的影响——股权集中背景下的经验研究》，《会计研究》2008 年第 4 期。

87. 叶康涛、祝继高：《银根紧缩与信贷资源配置》，《管理世界》2009 年第 1 期。

88. 游家兴：《中国证券市场股价波动同步性研究》，博士学位论文，厦门大学，2007 年。

89. 曾海舰、苏冬蔚：《信贷政策与公司资本结构》，《世界经济》2010 年第 8 期。

90. 曾庆生、陈信元：《国家控股、超额雇员与劳动力成本》，《经济研究》2006 年第 5 期。

91. 张纯、吕伟：《信息披露、信息中介与企业过度投资》，《会计研究》2009 年第 1 期。

92. 张功富、宋献中：《我国上市公司投资：过度还是不足？——基于沪深工业类上市公司非效率投资的实证度量》，《会计研究》2009 年第 5 期。

93. 张军：《资本形成、工业化与经济增长：中国的转轨特征》，《经济研究》2002 年第 6 期。

94. 张维迎：《所有制、治理结构及委托代理关系——兼评崔之元和周其仁的一些观点》，《经济研究》1996 年第 9 期。

95. 张西征：《货币政策、融资约束与公司投资决策》，博士学位论文，南开大学，2010 年。

96. 张艳：《我国证券市场泡沫形成机制研究——基于进化博弈的复制动态模型分析》，《管理世界》2005 年第 10 期。

97. 张跃龙、谭跃、夏芳：《投资效率是被"债务融资"束缚了手脚吗?》，《经济与管理研究》2011 年第 2 期。

98. 张铮、刘力：《换手率与股票收益：流动性溢价还是投机性泡沫》，《经济学》（季刊）2006 年第 5 期。

99. 郑伯壎：《差序格局与华人组织行为》，《本土心理学研究》1995 年第 3 期。

100. 郑国坚、魏明海：《控股股东内部市场的形成机制研究》，《中山大学学报》（社会科学版）2009 年第 5 期。

101. 周铭山、任哲、李涛：《产权性质、融资约束与现金调整：兼论货币政策有效性》，《国际金融研究》2012 年第 6 期。

102. 周业安：《金融抑制对中国企业融资能力影响的实证研究》，《经济研究》1999 年第 2 期。

103. 朱红军、何贤杰、陶林：《中国的证券分析师能够提高资本市场的效率吗——基于股价同步性和股价信息含量的经验证据》，《金融研究》2007 年第 2 期。

104. 朱磊、潘爱玲：《负债对企业非效率投资行为影响的实证研究——来自中国制造业上市公司的面板数据》，《经济与管理研究》2009 年第 2 期。

105. 祝继高、陆正飞：《产权性质、股权再融资与资源配置效率》，《金融研究》2011 年第 1 期。

106. 祝继高、陆正飞：《货币政策、企业成长与现金持有水平变化》，《管理世界》2009 年第 3 期。

107. 邹薇、钱雪松：《融资成本、寻租行为和企业内部资本配置》，《经济研究》2005 年第 5 期。

108. Abarbanell, J. S. and Lehavy, R. , "Can Stock Recommendations Predict Earnings Management and Analysts Earnings Forecast Errors?" Working Paper, University of California at Berkeley, 2002.

109. Adams, J. S. , "Inequity in social exchange", *Advances in Experimental Social Psychology*, No. 2, 1965, pp. 267 – 299.

110. Albuquerue, R. and Wang, N. , "Agency Conflicts, Investment, and Asset Pricing", *The Journal of Finance*, Vol. 63, No. 1, 2008, pp. 1 – 40.

111. Alchian, A. , "Economic policy and the regulation of corporate securities American Enterprise Institute", *Corporate Management and Property Rights*, 1969, pp. 337 – 360.

112. Ali, A. , Chen, T. and Radhakrishnan, S. , "Corporate disclosures by family firms", *Journal of Accounting and Economics*, Vol. 44, No. 1, 2007, pp. 238 – 286.

113. Allen, F. , Qian, J. and Qian, M. , "Law, finance, and economic growth in China", *Journal of Financial Economics*, Vol. 77, No. 1, 2005, pp. 57 – 116.

114. Almeida, H. , Campello, M. and Weisbach, M. S. , "The cash flow sensitivity of cash", *The Journal of Finance*, Vol. 59, No. 4, 2004, pp. 1777 – 1804.

115. Almeida, H. , Park, S. , Subrahmanyam, M. G. and Wolfenzon, D. , "The structure and formation of business groups: Evidence from Korean chaebols", *Journal of Financial Economics*, Vol. 99, 2011, pp. 447 – 475.

116. Almeida, H. and Campello, M. , "Financial constraints, asset tangibility, and corporate investment", *Review of Financial Studies*, Vol. 20, No 5, 2007, pp. 1429 – 1460.

117. Almeida, H. and Wolfenzon, D. , "Should business groups be dismantled? The equilibrium costs of efficient internal capital markets", *Journal of Financial Economics*, Vol. 79, No. 1, 2006, pp. 99 – 144.

118. Anderson, R. C. , Mansi, S. A. and Reeb, D. M. , 2004, "Founding family ownership and the agency cost of debt", *Journal of Fi-*

nancial Economics, Vol. 68, No. 2, 2003, pp. 263 – 285.

119. Anderson, R. C. and Reeb, D. M., "Founding – family ownership and firm performance: Evidence from the S & P 500", *The Journal of Finance*, Vol. 58, No. 3, 2003, pp. 1301 – 1327.

120. Ang, J., Ciccone, S., *International differences in analyst forecast properties*, Working Paper, 2001.

121. Aoki, M., *Information, incentives and bargaining in the Japanese economy*, Cambridge: Cambridge University Press, 1988.

122. Atanasova, C. V. and Wilson, N., "Disequilibrium in the UK corporate loan market", *Journal of Banking and Finance*, Vol. 28, No. 3, 2004, pp. 595 – 614.

123. Bae, G. S., Cheon, Y. S. and Kang, J. K., "Intragroup propping: Evidence from the stock – price effects of earnings announcements by Korean business groups", *Review of Financial Studies*, Vol. 21, No. 5, 2008, pp. 2015 – 2060.

124. Bae, K. H., Kang, J. K. and Kim, J. M., "Tunneling or value added? Evidence from mergers by Korean business groups", *The Journal of Finance*, Vol. 57, No. 6, 2002, pp. 2695 – 2740.

125. Baek, J., Kang, J. and Lee, I., "Business groups and tunneling: Evidence from private securities offerings by Korean chaebols", *The Journal of Finance*, Vol. 61, 2006, pp. 2415 – 2449.

126. Baik, B. and Jiang, G., "The use of management forecasts to dampen analysts expectations", *Journal of Accounting and Public Policy*, Vol. 25, No. 5, 2006, pp. 531 – 553.

127. Barniv, R., Myring, M. and Thomas, W., "The association between the legal and financial reporting environments and forecast performance of individual analysts", *Contemporary Accounting Research*, Vol. 22, 2005, pp. 727 – 758.

128. Barron, O., Beyard, D., Kyle, C. and Riedl, D., "High – technology intangible and analysts forecasts", *Journal of Accounting Re-*

search, Vol. 40, 2002, pp. 289 – 312.

129. Bartov, E., Radhakrishnan, S. and Krinsky, L., "Investor sophistication and patterns in stock returns after earnings announcements", *The Accounting Review*, Vol. 75, 2000, pp. 43 – 63.

130. Beasley, M. S., "An empirical analysis of the relation between the board of director composition and financial statement fraud", *Accounting Review*, 1996, pp. 443 – 465.

131. Beason, D., "Keiretsu affiliation and share price volatility in Japan", *Pacific – Basin Finance*, Vol. 6, 1998, pp. 27 – 43.

132. Belenzon, S. and Berkowitz, T., "Innovation in business groups", *Management Science*, Vol. 56, 2010, pp. 519 – 535.

133. Berger, P. and Hann, R., "The impact of SFAS No. 131 on information and monitoring", *Journal of Accounting Research*, Vol. 41, 2003, pp. 163 – 223.

134. Berger, P. G. and Ofek, E., "Diversification's effect on firm value", *Journal of Financial Economics*, Vol. 37, No. 1, 1995, pp. 39 – 65.

135. Bernanke, B. S. and Blinder, A. S., "Credit, money, and aggregate demand", *The American Economy Review*, Vol. 78, No. 21988, pp. 435 – 439.

136. Bernanke, B. S. and Blinder, A. S., "The federal funds rate and the channels of monetary transmission", *The American Economic Review*, Vol. 82, No. 4, 1992, pp. 901 – 921.

137. Bernanke, B. S. and Gertler, M., "Inside the black box: the credit channel of monetary policy transmission", *National Bureau of Economic Research*, Vol. 9, No. 4, 1995, pp. 27 – 48.

138. Bernardo, A. E., Luo, J. and Wang, J., "A theory of socialistic internal capital markets", *Journal of Financial Economics*, Vol. 80, 2006, pp. 485 – 509.

139. Bertrand, M., Johnson, S., Samphantharak, K. and Schoar,

A. , "Mixing family with business: A study of Thai business groups and the families behind them", *Unpublished Working Paper University of Chicago and MIT*, 2004.

140. Bertrand, M. , Mehta, P. and Mullainathan, S. , "Ferreting out tunneling: An application to Indianbusiness groups", *Quarterly Journal of Economics*, Vol. 117, 2002, pp. 121 – 48.

141. Biggart, N. W. , and Hamilton, G. G. , "On the limits of a firm – based theory to explain business networks: The western bias of neo-classical Economics", *Institute of Governmental Affairs*, *University of California*, No. 32, 1992.

142. Billett, M. T. and Mauer, D. C. , "Cross – subsidies, external financing constraints, and the contribution of the internal capital market to firm value", *Review of Financial Studies*, Vol. 16, No. 4, 2003, pp. 1167 – 1201.

143. Bougheas, S. , Mizen, P. and Yalcin, C. , "Access to external finance: Theory and evidence on the impact of monetary policy and firm – specific characteristics", *Journal of Banking and Finance*, Vol. 30, No. 1, 2006, pp. 199 – 227.

144. Bowen, R. , Davis, A. and Matsumoto, D. , "Do conference calls affect analysts forecasts?", *The Accounting Review*, Vol. 77, 2002, pp. 285 – 316.

145. Bower, J. , *Managing the Resource Allocation Process*, Harvard Business Press, 1986.

146. Boxiot, M. and Child, J. , "From fiefs to clans and network capitalism: Explaining China's emerging economic order", *Administrative Science Quarterly*, Vol. 41, 1996, pp. 600 – 628.

147. Brennan, M. J. , "The individual investor", *Journal of Financial Research*, Vol. 18, 1995, pp. 59 – 74.

148. Brown, L. D. , "Analyst forecasting errors: Additional evidence", *Financial Analysts Journal*, Vol. 53, 1997, pp. 81 – 88.

149. Brown, P. and Ball, R., "Some preliminary findings on the associ-ation between the earnings of a firm, its industry, and the econo-my", *Journal of Accounting Research*, Vol. 5, pp. 55 – 77.

150. Brusco, S. and Panunzi, F., "Reallocation of corporate resources and managerial incentives in internal capital markets", *European E-conomic Review*, Vol. 49, No. 3, 2005, pp. 659 – 681.

151. Burkart, M., Panunzi, F. and Shleifer, A., "Family firms", *The Journal of Finance*, Vol. 58, No. 5, 2003, pp. 2167 – 2202.

152. Bushman, R. M., Piotroski, J. D. and Smith, A. J., "What de-termines corporate transparency?", *Journal of Accounting Research*, Vol. 42, No. 2, 2004, pp. 207 – 252.

153. Buysschaert, A., Deloof, M. and Jegers, M., "Equity sales in Belgian corporate groups: Expropriation of minority shareholders? A clinical study", *Journal of Corporate Finance*, Vol. 10, 2004, pp. 81 – 103.

154. Byard, D. and Shaw, K., "Corporate disclosure quality and prop-erties of analysts information environment", *Journal of Accounting, Auditing and Finance*, Vol. 18, 2003, pp. 355 – 378.

155. Byard, D. and Shaw, K. W., "Corporate disclosure quality and properties of analysts' information environment", *Journal of Ac-counting, Auditing & Finance*, Vol. 18, No. 3, 2003, pp. 355 – 378.

156. Calori, R., Lubatkin, M., Very, P. and Veiga, J. F., "Model-ling the origins of nationally – bound administrative heritages: A his-torical institutional analysis of French and British firms", *Organiza-tion Science*, Vol. 8, No. 6, 1997, pp. 681 – 696.

157. Capstaff, J., Paudyal, K. and Rees, W., "A comparative analy-sis of earnings forecasts in Europe", *Journal of Business Finance and Accounting*, Vol. 28, 2001, pp. 531 – 562.

158. Carney, M., Shapiro, D. and Tang, Y., "Business group per-

formance in China: Ownership and temporal considerations", *Management and Organizational Review*, Vol. 5, 2009, pp. 167 – 193.

159. Chan, K. and Hameed, A. , "Stock price synchronicity and analyst coverage in emerging markets", *Journal of Financial Economics*, Vol. 80, No. 1, 2006, pp. 115 – 147.

160. Chandra, A. and Thenmozhi, M. , "Investor Sentiment, Volatility and Stock Return Comovements", SSRN eLibrary, *Working paper*, 2013.

161. Chang, J. , Khanna, T. and Palepu, K. , "Analyst activity around the world", *Working paper*, 2004.

162. Chang, S. J. , 2003a, *Financial Crisis and Transformation of Korean Business Groups*, Cambridge: Cambridge University Press.

163. Chang, S. J. , Chung, C. N. and Mahmood, I. P. , "When and how does business group affiliation promote firm innovation? A tale of two emerging economies", *Organization Science*, Vol. 17, 2006, pp. 637 – 656.

164. Chang, S. J. , "Ownership structure, expropriation and performance of group – affiliated companies in Korea", *Academy of Management*, Vol. 46, 2003b, pp. 238 – 254.

165. Chang, S. J. and Choi, U. , "Strategy, structure, and performance of Korean business groups: A transactions cost approach", *Journal of Industrial Economics*, Vol. 37, No. 2, 1988, pp. 141 – 159.

166. Chang, S. J. and Hong, J. , "Economic performance of group – affiliated companies in Korea: Intragroup resource sharing and internal business transactions", *Academy of Management Journal*, Vol. 43, No. 3, 2000, pp. 429 – 448.

167. Chang, S. J. and Hong, J. , "How much does the business group matter in Korea?", *Strategic Management Journal*, Vol. 23, No. 3, 2002, pp. 265 – 274.

168. Chen, Q., Goldstein, I. and Jiang, W., "Price informativeness and investment sensitivity to stock price", *Review of Financial Studies*, Vol. 20, No. 3, 2007, pp. 619 – 650.

169. Cheng, M., Dhaliwal, D. and Zhang, Y., "Does investment efficiency improve after the disclosure of material weaknesses in internal control over financial reporting", *Journal of Accounting and Economics*, Vol. 56, No. 1, 2013, pp. 1 – 18.

170. Cheung, Y., Rau, P. R. and Stouraitis, A., "Tunneling, propping, and expropriation: Evidence from connected party transactions in Hong Kong", *Journal of Financial Economics*, Vol. 82, No. 2, 2006, pp. 343 – 386.

171. Claessens, S., Djankov, S., Fan, J. P. H. and Lang, L. H. P., "Disentangling the incentive and entrenchment effects of large shareholdings", *The Journal of Finance*, Vol. 57, No. 6, 2002, pp. 2741 – 2771.

172. Claessens, S., Djankov, S. and Lang, L. H. P., "The separation of ownership and control in East Asian corporations", *Journal of Financial Economics*, Vol. 58, No. (1 – 2), 2000, pp. 81 – 112.

173. Claessens, S., Fan, J. P. H. and Lang, L. H. P., "The benefits and costs of group affiliation: Evidence from East Asia", *Emerging Markets Review*, Vol. 7, 2006, pp. 1 – 26.

174. Claessens, S. and Fan, J. P. H., "Corporate governance in Asia: A Survey", *International Review of Finance*, Vol. 3, 2002, pp. 71 – 103.

175. Clement, M. B., "Analyst forecast accuracy: Do ability, resources and portfolio complexity matter?", *Journal of Accounting and Economics*, Vol. 27, 1997, pp. 285 – 303.

176. Coase, R., "The nature of the firm", *Economica*, Vol. 4, 1937, pp. 386 – 405.

177. Cook, L. D., "Trade credit and bank finance: Financing small

firms in Russia", *Journal of Business Venturing*, Vol. 14, No. 5, 1999, pp. 493 – 518.

178. Coval, J. and Moskowitz, T., "Home bias at home: Local equity preference in domestic portfolios", *Journal of Finance*, Vol. 54, 1999, pp. 2045 – 2073.

179. Covrig, V. and Low, B. S., "The relevance of analysts' earnings forecasts in Japan", *Journal of Business Finance & Accounting*, Vol. 32, No. 7, 2005, pp. 1437 – 1463.

180. Cronqvist, H. and Nilsson, M., "Agency costs of controlling minority shareholders", *Journal of Financial and Quantitative Analysis*, Vol. 38, No. 4, 2003, pp. 695 – 720.

181. Cull, R. and Xu, C. L., "Institutions, ownership, and finance: The determinants of profit reinvestment among Chinese firms", *Journal of Financial Economics*, Vol. 77, No. 1, 2005, pp. 117 – 146.

182. Danielson, M. G. and Scott, J. A., "Additional Evidence on the Use of Trade Credit by Small Firms: The Role of Trade Credit Discounts", Philadelphia: Fox School of Business and Management, Temple University, 2000, pp. 7 – 8.

183. Dasgupta, S., Gan, J. and Gao, N., "Transparency, Price Informativeness, and Stock Return Synchronicity: Theory and Evidence", *Journal of Financial and Quantitative Analysis*, Vol. 45, No. 5, 2010, pp. 1189 – 1220.

184. Davis, G. E., "The interlock network as a self – reproducing social structure", *Unpublished manuscript, Kellogg Grad. Sch. Man., Northwestern University*, 1994.

185. Deloof, M., "Internal capital markets, bank borrowing and financing constraints: Evidence from Belgian firms", *Journal of Business Finance and Accounting*, Vol. 25, 1998, pp. 945 – 968.

186. Deloof, M. and Verschueren, I., "Are leases and debt substitutes?

Evidence from Belgian firms", *Financial Management*, Vol. 28, No. 2, 1999, pp. 91 – 95.

187. Demers, E., "Discussion of high – technology intangibles and analysts' forecasts", *Journal of Accounting Research*, Vol. 40, 2002, pp. 313 – 319.

188. Demirgü – Kunt, A. and Maksimovic, V., "Law, finance, and firm growth", *Journal of Finance*, Vol. 53, No. 6, 1998, pp. 2107 – 2137.

189. Demsetz, H. and Lehn, K., "The structure of corporate ownership: Causes and consequences", *The Journal of Political Economy*, Vol. 93, No. 6, pp. 1155 – 1177.

190. Denis, D. J. and Thothadri, B., "Internal capital markets, growth opportunities, and the valuation effects of corporate diversification", *Working paper*, 1999.

191. Desai, M. A., Dyck, A. and Zingales, L., "Theft and taxation", *Unpublished Working Paper* 10978. *National Bureau of Economic Research*, Cambridge, MA, 2004.

192. Dewaelheyns, N. and Van Hulle, C., "Corporate failure prediction modelling: Distorted by business groups' internal capital markets?", *Journal of Business, Finance & Accounting*, Vol. 33, 2006, pp. 909 – 931.

193. Dewatripont, M. and Maskin, E., "Credit and efficiency in centralized and decentralized economies", *Review of Economic Studies*, Vol. 62, No. 4, 1995, pp. 541 – 555.

194. Dewenter, K., "The risk – sharing role of Japanese keiretsu business groups: Evidence from restructuring in the 1990s", *Japan and the World Economy*, Vol. 15, 2003, pp. 261 – 274.

195. Ding, D. K., Charoenwong, C. and Seetoh, R., "Prospect theory, analyst forecast and stock returns", *Journal of Multinational Financial Management*, Vol. 14, No. (4 – 5), 2004, pp. 425 –

442.

196. Dooley, R. S. and Fryxell, G. E. , "Attaining decision quality and commitment from dissent: The moderating effects of loyalty and competence in strategic decision – making Teams", *Academy of Management Journal*, Vol. 42, No. 4, 1999, pp. 389 – 402.

197. Dowen, R. J. , "Analyst reaction to negative earnings for large well – known firms", *The Journal of Portfolio Management*, Vol. 21, 1996, pp. 49 – 55.

198. Durnev, A. , Morck, R. , Yeung, B. and Zarowin, P. P. , "Does Greater Firm-Specific Return Variation Mean More or Less Informed Stock Pricing?", *Journal of Accounting Research*, Vol. 41, No. 5, 2003, pp. 797 – 836.

199. Duru, A. and Reeb, D. , "International diversification and analysts' forecast accuracy and bias", *The Accounting Review*, Vol. 77, 2002, pp. 415 – 433.

200. Eames, M. and Glover, S. , "Earnings predictability and the direction of analysts' earnings forecast errors", *The Accounting Review*, Vol. 78, 2003, pp. 707 – 724.

201. Eisdorfer, A. , Giaccotto, C. and White, R. , "Capital structure, executive compensation, and investment efficiency", *Journal of Banking and Finance*, Vol. 37, No. 2, 2013, pp. 549 – 562.

202. Encarnation, D. J. , 1989, *Dislodging multinationals India's strategy in comparative perspective*, Ithaca and London: Cornell University Press.

203. Estrin, S. , Poukliakova, S. and Shapiro, D. , The performance effects of business groups in Russia, *Journal of Management Studies*, Vol. 46, No. 3, 2009, pp. 393 – 420.

204. Faccio, M. , Lang, L. H. P. and Young, L. , "Dividends and expropriation", *American Economic Review*, Vol. 91, No. 1, 2001, pp. 54 – 78.

205. Faccio, M., "Politically connected firms", *American Economic Review*, Vol. 96, 2006, pp. 369 – 386.

206. Fahlenbrach, R., *Founder – CEOs and stock market performance*, Fisher College of Business, Ohio State University, 2004.

207. Fan, J. P. H., Wong, T. J. and Zhang, T., "Politically connected CEOs, corporate governance, and post – IPO performance of China's newly partially privatized firms", *Journal of Financial Economics* Vol. 84, No. 2, 2007, pp. 330 – 357.

208. Fan, J. P. H. and Lang, L. H. P., "The measurement of relatedness: An application to corporate diversification", *The Journal of Business*, Vol. 73, No. 4, 2000, pp. 629 – 660.

209. Fan, J. P. H. and Wong, T. J., "Do external auditors perform a corporate governance role in emerging markets? Evidence from East Asia", *Journal of Accounting Research*, Vol. 43, 2002, pp. 401 – 425.

210. Faulkender, M. and Wang, R., "Corporate financial policy and the value of cash", *The Journal of Finance*, Vol. 61, No. 4, 2006, pp. 1957 – 1990.

211. Fazzari, S. M., Hubbard, R. G., Petersen, B. C., Blinder, A. S. and Poterba, J. M., "Financing constraints and corporate investment", Brookings papers on economic activity, No. 1, 1998, pp. 141 – 206.

212. Ferreira, M. A. and Laux, A., "Corporate governance, idiosyncratic risk, and information flow", *The Journal of Finance*, Vol. 62, No. 2, 2007, pp. 951 – 989.

213. Ferris, S. P., Kim, K. A. and Kitsabunnarat, P. P., "The costs (and benefits?) of diversified business groups: The case of Korean chaebols", *Journal of Banking & Finance*, Vol. 27, No. 2, pp. 251 – 273.

214. Fisman, R. and Khanna, T., "Facilitating development: The role

of business groups", *World Development*, Vol. 32, 2004, pp. 609 – 628.

215. Fisman, R. and Khanna, T. , "Facilitating development: The role of business group", *Working Paper*, Harvard Business School, Boston, 1998.

216. Fisman, R. , "Trade credit and productive efficiency in developing countries", *World Development*, Vol. 29, No. 2, 2001, pp. 311 – 321.

217. Francis, J. , LaFond, R. , Olsson, M. and Schipper, K. , "Costs of equity and earnings attributes", *The Accounting Review*, Vol. 79, No. 4, 2004, pp. 967 – 1010.

218. Fresard, L. , "Financial strength and product market behavior: The real effects of corporate cash holdings", *The Journal of Finance*, Vol. 65, No. 3, 2010, pp. 1097 – 1122.

219. Friedman, E. , Johnson, S. and Mitton, T. , "Propping and tunneling", *Journal of Comparative Economics*, Vol. 31, No. 4, 2003, pp. 732 – 750.

220. Garcia – Meca, E. , Pedro, J. and Sanchez, B. , "Influences on financial forecast errors: A meta – analysis", *International Business Review*, Vol. 15, 2006, pp. 29 – 52.

221. Gedajlovic, E. and Shapiro, "Ownership structure and firm profitability in Japan", *Academy of Management Journal*, Vol. 45, No. 3, 2002, pp. 565 – 575.

222. George, R. and Kabir, R. , "Business groups and profit distribution: A boon or bane for firms?", *Journal of Business Research*, Vol. 61, 2008, pp. 1004 – 1014.

223. Gerlach, M. L. , *Alliance Capitalism: The Social organization of Japanese Business*, Berkeley: University of California Press, 1992.

224. Gerschenkron, A. , "Economic backwardness in historical perspective", *The Sociology of Economic Life*, 1962, pp. 111 – 130.

225. Gertler, M. and Gilchrist, S. , "The role of credit market imperfections in the monetary transmission mechanism: Arguments and evidence", *The Scandinavian Journal of Economics*, Vol. 95, No. 1, 1993, pp. 43 – 64.

226. Gertner, R. H. , Scharfstein, D. S. and Stein, J. C. , "Internal versus external capital markets", *Quarterly Journal of Economics*, Vol. 109, 1994, pp. 1211 – 1230.

227. Ghatak, M. and Kali, R. , "Financial interlinked business groups", *Journal of Economics & Management Strategy*, Vol. 10, No. 4, 2001, pp. 591 – 619.

228. Ghemawat, P. P. and Khanna, T. , "The nature of diversified business groups: A research design and two case studies", *Journal of Industrial Economics*, Vol. 46, No. 1, 1998, pp. 35 – 61.

229. Glaessens, S. and Laeven, L. , "Financial Development, Property Rights, and Growth", *Journal of Finance*, Vol. 58, No. 6, 2003, pp. 2401 – 2436.

230. Gonenc, H. and Hermes, N. , "Propping: Evidence from new share issues of Turkish business group firms", *Journal of Multinational Financial Management*, Vol. 18, No. 3, 2008, pp. 261 – 275.

231. Gopalan, R. , Nanda, V. and Seru, A. , "Affiliated firms and financial support: Evidence from Indian business groups", *Journal of Financial Economics*, Vol. 86, No. 3, 2007, pp. 759 – 795.

232. Goto, A. , "Business groups in a market economy", *European Economic Review*, Vol. 22, 1982, pp. 53 – 70.

233. Goyal, V. K. and Park, C. W. , "Board leadership structure and CEO turnover", *Journal of Corporate Finance*, Vol. 8, No. 1, 2002, pp. 49 – 66.

234. Granovetter, M. , "Coase revisited: Business groups in the modern economy", *Industrial and Corporate Change*, Vol. 4, 1995,

pp. 93 – 130.

235. Granovetter, M. , " Economic action and social structure: The problem of embedness", *American Journal of Sociology*, Vol. 91, No. 3, 1985, pp. 481 – 510.

236. Granovetter, M. , "Business Groups", *Handbook of Economic Sociology*, 1994, pp. 453 – 475.

237. Grundy, B. D. and Li, H. , " Investor sentiment, executive compensation, and corporate investment", *Journal of Banking and Finance*, Vol. 34, No. 10, 2010, pp. 2439 – 2449.

238. Guest, P. P. and Sutherland, D. , " The impact of business group affiliation on performance: Evidence from China's 'national champions'", *Cambridge Journal of Economics*, Vol. 34, 2010, pp. 617 – 631.

239. Guillén, M. F. , " Business groups in emerging economies: A resource – based view", *Academy of Management Journal*, Vol. 43, No. 3, 2000, pp. 362 – 380.

240. Guriev, S. and Rachinsky, A. , " The role of oligarchs in Russian capitalism", *Journal of Economic Perspectives*, Vol. 19, 2005, pp. 131 – 150.

241. Güner, A. B. , Malmendier, U. and Tate, G. , " Financial expertise of directors", *Journal of Financial Economics*, Vol. 88, No. 2, 2008, pp. 323 – 354.

242. Hamelin, A. , " Small business groups enhance performance and promote stability, not expropriation. Evidence from French SMEs", *Journal of Banking and Finance*, Vol. 35, 2011, pp. 613 – 626.

243. Hart, O. and Holmström, B. , *The Theory of Contracts*, Department of Economics, Massachusetts Institute of Technology, 1986.

244. Haw, I. , Jung, K. and Ruland, W. , The accuracy of financial analysts' forecasts after mergers, *Journal of Accounting, Auditing and Finance* , Vol. 9, pp. 465 – 483.

245. Hay, J. R. and Shleifer, A. , "Private enforcement of public laws: A theory of legal reform", *American Economic Review*, Vol. 88, 1998, pp. 398 – 403.

246. Holderness, C. G. and Sheehan, D. P. , "The role of majority shareholders in publicly held corporations", *Journal of Financial Economics*, Vol. 20, 1988, pp. 317 – 346.

247. Holland, J. and Johanson, U. , "Value – relevant information on corporate intangibles – creation, use, and barriers in capital markets – 'between a rock and a hard place'", *Journal of Intellectual capital*, Vol. 4, No. 4, 2003, pp. 465 – 486.

248. Holmén, M. and Högfeldt, P. P. , Pyramidal discounts: Tunneling or overinvestment? *International Review of Finance*, Vol. 9, 2002, pp. 133 – 175.

249. Holmén, M. and Högfeldt, P. P. , "Pyramidal Discounts: Tunneling or Overinvestment?", *International Review of Finance*, Vol. 9, No. (1 – 2), 2009, pp. 133 – 175.

250. Hong, H. , Kubik, J. and Solomon, D. , "Security analysts' career concerns and herding of earnings forecasts", *Rand Journal of Economics*, Vol. 31, No. 1, 2000, pp. 121 – 144.

251. Hope, O. , "Accounting policy disclosures and analysts' forecasts", *Contemporary Accounting Research*, Vol. 20, 2003b, pp. 295 – 321.

252. Hope, O. , "Disclosure practices, enforcement of accounting standards, and analysts' forecast accuracy: An international study", *Journal of Accounting Research*, Vol. 41, 2003a, pp. 235 – 272.

253. Hoshi, T. , Kashyap, A. and Scharfstein, D. , "Corporate structure, liquidity, and investment: Evidence from Japanese industrial groups", *Quarterly Journal of Economics*, Vol. 106, 1991, pp. 33 – 60.

254. Hoshi, T. and Kashyap, A. , *Corporate financing and governance in Japan: The road to the future*, Cambridge, Mass: MIT Press, 2001.

255. Hoskisson, R. E, Eden, L. , Lau, C. M. and Wright, M. , "Strategy in emerging economies", *Academy of Management Journal*, Vol. 43, No. 3, 2000, pp. 249 – 267.

256. Hovakimian, G. , "Financial constraints and investment efficiency: Internal capital allocation across the business cycle", *Journal of Financial Intermediation*, Vol. 20, No. 2, 2011, pp. 264 – 283.

257. Hsin, C. W. and Tseng, P. P. W. , "Stock price synchronicities and speculative trading in emerging markets", *Journal of Multinational Financial Management*, Vol. 22, No. 3, 2012, pp. 82 – 109.

258. Hwang, L. , Jan, C. and Basu, S. , "Loss firms and analysts' earnings forecast errors", *Journal of Financial Statement Analysis*, Vol. 1, 1996, pp. 18 – 31.

259. Islam, S. S. , Mozumdar, A. and Moody's, K. M. V. , "Financial market development and the importance of internal capital markets: Evidence from international data", *Working Paper*, 2002.

260. Jacob, J. , Rock, S. and Weber, D. , "Do analysts at independent research firms make better earnings forecasts?", *Working Paper*, 2003.

261. Jensen, M. C. and Meckling, W. H. , "Theory of the firm: Managerial behavior agency costs and ownership structure", *Journal of Financial Economics*, Vol. 3, No. 4, 1976, pp. 305 – 360.

262. Jin, L. and Myers, S. C. , "R^2 around the world: New theory and new tests", *Journal of Financial Economics*, Vol. 79, No. 2, 2006, pp. 257 – 292.

263. Joh, S. W. , "Corporate governance and firm profitability: Evidence from Korea before the economic crisis", *Journal of Financial*

Economics, Vol. 68, No. 2, 2003, pp. 287 – 322.

264. Johnson, S., La Porta, R., Lopez – de – Silanes, F. and Shleifer, A., "Tunneling", *American Economic Review*, Vol. 90, 2000, pp. 22 – 27.

265. Kang, S. H., Kumar, P. P. and Lee, H., "Agency and Corporate Investment: The Role of Executive Compensation and Corporate Governance", *The Journal of Business*, Vol. 79, No. 3, 2006, pp. 1127 – 1147.

266. Kaplan, S. N. and Zingales, L., "Do investment – cash flow sensitivities provide useful measures of financing constraints?", *The Quarterly Journal of Economics*, Vol. 112, No. 1, 1997, pp. 169 – 215.

267. Keister, L. A., *Chinese Business Groups: The Structure and Impact of Interfirm Relations during Economic Development*, New York: Oxford University Press, 2000.

268. Keister, L. A., "Engineering growth: Business group structure and firm performance in China's transition economy", *American Journal of Sociology*, Vol. 104, No. 2, 1998, pp. 404 – 440.

269. Keister, L. A., "Exchange structures in Transition: Lending and trade relations in Chinese business groups", *American Sociological Review*, Vol. 66, No. 3, 2001, pp. 336 – 360.

270. Kelly, P. P. J., "Information efficiency and firm – specific return variation", *Working Paper*, Arizona State University, 2005.

271. Khanna, N. and Tice, S., "The bright side of internal capital market", *Journal of Finance*, Vol. 56, 2001, pp. 1489 – 1528.

272. Khanna, T. and Palepu, K., "Is group affiliation profitable in emerging markets? An analysis of diversified Indian business groups", *Journal of Finance*, Vol. 55, 2000a, pp. 867 – 891.

273. Khanna, T. and Palepu, K., "Policy shocks, market intermediaries, and corporate strategy: The evolution of business groups in

Chile and India", *Journal of Economics & Management Strategy*, Vol. 8, No. 2, 1992, pp. 271 – 310.

274. Khanna, T. and Palepu, K., "The future of business group in e-merging markets: Long – run evidence from Chile", *Academy of Management Journal*, Vol. 43, No. 3, 2000b, pp. 268 – 285.

275. Khanna, T. and Palepu, K., "Why focused strategies may be wrong for emerging markets", *Harvard Business Review*, Vol. 75, No. 4, 1997, pp. 41 – 51.

276. Khanna, T. and Rivkin, J. W., "Estimating the performance effects of business groups in emerging markets", *Strategic Management Journal*, Vol. 22, No. 1, 2001, pp. 45 – 74.

277. Khanna, T. and Rivkin, J. W., "Interorganizational ties and business group boundaries: Evidence from an emerging economy", *Organization Science*, Vol. 17, No. 3, 2006, pp. 333 – 352.

278. Khanna, T. and Yafeh, Y., "Business groups and risk sharing around the World", *Journal of Business*, Vol. 78, No. 1, 2005, pp. 301 – 340.

279. Khanna, T. and Yafeh, Y., "Business groups in emerging markets: Paragons or parasites?", *Journal of Economic Literature*, Vol. 45, No. 2, 2007, pp. 331 – 72.

280. Kim, H., Hoskisson, R. E., Tihanyi, L. and Hong, J., "The evolution and restructuring of diversified business groups in emerging markets: The lessons from Chaebols in Korea", *Asia Pacific Journal of Management*, Vol. 21, 2004, pp. 25 – 48.

281. Kim, H., Hoskisson, R. E. and Wan, W. P., "Power dependence, diversification strategy, and performance in Keiretsu member firms", *Strategic Management*, Vol. 25, 2004, pp. 613 – 636.

282. Kim, J. and Yi, C., "Ownership structure, business group affiliation, listing status, and earnings management: Evidence from Korea", *Contemporary Accounting Research*, Vol. 23, No. 2, 2006,

pp. 427 – 464.

283. Kim, J. B., Song, B. Y. and Zhang, L., "Internal control quality and analyst forecast behavior: Evidence from SOX Section 404 disclosures", CAAA Annual Conference, 2009.

284. Kim, J. S., "Bailout and conglomeration", *Journal of Financial Economics*, Vol. 71, No. 2, 2004, pp. 315 – 347.

285. Kim, O. and Verrecchia, R. E., "Market liquidity and volume around earnings announcements", *Journal of Accounting and Economics*, Vol. 17, 1994, pp. 41 – 67.

286. Kim, O. and Verrecchia, R. E., "Pre – announcement and event – period private information", *Journal of Accounting and Economics*, Vol. 24, 1997, pp. 395 – 419.

287. Kimberly, J. R. and Bouchikhi, H., "The dynamics of organizational development and change: How the past shapes the present and constrains the future", *Organization Science*, Vol. 6, No. 1, 1995, pp. 9 – 18.

288. Kornai, J., "Making the transition to private ownership", *Finance and Development*, Vol. 37, No. 3, 2000, pp. 12 – 13.

289. Kross, W., Ro, B. and Schroeder, D., "Earnings expectations: The analysts' information advantage", *The Accounting Review*, Vol. 65, 1990, pp. 461 – 476.

290. La Porta, R., Lopez – de – Silanes, F. and Shleifer, A., "Corporate ownership around the world", *Journal of Finance*, Vol. 54, 1999, pp. 471 – 517.

291. Lamont, O. A. and Polk, C., "Does diversification destroy value? Evidence from the industry shocks", *Journal of Financial Economics*, Vol. 63, No. 1, 2002, pp. 51 – 77.

292. Lang, M. and Lundholm, R. J., "Corporate disclosure policy and analyst behavior", *The Accounting Review*, Vol. 71, 1996, pp. 467 – 492.

293. Lee, C. H. , "The government financial system, and large private enterprise in the economic development of South Korea", *World Development*, Vol. 20, No. 2, 1982, pp. 187 – 197.

294. Lee, D. W. and Liu, M. H. , "Does more information in stock price lead to greater or smaller idiosyncratic return volatility?", *Journal of Banking and Finance*, Vol. 35, No. 6, 2011, pp. 1563 – 1580.

295. Leff, N. H. , "Industrial organization and entrepreneurship in the developing countries: The economic groups", *Economic Development and Cultural Change*, Vol. 26, 1978, pp. 661 – 675.

296. Lemmon, M. L. and Lins, K. V. , "Ownership structure, corporate governance, and firm value: Evidence from the East Asian financial crisis", *Journal of Finance*, Vol. 58, 2003, pp. 1445 – 1468.

297. Lensink, R. and Sterken, E. , "Asymmetric information, option to wait to invest and the optimal level of investment", *Journal of Public Economics*, Vol. 79, No. 2, 2001, pp. 365 – 374.

298. Leuz, C. and Oberholzer – Gee, F. , "Political relationships, global financing, and corporate transparency: Evidence from Indonesia", *Journal of Financial Economics*, Vol. 81, 2006, pp. 411 – 439.

299. Lewellen, W. G. , "A pure financial rationale for the conglomerate merger", *The Journal of Finance*, Vol. 26, No. 2, 1971, pp. 521 – 537.

300. Liebeskind, J. P. , "Internal capital markets: Benefits, costs, and organizational arrangements", *Organization Science*, Vol. 11, No. 1, 2000, pp. 58 – 76.

301. Lin, J. Y. and Tan, G. , "Policy burdens, accountability, and the soft budget constraint", *American Economic Review*, Vol. 89, No. 2, 1999, pp. 426 – 431.

302. Lin, J. Y. F. , Cai, F. and Li, Z. , "Competition, policy burdens, and state – owned enterprise reform", *American Economic*

Review, Vol. 88, No. 2, 1998, pp. 422 – 427.

303. Lincoln, J. R., Gerlach, M. L. and Ahmadjian, C. L., "Keiretsu networks and corporate performance in Japan", *American Sociological Review*, Vol. 61, 1996, pp. 67 – 88.

304. Love, I., "Financial development and financing constraints: International evidence from the structural investment model", *Review of Financial Studies*, Vol. 16, No. 3, 2003, pp. 765 – 791.

305. Lundholm, R. J., "What affects the efficiency of a market? Some answers from the laboratory", *The Accounting Review*, Vol. 67, 1991, pp. 486 – 515.

306. Luo, X. W. and Chung, C. N., "Keeping it all in the family: The role of particularistic relationships in business group performance during institutional transition", *Administrative Science Quarterly*, Vol. 50, No. 3, 2005, pp. 404 – 439.

307. Ma, X., Yao, X. and Xi, Y., "Business group affiliation and firm performance in a transition economy: A focus on ownership voids", *Asia Pacific Journal of Management*, Vol. 23, 2006, pp. 467 – 483.

308. Ma, X. and Lu, J., "The critical role of business groups in China", *Ivey Business Journal*, Vol. 69, No. 5, pp. 1 – 12.

309. Mahmood, I. and Mitchell, W., "Two faces: Effects of business groups on innovation in emerging economies", *Management Science*, Vol. 50, 2004, pp. 1348 – 1365.

310. Maksimovic, V. and Phillips, G., "Do conglomerate firms allocate resources inefficiently across industries? Theory and evidence", *The Journal of Finance*, Vol. 57, No. 2, 2002, pp. 721 – 767.

311. Malmendier, U. and Nagel, S., "Depression Babies: Do Macroeconomic Experiences Affect Risk Taking?", *The Quarterly Journal of Economics*, Vol. 126, No. 1, 2011, pp. 373 – 416.

312. Manos, R., Murinde, V. and Green, C., "Leverage and busi-

ness groups: Evidence from Indian firms", *Journal of Economics and Business*, Vol. 59, No. 5, 2007, pp. 443 – 465.

313. Masulis, R. W., Pham, P. P. K. and Zein, J., "Family business groups around the world: Financing advantages, control motivations, and organizational choices", *Review of Financial Studies*, Vol. 24, No. 11, 2011, pp. 3556 – 3600.

314. Matolcsy, Z. and Wyatt, A., "Capitalized intangibles and financial analysts", *Accounting and Finance*, Vol. 46, 2006, pp. 457 – 479.

315. Matsumoto, D. A., "Management's incentives to avoid negative earnings surprises", *The Accounting Review*, Vol. 77, No. 3, 2002, pp. 483 – 514.

316. Matsusaka, J. G. and Nanda, V., "Internal capital markets and corporate refocusing", *Journal of Financial Intermediation*, Vol. 11, No. 2, 2002, pp. 176 – 211.

317. Megginson, W. L. and Netter, J. M., "From state to market: A survey of empirical studies on privatization", *Journal of Economic Literature*, Vol. 39, 2001, pp. 321 – 389.

318. Mikkelson, W. H. and Partch, M. M., "Do persistent large cash reserves hinder performance?", *Journal of Financial and Quantitative Analysis*, Vol. 38, No. 2, 2003, pp. 275 – 294.

319. Mitton, T., "A cross – firm analysis of the impact of corporate governance on the East Asian financial crisis", *Journal of Financial Economics*, Vol. 64, No. 2, 2002, pp. 215 – 241.

320. Morck, R., Yeung, B. and Yu, W., "The information content of stock markets: why do emerging markets have synchronous stock price movements?", *Journal of Financial Economics*, Vol. 58, No. 1, 2000, pp. 215 – 260.

321. Morck, R. and Nakamura, M., "Banks and corporate control in Japan", *The Journal of Finance*, Vol. 54, No. 1, 1999, pp.

319 - 339.

322. Morck, R. and Yeung, B. , "Agency problems in large family business groups", *Entrepreneurship Theory and Practice*, Vol. 27, No. 4, 2003, pp. 367 - 382.

323. Morck, R. and Yeung, B. , "Family control and the rent - seeking society", *Entrepreneurship: Theory and Practice*, Vol. 28, 2004, pp. 391 - 409.

324. Myers, S. C. and Majluf, N. S. , "Corporate financing and investment decisions when firms have information that investors do not have", *Journal of Financial Economics*, Vol. 13, No. 2, 1984, pp. 187 - 221.

325. Nakatani, I. , The economic role of financial corporate grouping. In Aoki, M. (ed.), *The Economic Analysis of the Japanese Firm*, North - Holland, New York, 1984, pp. 227 - 258.

326. Nolan, P. , *China and the Global Business Revolution*, New York: Palgrave, 2001.

327. Orru, M. , "The institutional logic of small - firm economies in Italy and Taiwan", *Studies in Comparative International Development*, Vol. 26, No. 1, 1991, pp. 3 - 28.

328. Ozbas, O. , "Integration, organizational processes, and allocation of resources", *Journal of Financial Economics*, Vol. 75, No. 1, 2005, pp. 201 - 242.

329. Ozbas, O. and Scharfstein, D. S. , "Evidence on the dark side of internal capital markets", *Review of Financial Studies*, Vol. 23, No. 2, 2010, pp. 581 - 599.

330. O' Brien, P. P. C. and Bhushan, R. , "Analyst following and institutional ownership", *Journal of Accounting Research*, Vol. 28, 1990, pp. 55 - 76.

331. O' Reilly, C. A. , Main, B. M. and Crystal, G. S. , "CEO compensation as tournament and social comparison: A tale of two theo-

ries", *Administrative Science Quarterly*, Vol. 33, 1988, pp. 257 – 274.

332. Palmer, D. and Barber, B. M. , " Challengers, elites, and owning families: A social class theory of corporate acquisitions in the 1960s", *Administrative Science Quarterly*, Vol. 46, No. 1, 2001, pp. 87 – 120.

333. Patz, D. H. , "UK analysts' earnings forecasts", *Accounting & Business Research*, Vol. 19, 1989, pp. 267 – 275.

334. Peek, J. and Rosengren, E. , "Unnatural selection: Perverse incentives and the misallocation of credit in Japan", *Working paper*, 2003.

335. Peng, M. W. , Lee, S. H. and Wang, D. Y. L. , "What determines the scope of the firm over time: A focus on institutional relatedness", *Academy of Management Review*, Vol. 30, 2005, pp. 622 – 633.

336. Peng, M. W. , "Institutional transitions and strategic choices", *Academy of Management Review*, Vol. 28, 2003, pp. 275 – 286.

337. Peng, W. Q. , Wei, K. C. and Yang, Z. , "Tunneling or propping: Evidence from connected transactions in China", *Journal of Corporate Finance*, Vol. 17, No. 2, 2011, pp. 306 – 325.

338. Perotti, E. and Gelfer, S. , "Red barons or robber barons? Governance and investment in Russian financial – industrial groups", *European Economic Review*, Vol. 45, 2001, pp. 1601 – 1617.

339. Peyer, U. C. , *Internal and External Capital Markets*, Diss. University of North Carolina at Chapel Hill, 2001.

340. Peyer, U. C. , Internal and external capital markets, *Working Paper*, 2002.

341. Peyer, U. C. and Shivdasani, A. , "Leverage and internal capital markets: Evidence from leveraged recapitalizations", *Journal of Financial Economics*, Vol. 59, 2001, pp. 477 – 515.

342. Piotroski, J. D. and Roulstone, D. T. , "The influence of analysts, institutional investors, and insiders on the incorporation of market, industry, and firm – specific information into stock prices", *The Accounting Review*, Vol. 79, No. 4, pp. 1119 – 1151.

343. Prechel, H. , *Big business and the state: Historical transitions and corporate transformation: 1980s – 1990s*, New York: State University of New York, 2000.

344. Rajan, R. , Servaes, H. and Zingales, L. , "The cost of diversity: The diversification discount and inefficient investment", *Journal of Finance*, Vol. 55, No. 1, 2000, pp. 35 – 80.

345. Rajan, R. and Zingales, L. , "Financial dependence and growth", *American Economic Review*, Vol. 88, No. 3, 1998, pp. 559 – 586.

346. Rajan, R. G. and Zingales, L. , "What do we know about capital structure? Some evidence from international data", *The Journal of Finance*, Vol. 50, No. 5, 1995, pp. 1421 – 1460.

347. Richardson, G. B. , *Information and Investment*, Oxford University Press, 1960.

348. Richardson, S. , Teoh, S. and Wysocki, P. P. , " The walk – down to beatable analyst forecasts: The role of equity issuance and insider trading incentives", *Contemporary Accounting Research*, Vol. 21, 2004, pp. 885 – 924.

349. Richardson, S. , "Over – investment of free cash flow", *Review of Accounting Studies*, Vol. 11, 2006, pp. 159 – 189.

350. Roll, R. , "The stochastic dependence of security price changes and transaction volumes: Implications for the mixture – of – distributions hypothesis", *The Journal of Finance*, Vol. 43, No. 3, 1988, pp. 541 – 566.

351. Roy, W. G. , *Socializing capital: The rise of the large industrial corporation in America*, Princeton, N. J. : Princeton University Press, 1997.

352. Scharfstein, D. and Stein, J. C., "The dark side of internal capital markets: Divisional rent – seeking and inefficient investment", *Journal of Finance*, Vol. 55, No. 6, 2000, pp. 2537 – 2564.

353. Schiantarelli, F. and Sembenelli, A., "Form of ownership and financial constraints: Panel data evidence from leverage and investment equations", *Empirica*, Vol. 27, 2000, pp. 175 – 192.

354. Schulze, W., Lubatkin, M. H., Ling, Y. and Dino, R. N., "Altruism and agency in family firms", *Academy of Management Proceeds*, 2000, pp. 11 – 15.

355. Schwetzler, B. and Reimund, C., "Valuation effects of corporate cash holdings: Evidence from Germany", *Working paper*, 2003.

356. Segal, I., "Monopoly and soft budget constraints", *Rand Journal of Economics*, Vol. 29, No. 3, 1998, pp. 596 – 609.

357. Sheard, P. P., "The main bank system and corporate monitoring and control in Japan", *Journal of Economic Behaviour and Organization*, Vol. 11, 1989, pp. 399 – 422.

358. Shin, H. H. and Park, Y. S., "Financing constraints and internal capital markets: Evidence from Korean chaebols", *Journal of Corporate Finance*, Vol. 5, 1999, pp. 169 – 191.

359. Shin, H. H. and Stulz, R. M., "Are internal capital markets efficient?", *Quarterly Journal of Economics*, Vol. 113, 1998, pp. 531 – 552.

360. Shleifer, A. and Vishny, R. W., "A survey of corporate governance", *The Journal of Finance*, Vol. 52, No. 2, 1997, pp. 737 – 783.

361. Shleifer, A. and Vishny, R. W., "Politicians and firms", *Quarterly Journal of Economics*, Vol. 109, 1994, pp. 995 – 1025.

362. Siegel, J. and Choudhury, P. P., "A reexamination of tunneling and business groups: New data and new methods", *Review of Financial Studies*, Vol. 25, No. 6, 2012, pp. 1763 – 1798.

363. Silva, F. , Majluf, N. and Paredes, R. D. , "Family ties, inter-locking directors and performance of business groups in emerging countries: The case of Chile", *Journal of Business Research*, Vol. 59, 2006, pp. 315 – 321.

364. Singh, M. , Nejadmalayeri, A. and Mathur, I. , "Performance impact of business group affiliation: An analysis of the diversification – performance link in a developing economy", *Journal of Business Research*, Vol. 60, 2007, pp. 339 – 347.

365. Smith, B. F. and Amoako – Adu, B. , "Management succession and financial performance of family controlled firms", *Journal of Corporate Finance*, Vol. 5, No, 4, 1999, pp. 341 – 368.

366. Song, Z. , Storesletten, K. and Zilibotti, F. , "Growing like China", *American Economic Review*, Vol. 101, No. 1, 2011, pp. 196 – 233.

367. Steers, R. M. , *Made in Korea: Chung Ju Yung and the rise of Hyundai*, New York: Routledge, 1999.

368. Stein, J. , Internal capital markets and the competition for corporate resources, *Journal of Finance*, No. 52, 1997, pp. 111 – 134.

369. Stinchcombe, A. , Social structure and organizations, *Handbook of organizations*, Vol. 44, No. 2, 1965, pp. 142 – 193.

370. Strachan, H. and Vernon, R. , *Family and other business groups in economic development: The case of Nicaragua*, New York: Praeger, 1976.

371. Stulz, R. M. , "Managerial discretion and optimal financing policies", *Journal of Financial Economics*, Vol. 26, 1990, pp. 3 – 28.

372. Sutherland, D. , *China's Large Enterprises and the Challenge of Late Industrialisation*, London: Routledge, 2003.

373. Teoh, S. H. and Wong, T. J. , "Why new issues and high – accrual firms underperform: The role of analysts credulity", *Review of Financial Studies*, Vol. 15, No. 3, 2002, pp. 869 – 900.

374. Van Horen, N. , "Customer market power and the provision of trade credit: evidence from Eastern Europe and Central Asia", World Bank Publications, 2007.

375. Verschueren, I. and Deloof, M. , "How does intragroup financing affect leverage? Belgian Evidence", *Journal of Accounting, Auditing and Finance*, Vol. 21, 2006, pp. 83 – 108.

376. Volpin, P. P. F. , "Governance with poor investor protection: Evidence from top executive turnover in Italy", *Journal of Financial Economics*, No. 64, 2002, pp. 61 – 90.

377. Weinstein, D. E. and Yafeh, Y. , "On the costs of a bank – centered financial system: Evidence from the changing main bank relations in Japan", *The Journal of Finance*, Vol. 53, No. 2, 1998, pp. 635 – 672.

378. Williamson, O. , *Markets and Hierarchies: Analysis and Antitrust Implications*, New York: Collier Macmillan Publishers, Inc. , 1975.

379. Williamson, O. , *The Economics Institutions of Capitalism*, New York: Free Press, 1985.

380. Wulf, J. , "Influence and inefficiency in the internal capital market", *Journal of Economic Behavior and Organization*, No. 72, 2009, pp. 305 – 321.

381. Wurgler, J. , "Financial markets and the allocation of capital", *Journal of Financial Economics*, Vol. 58, 2000, pp. 187 – 214.

382. Xu, L. and Tang, A. P. , "Internal Control Material Weakness, analysts accuracy and bias, and brokerage reputation", *Review of Quantitative Finance and Accounting*, No. 10, 2011, pp. 50 – 63.

383. Yiu, D. , Bruton, G. D. and Lu, Y. , "Understanding business group performance in an emerging economy: Acquiring resources and capabilities in order to prosper", *Journal of Management Studies*, Vol. 42, No. 1, 2005, pp. 183 – 206.

后　记

　　午夜的枫园静谧一片，从东湖之畔远眺，星光依旧。当提笔为本书画上句号时，回首往昔，心中是如此的眷念和不舍，一切都历历在目、记忆犹新。

　　首先，我要深深感谢我的导师陈冬华教授对我的精心栽培！能成为恩师门下的弟子，是我此生莫大的骄傲和荣幸。在我硕士和博士求学近八年时间里，恩师给予了我生活上、学习上无微不至的关心，手把手地教我做人、做事和做学问的道理及本领。恩师对我的指导和影响之大，怎样言说都表达不尽。恩师国际化的视野，前沿而精深的学术造诣和严谨勤奋的治学风格常常让弟子深深折服，永志不忘。本书的完成更是凝结着恩师大量的心血。师恩如海，有生之年，不知何以为报！

　　感谢香港理工大学会计与金融学院陆海天教授在港期间所给予我的悉心指导和谆谆教诲。陆老师学术渊博、治学严谨且为人谦和。在无数次的讨论中，陆老师总以他严谨的研究思维、高超的文献驾驭能力和深邃睿智的点评，给我指出研究中存在的问题，使我深受启发。陆老师对我的照顾和关怀，让求学在外的我时常感受到家庭般的温暖。在此，向陆老师表示最诚挚的谢意。感谢科罗拉多州立大学周明明教授对我的悉心指导和关怀。周老师严谨的治学态度和诲人不倦的师德风范，总让我受益匪浅。和周老师的多次讨论，使得我在本书写作上少走许多弯路。

　　感谢杨雄胜教授、王跃堂教授、李心合教授、冯巧根教授和李明辉教授等老师的传道、授业和解惑。衷心感谢北京大学光华管理学院姜国华教授对我的颇多指导。感谢昆士兰大学俞欣教授给予我的支持和帮助。本书的完成也得到了诸多同门师兄弟姐妹的关心和鼓励。感谢沈永建、齐祥芹、梁上坤、赵刚、新夫、俞俊利、王国俊、全怡、宿晓、徐巍、刘磊、姚振晔、陈银滢和范玉玲、祝娟、相加凤等对我提供的帮助。感谢与我一同学习的赵卫斌博士、王娜博士、叶玲博士和沈小燕博士等对本书写作提出的诸多有益建议。

感谢陈春华博士、万国光博士以及仲卫国博士。与你们在学习与生活上的相互鼓励与帮助、在学术与人生上的相互探讨，使我深切地感受到朋友情谊的弥足珍贵。

最后，我要特别感谢我挚爱的妻子以及家人。他们默默地关爱、鼓励和支持使我能墨守一方书斋，他们无以替代的亲情宽慰是我不断前进的动力源泉。

蒋德权

2016 年 5 月 20 日晚于珞珈山